奈良県立大学
ユーラシア研究センター学術叢書シリーズ2
vol.1

近世の奈良を見つめ直す。Ⅱ

奈良県立大学ユーラシア研究センター編著

花

たら、よほどのことが無い限り300年は保つ。
ら、水分が多いから「焼ける」。焼けて茶色
ただけで傷が入る。そうならんように、ぎ
の人間です。漆30パーセントでやってたら、
。私らは、漆60パーセントで「うまし気味（
る。これができるのは一から自分でやって
漆の代金を「浮かせる」ために、どうしても
コストが下がるかもしれんが、「粗悪品」に

乾燥に３日ほどかかるけど、もの凄く固いも
日仕事できへんから、急かれる仕事ではできま
回塗ると１日では乾かへん。一面ずつ角立
日もかかってしまう。」

（「奈良漆器について」39頁〜

「(これ)は、手前味噌ですが、自分が作った中で、一番「景色」が良いと思っている茶盌です。正面にする、焔のあたったところは、桜の花のように見えます。これが窯変の世界です。また、釉薬が「すーっ」と流れていますが、「禾目」といって、これも「景色」の魅力の一つです。」

(「赤膚焼について」116 頁)

「奈良の墨」について 157頁～

【墨跡1】～【墨跡17】

【墨跡1】青煙固形墨
松煙青墨
荒い煤使用
おとなしい黒色

【墨跡2】固形墨
高級の油煙墨

【墨跡3】松煙青墨

【墨跡4】最上等の松煙墨
おとなしい黒色

【墨跡5】最上級の油煙墨
「天衣無縫」
ベストセラー
赤味を感じる

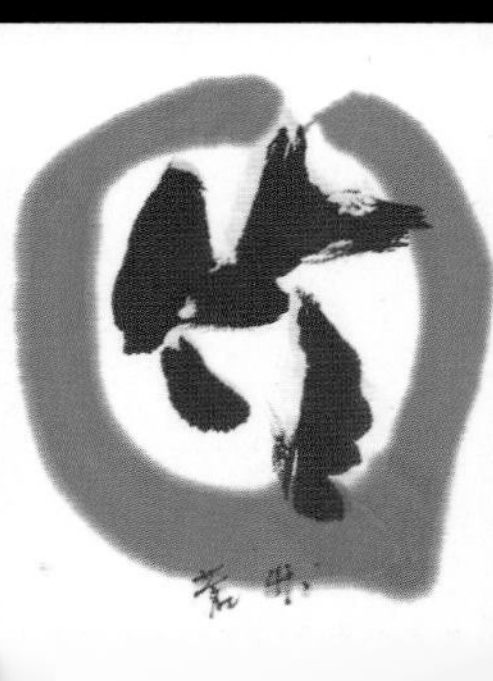

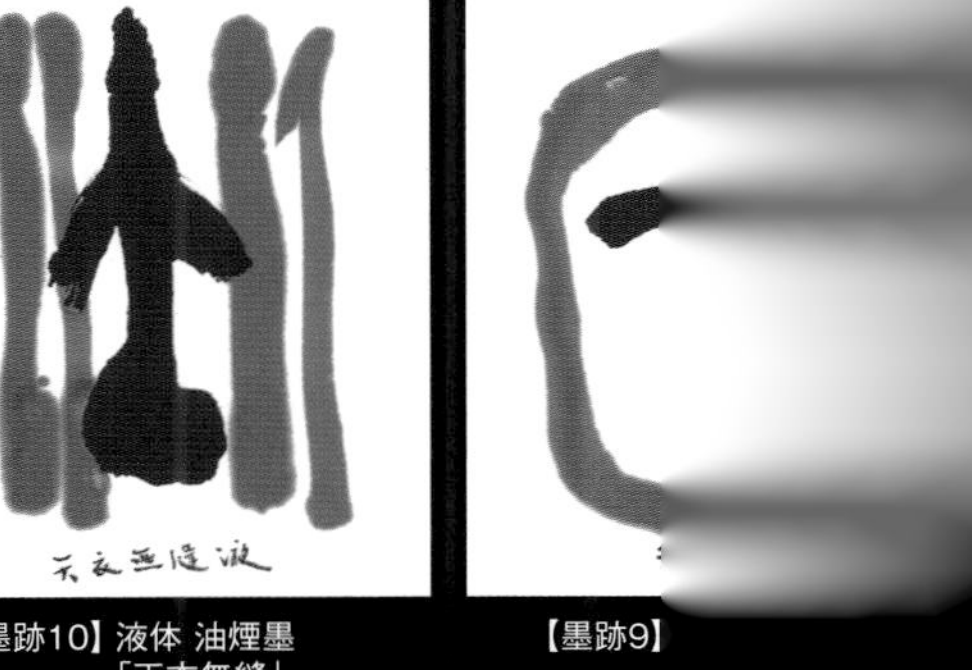

【墨跡10】液体 油煙墨
「天衣無縫」

【墨跡9】

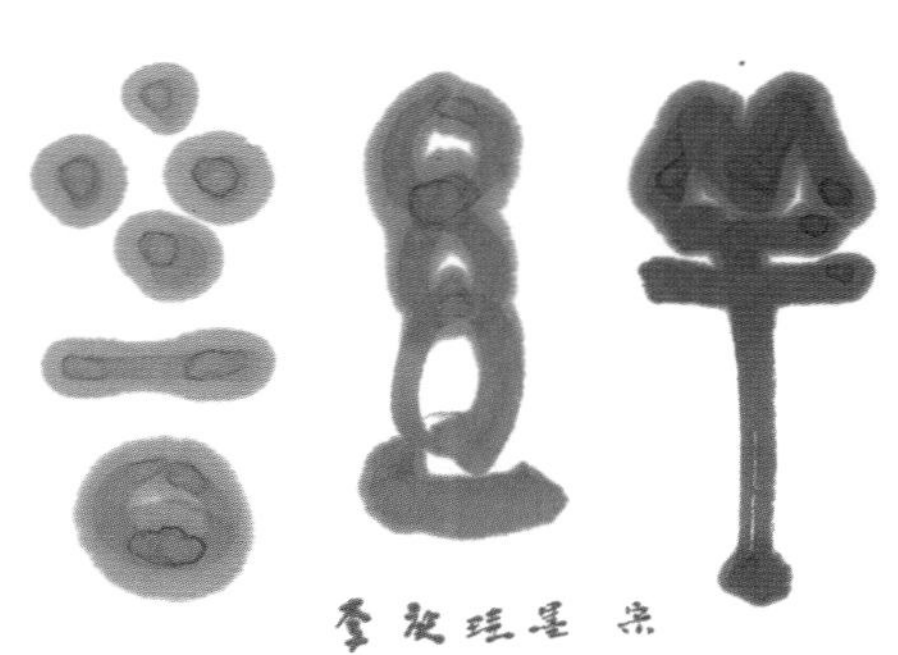

【墨跡12】宋代　李廷珪　最上級松煙墨

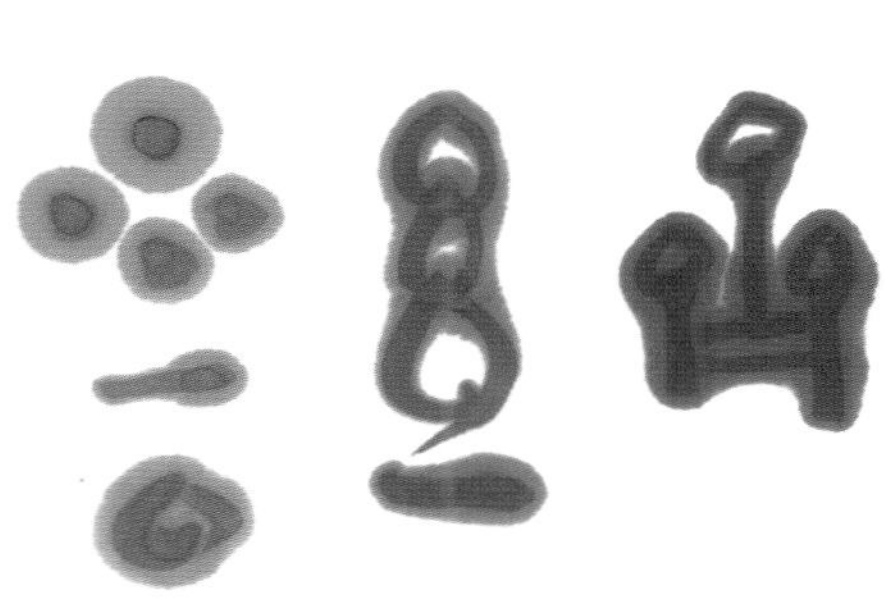

跡13】明代 御墨 方于

【墨跡14】清代 曹素功 人形墨　油煙墨

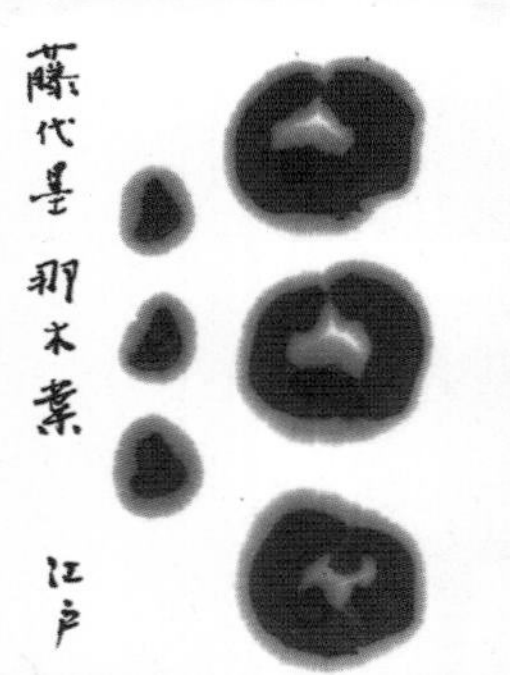

【墨跡15】江戸 藤白墨

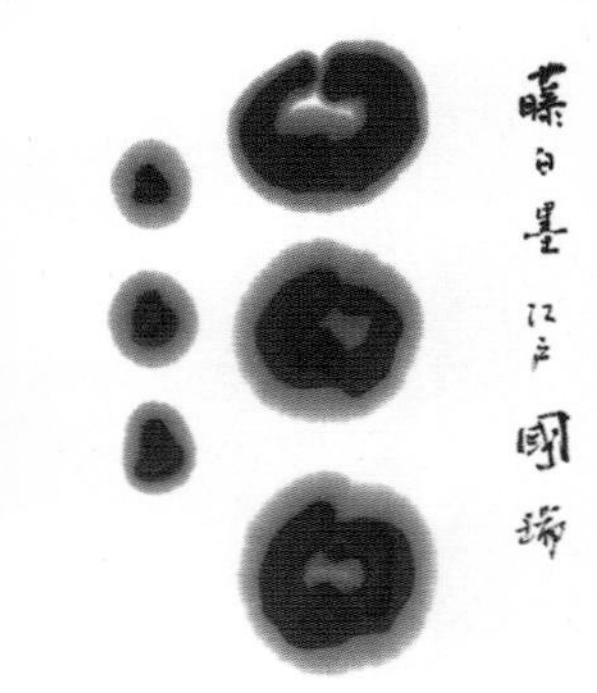

【墨跡16】江戸 藤白墨

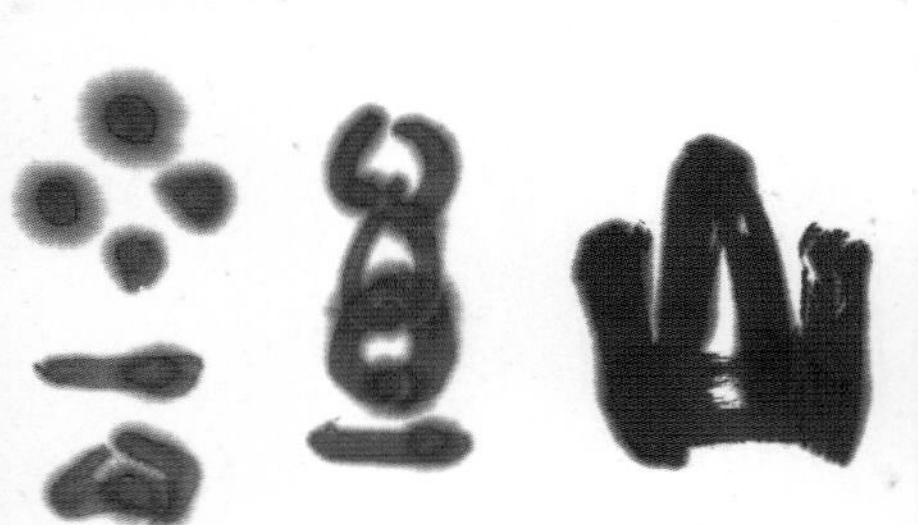

【墨跡17】大正2年 呉竹油煙墨

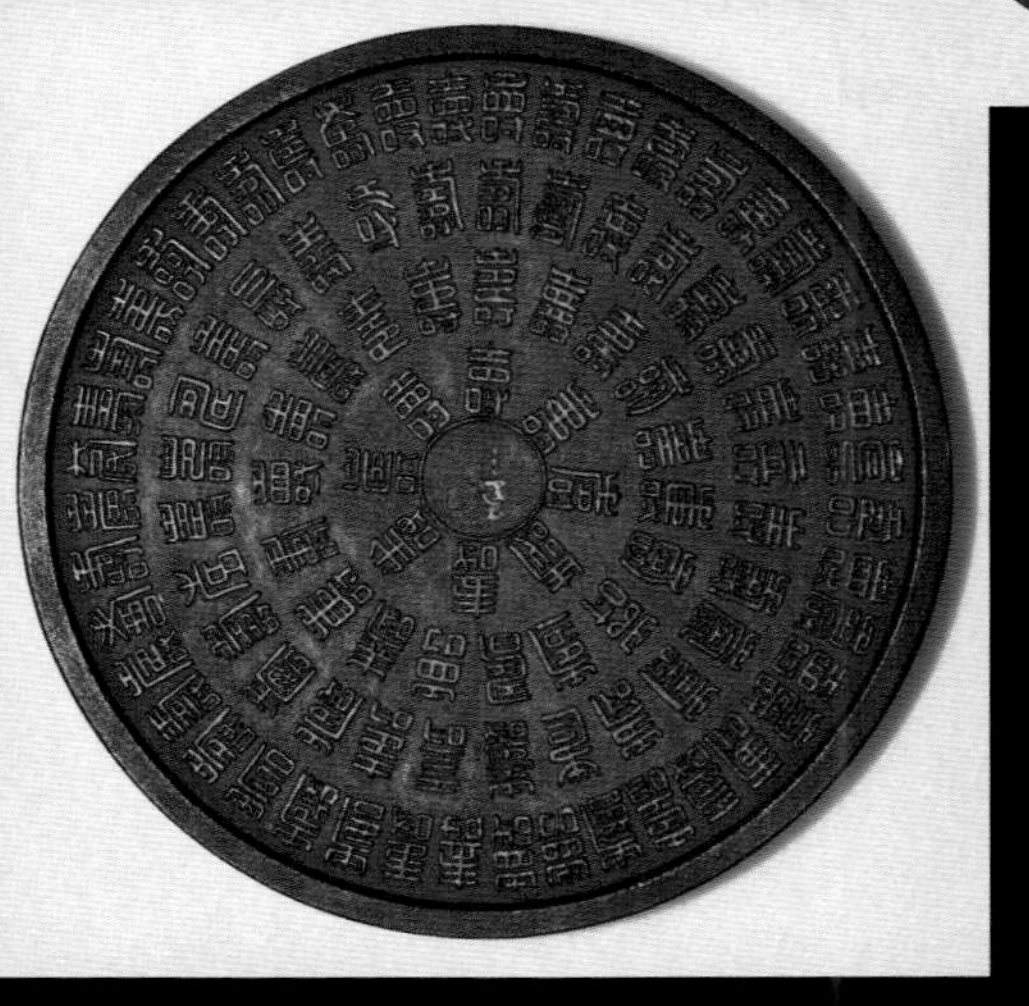

「木型の文字や図柄を彫るのも大変な仕事で、全て手で彫っています。呉竹では、優れた彫りをしてくれる「型師」を一人育てました。彼が彫った木型で造った墨が、この呉竹100年記念の墨です。「寿」いう字が100種類彫られています。墨の形を整えたり、精巧な文字や図柄を彫刻して墨の工芸価値を高めるのも、型師の技術なんですね。」

（「奈良の墨について」182頁〜183頁）

「インクは物を染めることから始まったものです。紙の上に書いてしまうと、1000年も経つと判読できないほど色褪せていく。ヨーロッパの文書などはそうなっています。染料は酸化して色褪せてしまう。ところが、煤は顔料で永久不変です。ヨーロッパのインクと中国の墨の根本的な違いは、染料と顔料の違いだと思います。……」

（「奈良の筆について」204頁）

「輪が踊ってますな。嵌めたのではなくて、削り出してある。正倉院御物に、この遊環の筆がありますな。これが、萬谷さんの妙技です。」
「轆轤で刳り抜くんです。……ゆっくりやると、熱を持って割れるんですよ。一気にやらないといけない。」
「簡単なんですよ。ただ、手先を鍛えないとできない。指がちょっとでもぶれたら、もう終わりです。……」

（「奈良の筆について」253頁〜254頁）

まえがき

本書は「近世の奈良を見つめ直す。」研究成果の第2集です。
本研究では「近世」を、時代区分と言うよりは、古代から中世を経て近・現代に続き、将来や未来に受け継がれていく、奈良の歴史時間における文物の「仲介者」と捉えています。

ほぼ、月1回のペースで開催している研究会は、お招きした斯界の達人や専門家と、研究員たちが車座で語り合う、自由闊達なスタイルで進めています。

その中で立ち上がってきた近世奈良の姿は、プロ野球のピッチャーに喩えれば、「中継ぎ」投手。その日のゲームをつくり、経験を次の試合に生かすためのセット・アッパーの役割でした。ワンポイント・リリーフだと思っていたものが、実は特定の事情や環境で力を発揮する、他に代えがたい存在であったこと。そして敗戦処理とみなされてきたものは、実のところ、敗色濃厚の事態を耐え続け、次の時代に新たな文物や人物が登場するための準備する、ロング・リリーフだったのです。

本書は、読者のみなさんに、そのような研究会の現場をじかに体験していただきたくて、あえて参加者の口吻を残し、固有名詞もふんだんに飛び交わせたまま、議事速記録のように編集しました。

表現には十分配意し、調べは尽くしたつもりですが、なお完全と言えません。発話者の誤認や記憶違いも、含まれているかもしれませんが、記述に関するすべての責任は編集者（中島）にあります。お感じになるかもしれない不快感を先回りして、予めお詫びいたします。また編集の不備ついては、ご叱正・ご教示をお願い申し上げます。

さて、今回のラインアップは「奈良漆器」、「赤膚焼」、「奈良墨」、「奈良筆（筆管）」の4種の奈良の伝統工芸産品です。それぞれの頂点に立つ人たちのお話は——みなさんが「参加」されると直ぐに——お分かりになるように、とても洒脱で軽快です。しかし、心の奥底まで浮き浮きしているわけではありません。泣くが嫌さに笑うて候は、久保田万太郎や開高健の独占物ではないのです。

最初に登場する「奈良漆器」の樽井禧酔さんは、次のような言葉（呻き）を絞り出しています。

「それ、つらいで。これ以上、話しもしたくないくらい、つらい」

名工・禧酔は、何をつらがっているのか。

（編集責任者　中島敬介）

〈注記〉

1．本書は、本研究会での講演内容を編集責任者が書き起こしたもので、発話者の所属団体や奈良県立大学の公式的な見解を示すものではない。

2．文章は日常使われる標準的な日本語（口語）を用い、漢字は基本として常用漢字・音訓表に基づき、必要に応じて古語・外国語・ローマ字を使用した。

3．固有名詞の表記は、筆者・発話者の意向を尊重した。ルビは読みやすさに考慮して適宜付したが、特に人名、地名等の固有名詞に関しては筆者・発話者の意向を尊重した。

4．固有名詞や事実関係については、基本的に発言内容に沿っている。内容精査のため、発話者への聴き取りや必要な範囲での文献等による調査を加えた。この調査は、出典／専門用語／慣用句／その他各種の表現／誤字・脱字の確認とともに、現在も継続している。

5．本文上段に入る注記は（注＋数字）で記している。

なお、本書の内容に関するご質問・ご意見は、編集責任者にお寄せください。

（編集責任者　中島敬介）

〈目次〉

1. 奈良漆器について

樽井　禧酔

プロローグ

樽井禧酔師は、がっかりした。

若い人のつくる奈良漆器が「弁当箱に漆を1回塗ったようなもの」ばかりだったからだ。だが、この程度で「つらい」と口にするほど、この人はナイーブではない。「つらい」のは、輪島塗を修行した人が奈良漆器よりも輪島が上で、輪島の手法で奈良漆器をつくろうとしていることだった。奈良漆器と輪島塗では、コンセプトが根本的に異なる。後者は木地に漆を塗り蒔絵を描く「足し算」の技法、奈良漆器は木地に漆を擦り込み、金属や貝を埋め、それを研ぎ出す「引き算」の技法だ。表に出ない、見えないところを重視する。漆器を社会に擬えれば、少数者や弱者に寄り添う考え方である。これが奈良の社寺における信仰と祈りの本質でもある。この祈りのあり方に共鳴して、祭具や日用の調度品として、奈良漆器が使われているのだ。奈良漆器が「過剰」なまでに美しいのは、神仏への祈りに用いられるからである。

禧酔師の呻きは若い後継者たちを飛び越えて、「伝統」の変質に向けられている。禧酔さんにとって奈良漆器の変質は、喪失よりも恐ろしいのだ。昭和のはじめ、奈良漆器消滅の危機を救ったのは、奈良の社寺で――奈良の――祈りに使われ続けたからだ。１００年後の今日、奈良漆器の変容が、奈良の祈りを消してしまうかもしれない。

「それ、つらいで。これ以上、話しもしたくないくらい、つらい」

奈良漆器の名工・樽井禧酔は身体を丸めて子どものように怯えているのだ。

† † † †

――樽井さ～ん、この解釈、間違ってますかあ～?

（中島敬介）

【基調報告】

1．奈良漆器の作家

お手元にお配りした冊子（樽井禧酔『奈良漆器』（末尾に全文掲載））は、わたしが38歳の時に書いたものですが、平成8年（1996）と平成20年（2008）年に版を改めて、江戸時代の春日大社御造替の記録と、昭和12年（1937）の「奈良漆器同業組合員名簿」）を追録しました。組合名簿の方は、春日さんの八尾さん（春日大社の神職であった八尾己之助氏）が持ってはったものを載せさせてもらいました。

昭和12年には、漆器卸商の7人を含めると、87人もいてたんです。それが45年後の昭和57年（1982）には、漆器卸商（漆器工芸品専門商）が3軒、そこに塗師が計9人、螺鈿師が2人いて、代表者を含めて合計14人。独自に活動していた漆工芸者が、木地づくりの2人を含めて16人、合わせて30人に減りました。

平成8年になると、工芸品店が2軒、作家が14人、木地関係者が2人になり、平成20年には作家6人、しかも北村一家と、私と息子そして私の弟子だけになって（「奈良漆器協会会員」2008年12月現在）、今日に至っています。【参考資料「関係者名簿」】

注1．膠と砥粉の混ぜた膠下地。施工が容易で廉価だが、水に溶解して剥がれやすい。阿波国美馬郡半田村の半田漆器の下地法が名称の由来とも言われている。

注2．北村昭斎氏（1938〜）は、1999年螺鈿の重要無形文化財保持者（人間国宝）に認定された。

2．伝統工芸品としての奈良漆器

現在は「半田地（はんだじ）」(注1)に薄貝貼りをしたものも、問屋を通して「奈良漆器」という名前で売られていますから、ピンとキリが混じり合うてる状態です。そんな中で、この「奈良漆器協会」の6人は「本堅地（ほんかたじ）・総布張り・蠟（呂（ろ））色（いろ）塗り」の本真物（ほんまもん）の「奈良漆器」をやっている作家です。たった6人の頭数で、人間国宝がいてはります。(注2)引き合いに出したらいかんけど、「輪島塗」は約500人の漆職人がいて、人間国宝は2人か3人と違いますか。もちろん数の問題やないし、分野と定員が決まっているから比較はできんわけですが、それにしても6人の団体に人間国宝がいるというのは珍しいでしょう。奈良漆器の素晴らしさの証明やと思うてます。

3．奈良漆器という名称

奈良は漆工芸発祥の地で、その技術は中世･近世を通して伝わってきましたが、「奈良漆器」という名称そのものは、明治の初めに「奈良塗」･「南都塗」「東大寺塗」等々の総称として作られたものです。

明治8年（1875）2月に東大寺大仏殿の回廊で開かれた奈良博覧会がきっかけやと思います。この博覧会には、正倉院御物や各社寺の名品、素封家のコレクションが出品されて、奈良の漆工芸品への注目が高まりました。行政側の商工業奨励もあって、漆器振興策として「正倉院御物の写し」をするようになっていきました。

注3．明治21年（1888）、奈良博覧会社（明治7年（1874）創設）に設置された漆器工房。東笹鉾町にあった。工場長は吉田辰之助（立斎）。会社の方針に沿って、古器物を基礎にした工芸品による殖産興業を目指された。

関大の高橋さん（髙橋隆博教授）は、正倉院の写しが「奈良博覧会社」の中に作られた「温古社」(注3)から始まったように書いてはりましたけど、「始まった」というのは言い過ぎのような気がします。近世奈良の漆工芸の実態が掴めなかったので、沈滞期とみる偏見が混じっているように思います。確かに温古社の力は小さくはなかったでしょうが、作家の立場から言うと、その時点でちゃんとした技法が残っていなかったら、正倉院御物の「写し」なんて、そうそう簡単に出来るものやない。

4．近世（江戸期）の奈良漆器

江戸時代の記録はほとんど目にすることがありませんが、幸いにも前回の春日さんの式年遷宮（平成7年〔1995〕第59次式年造替）のときに、江戸期の造替記録をいくつか見せてもらいました。御造替と言うのは建物だけでなく、神殿の調度品の多くも新調されます。平成7年のときは、高杯(たかつき)や日の丸盆など神饌のお供えに使う祭器具、それに装束を含め約80種・800点に及んだと聞きます。

江戸時代の御造替に関する工芸品は、大まかに言うと奈良と京都の職人が、ほぼ半々で分担していました。文政造替時の記録（『文政九丙戊年四月春日社御造営御上棟正遷宮社頭奉行日記』、文政9年〔1826〕）には、内陣と御内鳥居の奥、御本殿の周囲の神宝は「奈良組」と「京都組」に分けて調達され、内陣・外陣（内陣の外）の調度や狛犬などの漆塗り、飾り金具、青貝螺鈿の祭器具は、全て「奈良組」が担当したと記されています。この分担は江戸期を通して変わらなかったようですから、これだけの仕事を支える漆関係職人の頭数と技倆が、幕末まで維持されていたということです。これが明治になって「正倉院の写し」を契機とする奈良の漆工芸の基盤になったことは間違いないと、私は思います。

５．明治以降の奈良漆器

「奈良漆器」を全国規模で大々的に売り出した「元祖」は大西勇斎（１８３４～１８９９）です。もともと塗師で、正倉院御物や社寺の名品の模写をしていたのですが、やがて根来塗(注4)・螺鈿塗・藤原塗(注5)などもやりだし、これを総称して「奈良漆器」と呼び、塗師から問屋に転じました。京都にも支店を出して一代で財を成したと書かれています。『奈良繁昌記』（西田雲突坊、１９８９）には、この大西勇斎・吉田辰之助（立斎）・石田美明らを「美術漆工」とし、これとは別に「塗物師」として木村幾松・葛原弥七・本城春之助のグループを載せています。この時期の漆器問屋（石田東雲堂・玉井大閑堂・森田一善堂・松田龍昇堂など）の数からすると、漆器関係者はかなり多かったはずで、明治期の奈良の漆工芸界は、美術漆工家と問屋支配下の職人とを両翼にして盛んであったと思われます。先に触れた温古社がすすめた正倉院御物の模写も、完全に見本どおりに写されたと言いますから、その技術も相当高い水準にあったと思います。

こういう状況の中で「奈良漆器組合」が結成（明治30年〔１８９７〕）され、組織の体裁も整い、各種の博覧会や展覧会にも出品されて、奈良漆器の基礎がつくられて

注4．一般に紀州（和歌山県）根来寺で製作されたとされるが定説はない。奈良の根来塗は、東大寺の連行衆盆（日の丸盆）のように、根来寺創建時以前の奈良の社寺に伝存されている朱漆塗をいう。堅地の黒中塗に朱漆を塗り摺るが、長期間使用していると下の黒漆があらわれ、独特の風合いが出る。

注5．古色を出すための技法の一つ。漆塗工程の最後近くで卵白を塗るなどして漆表面の亀裂を促す。断文塗とも言う。

いきます。ここで一つ重要なことは、当時の奈良漆器の代表が「厚貝螺鈿塗」「藤原塗錆絵」「根来塗」などの箱物や卓、盆類、「目撥（めばち）塗二月堂机」(注6)などだったということです。つまり、昭和以降の「半田地薄貝螺鈿塗技法」によるものとは、呼び名は同じ「奈良漆器」でも明らかに別物なんです。

6．昭和初年からの「大衆」化

昭和元年（1926）の奈良漆器組合の総会で、当時の奈良市長（大国弘吉）が「一般大衆も買えるような商品を作れないか」と提案し、塗師（森本豊吉）・螺鈿師（山下武雄）と大阪高石の貝材加工業者（山野某）の三者が研究して、「半田地薄貝螺鈿塗技法」が考案されました。昭和5、6年頃はまだ厚貝が主流だったと山下シゲノさん（昭和57年当時の螺鈿師。夫の武雄氏も螺鈿師）は話されていましたが、同じ時期に石田東雲堂のウィンドーに薄貝の商品が陳列され、「こんなん貝やない」と大もめになったとも聞いてます。

厚貝と薄貝とでは細工が全然違いますから、(注7)それまで厚貝を加工していた貝師さんが金物を加工する金物師に代わっていくことにもなりました。厚貝螺鈿技法と同様の技法を使って、貝ではなく金・銀を用いると「金・銀平脱（へいだつ）（「付着法」の場合をいう）」や「金・銀平文（ひょうもん）（「嵌入法」の場合をいう）」になります。この技法は、卵殻・角・骨・玳瑁（たいまい）・象牙・瑪瑙（めのう）・七宝・宝石などを使う、奈良漆器の高級工芸品にも共通する技法です。つまり、薄貝螺鈿塗の出現によって、これらの工芸品の全ての製

注6．目撥とは、木の目を出す技法を言い、木地は「しおじ・つぶ・きわだ・せんだん」などが使われ、渋または膠に松煙を混ぜて塗る。上塗は箔下塗で厚めに塗られる。「二月堂机」とは、食堂机とも言い、本来は東大寺二月堂修二会の食堂作法時に、日の丸盆とともに使用される小型の机。これを基本として商品化された二月堂（式）机は奈良漆器のヒット商品となった。

注7．厚貝は金工用の糸鋸で模様に切り、ヤスリで摺り合わせをしながら成形する。薄貝は金属板（多くは銅板）を厚貝と同じ要領で糸鋸で切り、それを模様型にして薄貝の周囲を針でなぞるようにして切る。ポンス型（抜き型）を作って何枚か重ねた薄貝を打ち抜く方法もあるが、奈良では使われない。

作とその技法が途切れてしまうことになったのです。

7．奈良漆器の代表「厚貝螺鈿堅地蠟色塗」

「螺鈿」の「螺」は螺旋形の貝、つまり巻き貝です。「鈿」は「飾り」ですから、螺鈿とは「貝の飾り物」というぐらいの意味です。使う貝はさまざまですが、主に夜光貝・白蝶貝・黒蝶貝・アワビが用いられます。アワビ以外は奄美大島以南でしか採れません。

螺鈿として使うには、まず原貝を一寸角（約5平方センチメートル）ぐらいに切って、グラインダーで平らにする。100杯（枚）重ねて四寸（約135ミリメートル）以上のものを厚貝、2分5厘（約8ミリメートル）くらいのものを薄貝として使います。厚貝と薄貝とでは厚みが20倍近く違う。この違いは一目瞭然で、薄貝は向こうが透けて見える。百貨店や土産物店で売られているのは、たいてい、この薄貝です。一枚が0.08ミリメートルやから、糸鋸なんかを使う必要はなくて、針でなぞるだけで簡単に切り抜けます。これを糊で貼る。下の地色が透けてしまうので、接着面に胡粉を塗って白く見せる。青貝に見せたければ黒漆の上に貼る。貝の下に漆が入ると「シミ」になります。これは修正が利きません。これが、昭和初期からの商業ベースで大量に作られた――安物の――「奈良漆器」で、「半田地薄貝螺鈿塗技法」で作られた「薄貝半田地蠟色塗」と呼ばれるものです。

これに対して、伝統的な奈良漆器は「厚貝螺鈿堅地蠟色塗」と言います。仕上がりをみると、大して変わらないように見えますが、「薄貝」は欠けたところから水が入ると膠が捲（めく）れてしまいます。こういうものは「奈良漆器」と呼びたくない、というのが私の本音です。

8. 奈良漆器（厚貝螺鈿堅地蠟色塗）の髹漆法

(1) アウトライン

伝統的な奈良漆器、つまり「厚貝螺鈿堅地蠟色塗」の製作方法（髹漆法）をざっとお話し、その後、工程を手順ごとに整理してお示したいと思います。細部については、このあと、ご質問に答えるかたちでご説明することにします。

奈良に限らず、どの産地の髹漆法も、その工程は「下地（したじ）」と「上塗（うわぬり）」の2工程に大別されます。

「下地」とは、器物の「素地（木地）」を作り、整える作業工程です。素地の種類は、木材・乾漆・皮革から、陶器・合成樹脂に至るまで多様で、木材も製品によって一様ではなく、板物・挽物（椀や盆など）・曲物（弁当箱など）に分かれます。材料は檜材が本来ですが、合板が用いられることもあります。素地を整えていく作業は、産地によって特徴づけられます。例えば沖縄の漆器では、豚の血を混ぜたものを素地に塗り込んでいく特殊な下地の作り方をします。

奈良漆器の場合、素地は木材で、木地師の関係から「板物」が中心です。中でも伝統的に、「春日卓」のような「指物（さしもの）」、また板を組む「箱物」を得意にしています。

そしてこの素地（木地）に、麻布（蚊帳）を貼り付け、漆と水、そして珪藻土や粘土で作る地粉・切粉・砥粉を漆と混ぜ合わせたものを擦り込み、乾燥させてから砥石などで研ぎ出していく、「漆下地」という方法で整えていきます。

「上塗」とは、文字通り漆を塗っていく作業で、どの産地でも共通して「下塗」・「中塗」・「上塗」の3工程に分かれます。ただし、最後の「上塗」で産地の特徴が出ます。この「上塗」は「塗立花塗」と「蝋色塗」の2つに大別され、最大の相違点は、漆に「油」を混ぜ　るかどうかです。前者は「油」を混ぜて塗るだけにしておき、自然に「艶」を出します。「輪島塗」などでも使われる技法です。一方、奈良漆器は後者の「蝋色塗」一本槍で、「油」は一切入れません。漆だけで塗り上げます。乾燥するとカチカチに固まるので、炭で研ぎ鹿の角粉で磨き出していくのです。

次に、奈良漆器の製作工程を略述します。

(2) 製作工程

①木地（漆下地）づくり

A. 木地固め

・生漆（透明）を木地に十分に染み込ませて防水性を確保し、また木地の「くるい」を補正する。

B. 刻苧彫／刻苧かい

・木地の接合部を、合わせ目に沿って3ミリメートル程度の深さの「V字」に彫っていく（刻苧彫）。木地に損傷部がある場合も、同様の処理（刻苧彫）

をする。

・その刻苧彫の部分に、生漆・糸くず・小麦粉・木粉を練り合わせてパテ状になったものを接着剤として埋め、ヘラで平らにする（刻苧かい）。

・なお、この工程は、接合部分の面積を広くすることで、接着の強度を高めるために行われる。

C．引込地付（ひっこみじつけ）

・刻苧かいの「痩せ目（乾燥等による収縮で窪んだ状態）」を、生漆に地粉または切粉（地粉の目の細かいもの）を混ぜたもので、平らに補正する。再び「痩せ目」が出ないように、一度ではなく数度に分けて行う。

D．引込地研（ひっこみじとぎ）

・砥石（または刃物）を使って、木地を空研ぎする。表面は滑らかにするよりも、多少の「あらし（ざらつき）」があった方が、次の「布貼り」工程がスムーズになる。

・なお、この工程は、漆器木地を堅牢にするために行われる。

E．布貼り／布切り直し／布目どめ

・漆を糊にして、木地全体に「麻蚊帳」の布を貼る。厚みは作品の大きさによって調整される。目が細かすぎると、木地との接着が悪くなる。

・なお、この工程は、木地の堅牢化よりも木目の「痩せ」止めへの効果が期待されている。

・貼った布の余分を切り落とし、砥石と紙やすりで成形する（布切り直し）。

【図1】貝貼り

・布目に「錆（砥粉と水を合わせたものに漆を混ぜる）」を擦り込むように入れる（布目どめ）。

・地粉（粘土を焼いた粉末。切粉のさらに細かいもの）は粒子が粗いため布目に入り込みにくい。そのため代わりに、砥粉が用いられる。

F．貝貼り

・砥石で強く空研ぎして表面を滑らかにし、「麦漆（漆と小麦粉と水を混ぜ合わせたもの）」で、模様に切った貝を貼る。後の「錆研」工程で、貝の厚みを減らさないように、各貝の上面の高さを揃えるように注意する。

【図1】

G．貝囲い

・貝の周りや角の部分に「錆」を「目擦り」込む。後の「錆研」工程で地粉の面が露出しないようにするためと、貝と下の面との接着を強くするために行う。

・これにより、次の「地粉つけ」工程で、角に地粉が付きやすくなる。

・なお、エッジを立てたい作品の場合は、木地の「角」は――むしろ――丸めておく。この部分に「錆」を「目擦り」込み、漆を塗り重ねて成形することによって、期待する「角」が得られる。上面と側面など2面にわたって一連の螺鈿を施す場合も、同様の手法が用いられる。この場合は角で接合する貝（当然ながら厚貝に限られる）の断面がぴったり合うように、45度の角度に削られる。塗り重ねと研ぎを繰り返す「蠟色塗」にして、初めて可能な（あるいは必要な）技法である。

H. 地粉つけ／地研（じとき）

・粗めの地粉・糊・漆の混ぜ物を、ヘラで薄めに塗りつける。貝の上には塗らないようにする。空研ぎし、その後に地粉をヘラで厚めに塗りつける。（地粉づけ）

・砥石で水研ぎし、貝の上面や角線を決める。（地研）

・細かい地粉と赤砥粉を「等分」に混ぜ合わせ、切粉をヘラで塗りつける。さらに、地粉と「多め」の赤砥粉を混ぜ合わせたものを、ヘラで塗りつける。（切粉つけ）

I. 錆（さび）つけ

・ヘラで錆（赤砥粉と水と漆の混ぜ物）を塗りつけて型を決める。切粉を混ぜても良い。

・空研ぎした後、さらに錆（黄砥粉（赤砥粉より細かい）と水と漆の混ぜ物）をヘラで塗りつける。

J. 錆研（さびとき）

・砥石を使って水研をし、貝・下地面・角等を決め、軟らかな砥石で貝面と下地面との高低差をつける。

K. ひも引

・錆（赤砥粉と水と漆の混ぜ物）で「ひも」を引き、研ぐ。

・なお、「ひも」とは、製品を扱いやすくする（滑り止め等）ために、器の開

口部の周囲（蓋を明けるときに持つところ）などに形成される。漆等で加工されたものだが、細い紐ないし糸を巻いたように見える。【図2】

【図2】ひも引

②漆塗

L. すて中（中塗の前に塗る。奈良では古くから呼ばれる捨中塗の呼称）

・これを室（むろ）に入れて乾燥させる。

M. つくらい

・塗面を錆で平らにする。表面に光を当てた方が、凹凸がはっきり分かる。

N. 中研

・漆の塗面を石又は炭（油桐）で研ぐ。（中研①）

・素黒目漆（ただ「黒め」ただけの漆）を塗る。（中塗）

・炭を使って研ぐ。（中研②）

・これで「成形」の過程は終了する。

O. 中塗り

・ものによるが、「良い物」は数回行う。

・なお、「変わり塗」では、ここで貝細粉・いじ粉（乾漆粉）を蒔く、あるいは色漆を塗るなど、技法が変わる。「塗立花塗」技法の場合は、ホコリやチリに細心の注意が払われるが、「蠟色塗」では「研ぎ」によって磨き上げられるため、むしろ蒔かれた粉が「味わい」となる。

P. 中研③

・炭研を軽く、かつ丁寧に行う。

Q. 毛彫(けぼり)

・貝の表面に線彫りを施す。

R. 蝋色塗

・蝋色漆(油分を含まない100パーセントの漆)を塗り、室に入れて乾燥させる。

S. 貝めくり

・貝の上の漆だけを、剥落させる。

T. 蝋色研(ろいろとぎ)

・蝋色炭または良質の油桐炭で研ぐ。

U. 胴擦り(どうずり)

・白砥粉と油を混ぜ合わせたものを綿に付け、全体に擦り込む。

・直摺漆する場合もある。

V. 摺(すり)①/磨き

・摺漆(すりうるし)(材質は生漆)を綿に付けて擦り込み、拭き取った後、室に入れて乾燥させる。(摺)

・乾燥後、胴擦りと同じ作業を行う。(磨き)

・さらに、摺漆を1回目よりも薄く擦り込み、室に入れて乾燥させる。

W. 蝋色磨(ろいろみがき)①

・乾燥後、鹿の角粉と油(菜種油)を使い、手のひらで強く磨く。

X. 摺②

・摺目が出ないように、前回よりもさらに薄く擦り込み、室に入れて乾燥させる。

Y. 蝋色磨②

・乾燥後、鹿の角粉を付けすぎないようにして、手のひらで丁寧に磨く。

以上で、「厚貝堅地蝋色塗」の「奈良漆器」が完成する。

【ディスカッション】

（参加者）
樽井　禧酔（漆芸家、春日大塗師職預）
岡本　彰夫（神主、奈良県立大学客員教授〔※「近世奈良を語る会」主査〕）
岩坂　七雄（奈良市教育委員会事務局教育部文化財課主幹）
寺岡　伸悟（奈良女子大学大和・紀伊半島学研究所長）
中島　敬介（奈良県立大学ユーラシア研究センター特任准教授）

1．近世奈良の漆器

（1）春日大社御造替記録にみる「奈良組」

岡本：基調報告の内容と重複するかもしれませんが、よろしくお願いいたします。以前、ある学者さんが江戸時代に奈良漆器はなかったという趣旨の論文を出されて、明治以降の商標登録した「温古社」の奈良漆器だけを追求なさいました。しかし、考えて見れば、春日さん（春日大社）はじめ神社の御造替はあるし、各お寺にも漆器はあります。樽井さんの『奈良漆器』（本書79頁〜）17頁以降にも出ておりますが、春日大社の克明な記録を読むと、元禄・延享・天明・天保の4度の造替の職人は、京都方もありますが、奈良方というのがはっきり記録されていて、その中に、餅飯殿の貝師も出てきます。

樽井：『奈良漆器』は、今ご指摘のあった論文を疑問に思うたことが執筆のきっかけです。そこには慶応3年（1867）に生まれた吉田立斎が、明治18年（1885）にできた温古社の職長になったと書かれていた。19歳ですよ。それは凄いことには違いないが、40代の大西勇斉やらは既に活躍していた。論文では温古社が奈良漆器を作ったというけど、その前の江戸時代から、すでに奈良漆器の伝統はあったということです。

岡本：天保13年（1843）の記録を見ると、御内陣の塗師は、紛れもなく皆奈良組です。外陣でも「青貝師・香具屋源七・南都餅飯殿町」や「外陣塗師・河合虎次郎」と出ている。東大寺手向山八幡宮の神人の「松屋」も塗師ですしね。明らかに、近世に奈良漆器はあった。これは間違いないことです。

(2) 江戸時代の吉野の漆器 ―「吉野塗」―

岡本：ちょっと話が飛びますけど、樽井さんにご一緒をお願いして、吉野塗（よしのぬり）（注8）を調べに行ったことがあります。吉野でも江戸時代に漆器を作っていたことは、明らかな事実です。ただあまり上質な漆器ではなかったようですね。

樽井：そうです。

岡本：室（むろ）は土を掘って、その中に入れて、下地も良くなかった。

樽井：荒っぽい漆器です。ただ民芸調やから味がある。

岡本：「吉野絵」が描かれて、その「線」が生きてますな。樽井さんの持論は、その図案が「吉野葛」なんです。

注8．奈良県の吉野地方を産地とする漆器。吉野膳・吉野盆・吉野椀・根来（塗）などがある。南北朝期に興ったとも言われ、吉野絵と称する花模様が描かれる。

【図3】吉野絵

樽井：「紋帳」見たら、すぐに「葛」だとわかります。この頃は葛と言う人も増えてきましたが。当時は桜とか芙蓉とか言われてましたな【図3】。
岡本：「葛」と言うた人は、樽井さん以外、誰もおらんかった。その吉野塗はちょっと時代が古いのですが、もう少し時代が後の漆器は下市に生産拠点があって、「膳」が北陸あたりまで出てました。これも質の問題で消えていく。
樽井：それが京都で「真似」されました。吉野絵がおもしろいと。「吉野椀」と呼ばれて、今でも茶道具によく使われています。もちろん、全然作り方が違います。京都のものはものすごく丁寧。しかし、民芸調が抜け落ちてる。
岡本：線が生き生きしてませんな。吉野物は数作って売らなあかんから、「なぐり描き」みたいやけども、ものすごく線が生きてる。
岩坂：まさに民芸調なんですね。
岡本：民芸調です。
樽井：しかし、岡本さんと調べに行ったときは、地元の人にも知られていない感じでしたね。逆に、質問攻めにされた。
岡本：聴き取りに行ったのか、聴き取られに行ったのか、わからんかったね。

(3) 江戸時代の奈良の塗師

寺岡：「塗師」は、元禄時代には、もういたのでしょうか。
岡本：もっと古いと思いますよ。
樽井：矢を入れる「靫(うつぼ)」は、奈良の名品でした。『奈良漆器』を書くときに調べた

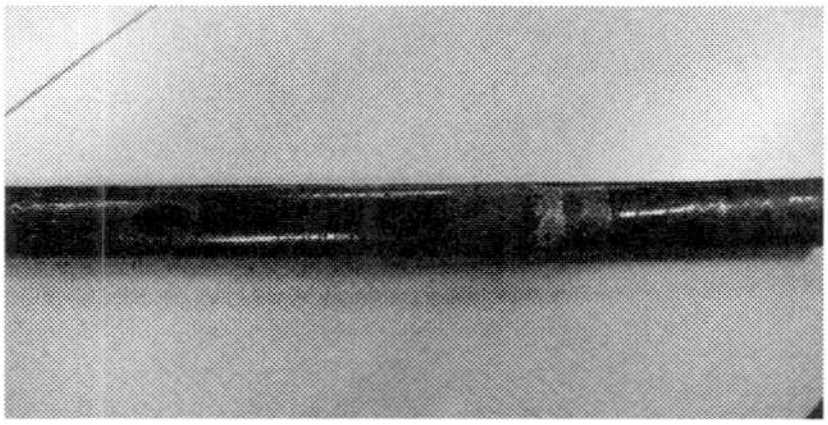

【図4】漆塗の鞘のサンプル

注9．陶磁器のひびや割れを、漆で接着し、その部分を金で装飾する伝統的な修復技術。

んですけど、鎧が牛の皮を漆で固めて編んでいくように、もともと漆は甲冑などの武具に使われましたから、基本的に各藩で作られた。武器みたいなものは、他の藩の者には売ってくれません。しかも鉄砲が出て来たりして、鎧でも甲でも常に新しいものを作らんといかん。どこも漆の産地は秘密にして、各藩に1つは持っていた。江戸に入って平和な時代になると、参勤交代で江戸に出たとき、刀を見せびらかすために、「変わり塗り」とかいう凝った刀の鞘が出てくる。鶴の足の皮や鮫皮に漆を塗ったものもあります。うちもそういう商売をしていたようで、こういう漆塗りの鞘のサンプルがうちにも残っていました【図4】。

岩坂：そういうときに需要も大きく伸びて、結果として塗師の人が増えたり、技術も多様になる、ということがあったのでしょうか。それとも江戸初期あたりからは基本的に大きく変化していないのでしょうか。

岡本：樽井さん、どうでしょう、技術はドンドン進化してますよね。

樽井：今でも進化してますよ。「平脱」という日本最古の漆器と一緒に、今までにない新しい漆器も同時に作っていますから。

(4) 塗師の技術は

樽井：同時に、古い技術も変化しています。今「金継ぎ」(注9)って、教室ができたりしてますけど、漆をいらう(使う)技術ではあまり重視されません。教室に通わんでも簡単にできますよ。わしなら良い品物持ってこられたら、ただ岡本：（無料）で直します。漆屋は金継ぎで金取ったらいかんのですよ。
樽井さんは、金継ぎなんか金取るもんと違う、片手間にするもんやって言わはるんですけど、普通はね、一寸あたり1万円ぐらいですな。樽井さんは、ものすごく細い細い線で金継ぎしはる。いかに細い線で金継ぎしてもらうかが難しいんですね。太いのでされたら、道具（器）が台無しになる。

寺岡：確かに、「金継ぎしました、金継ぎでございます」みたいに「ぷゆー」と金継ぎしてあるのがありますね。できるだけ細くするのが本来なんですね。

樽井：ただでもやりますと言うと、「今出来」のものを持ってこられる。これもちょっと困るね。

寺岡：金継ぎするほどの値打ちがないと。

岡本：割った方が良えとしか思えんのに、金継ぎは必要ないですね。金継ぎするのは、良い物に限られますな。

（5）近世の奈良漆器の名品と特徴

中島：江戸時代は、それぞれの藩（国）に漆の産地があったというお話でした。ということは、消費もやっぱり藩（国）の中に止まっていたのでしょうか。

樽井：そうだと思います。藩の中で動いていたと思う。

中島：甲冑や鞘のように、その藩（国）を代表するような工芸品や産物であったというような感じだったんですかね。

樽井：江戸時代の奈良漆器の名品は、第一に「春日盆」でしょう。5つほどの種類の盆を総称して春日盆と言うんですけどね。

岡本：奈良独特の、他所にはない道具がありますな。同じ盆でも、東大寺の「練行衆盤」と春日盆とは違うんです。春日盆の「角」はどちらかというと「鈍角」なんです。樽井さんに聞くと、お供え物を運ぶから柱にあたる、角が当たりやすいから欠けにくいように丸めてる、練行衆盆は置いて使うもんやさかいに、角が立っていると。

樽井：もともと、奈良の漆器は日常使うための道具から始まっているので、多少当たっても大丈夫なように丸みを付けている。京都の漆器は茶道具から始まっているので、空気漏れたらあかん。それで角は「きっちり」立っている。京物と奈良物の違いは、そこでしょう。

岡本：京物の角がしっかりしているのは、茶道具であるが故なんですな。

樽井：奈良の漆器は、多少ぶつけても傷が付かんくらい、漆で「がんじがらめ」にしてある。叩くと、乾いた音がする。木製やけども、音はプラスティックみたいです。ドテドテと下地の音したらあかんねん（と漆器をがんがん叩く）。

中島：そんなに邪険に扱っていいのですか。

寺岡：ドキドキしますね。

岡本：火の付いている煙草を置かはりまっせ、この人。これぐらいでビクともせんと。

中島：ああ、そういえば前にお伺いしたとき、食洗機で洗うと言うてはりましたね。

樽井：そうそう、食洗機で洗います。

寺岡：ほんとですか。

岡本：それでも、平気。それほどしっかりした仕事です。明治以降になって、奈良で「偽物」づくりが出ます。「断文（塗）」と言います。良い漆器は、300年ぐらい経つと断文（木地の割れで生じるひび）が出ます。下地がしっかりしてますから、捲(めく)れずにひびが入ってくる。その「断文」を喜ぶというのが、中国でも歴史的にずっとあります。それを人工的に作るのが、奈良の漆器独特の「断文（塗）」。いくつか作り方がありますが、そのうちの一つが「乞食断文」と言いまして、皆で寄って集(たか)って使い倒すんです。上から放り投げた作家もいたと聞きましたな。

樽井：噂では自分で作ったのを2階から落として、それを修理して、古物やと言うて高く売った人もいたらしいです。

岡本：笑い話があって、春日さんでは、樽井さんに作ってもらった盆を20年間使い倒すわけです。値打ちのわからん若い者が落としたり拭きまくったりするから、20年たったらこなれてくるわけです。「乞食断文」状態になるものが出てくるわけですよ。あるとき、その盆を造替の寄付してもらった東京の数寄者のところへのお礼として持っていった。自分のコレクションで銀座の画廊で個展するくらいの、骨董の目利きやと自慢している人です。その人が、それを見るなり「う～ん、室町（時代のもの）だな」と。みんな黙って、そのまま置いてきたという。まさに「乞食断文」を地で行った例です。

要するに、良い物でないと「乞食断文」にはなりません。
樽井：「拭きの色」も出てきますしね。
岡本：そうそう。拭きまくると、下の黒い地が出てきて。数百年も使ったような味わいが出てくる。

2．近世から近代へ

(1) 大西勇斎と漆器問屋―「奈良漆器」という名称の誕生―

岡本：『奈良漆器』の「沿革」の最後の方で、大西勇斎という名前が出てきて、22頁からの「昭和12年奈良漆器同業組合会員名簿」（以下「名簿」）にも「漆器卸商」として載っている。今日のお話しでは奈良漆器の「元祖」とも称されたと言うてはりましたな。
樽井：大西勇斎は、奈良のいろいろな漆器を「奈良漆器」と総称して全国に売り出した人です。問屋でもありましたが、まずは名工でした。『奈良漆器』5頁の天保5年（1835）から明治にかけての話は、全部聞き取りで裏付けました。京都にまで奈良漆器の店を出してます。
岡本：勇斎は塗師であり、かつ問屋もやっていたと。この家は残ってますか。
樽井：3代続いた後、今は画廊として残っています。
寺岡：餅飯殿商店街からちょっと入ったところで、奈良酒を試飲できる店とギャラリーの二つの施設になっていますね。ギャラリーは「勇斎」という名が入ってます。

樽井：あそこの陳列台は、ものすごく良かったです。

岡本：勇斎と一緒に名簿に載っている荒井保太郎は、荒井の漆器屋ですな。そして本田留吉が本田青紫園で、この人はたしか石田東雲堂の番頭さんだったと思います。

(2) 奈良漆器の長い寄り道――「薄貝」の使用

樽井：昭和になって、菊水楼での総会で、厚貝の仕事は流行らへん、生産量を上げるために薄貝にしようとなって、そこで道を間違えた。ピンとキリとがごっちゃになって、「膠下地」の仕事になった。これがめくれて、奈良漆器の評判を落とした。

岡本：厚貝の漆器は高くて売れない。たくさん収益上げようと、奈良市が主導した。奈良市の大国弘吉市長と高石の原貝業者が研究したんですな。

樽井：この話は、山下のおばちゃん(山下武雄氏夫人・シゲノ氏、前出)に聞いた。

岡本：山下さんというのは螺鈿師ですな。

樽井：螺鈿師であり金具師。シゲノさんもそうでした。銅板切るのも貝切るのも、糸鋸で切るのは一緒やから、金具屋も兼ねてはった。

岡本：ほう、おもしろいですね。

樽井：名簿の金具師のところに、父親の山下豊蔵、螺鈿師として息子さんの山下武雄の名前が挙がってます。(『奈良漆器』23頁)

岡本：豊蔵の父親の山下嘉七が、金具と螺鈿の両方の仕事をしていた。これを引き継いだんですな。山下武雄が薄貝の技術を開発した人なんですな。（『奈良漆器』21頁）

樽井：この「名簿」を持っていたのは八尾己之助さんという人で、螺鈿師辞めてからは春日さんの笛を吹いてはった。

岡本：そうです。もともと八尾さんは螺鈿師でしたね。雅楽もやってはった。己之吉の名を晩年に己之助に変えて、春日さんの神主になった。私が新入りだった頃の上司です。その八尾さんの家に「名簿」が残っていて、樽井さんがここへ載せてくれはった。今や実に貴重な資料です。

3．奈良漆器の名工たち

(1) 明治・大正・昭和の名工

岡本：奈良漆器の重鎮は、吉田（北村）一門と樽井さんのところの一門ですな。

樽井：大西勇斎の一門もあった。

岡本：ああ、さっきの大西勇斎の一門ね。その3つくらいですか。

樽井：石田健二郎（美明）いうのもすごい人やった。幸王好太郎さんとか藤本政治郎も良い仕事をした。東京芸大を出た人です。ずっと森田一善堂の仕事をしてはった。

岡本：『奈良漆器』20頁の真ん中あたりから明治以降の名工が載ってますが、これ、ほとんど実際に聞き書きされたんですな。

樽井：『奈良漆器』を再版するとき、岡本さんから明治以降の人を調べよと言われて、全部ヒアリングして書き足しました。本人がおられないときは、子どもさんや縁戚の方に聞いたりもした。それが20頁以降です。

岡本：いや、ほんまに貴重な資料になってます。樽井さんがご存じの人のことを教えてください。明治25年（1892）生まれで、昭和57年（1982）没と書かれている奥田義太郎（如真）という人はどういう人物ですか。

樽井：あ、「名簿」には載ってないですね。

岡本：ふうん、（昭和12年（1937）以降の）新しい人ですか。

樽井：いや、「車職人」です。「車塗師」とも言って、人力車に漆を塗るのを専門にしていた。明治以降、人力車が増えて、「車塗師」という専門の職業ができたんです。それで「名簿」の方には載ってないのでしょう。

岡本：藤本政治郎（和祐）は、面識がありましたか。

樽井：小柄な人で、丁寧な良え仕事してはった。平城宮跡の模型の台を作っていて、もう年やからあんたやってくれと言われて、何回か代わって作らせてもらったことがあります。

岡本：ああ、この人が平城宮跡の模型を作っていたのですか。それで西岡の棟梁（注10）との関わりがあったのですね。幸王好太郎さんは、会われましたか。

樽井：何度か会ってます。やはり小柄な人で、奈良女子大のちょっと向こう（北袋町）の長屋の3軒目に住んではった。東京芸大を出て、蒔絵もやってはりま

注10．西岡常一（1908〜1995）。宮大工、薬師寺金堂の再建や「槍鉋（ヤリガンナ）」の復活をし、「最後の宮大工」と称された。文化財保存技術者、文化功労者。

した。

岡本：蒔絵も。この人も、良い仕事をした人ですなあ。

樽井：はい。

岡本：辻富太郎（永斎）は、どうですか。

樽井：良い腕前をしてはりました。住所は西城戸と記憶してましたが、名簿では北風呂町となってますな。

岡本：生嶋益三（益斎）は、どうですか。

樽井：油留木町の人で、高野山の仕事をしてはった。弟さんが喜代松といって奈良県庁の職員さんでした。

岡本：生嶋喜斎ですね。

樽井：兄弟２人で、法華寺の仕事もしてはった。

岡本：次の栗原徳蔵（得三）さん。これ、大変な名工でしたよね。

樽井：ええ、すごい人です。

岡本：栗原徳蔵は北村久斎の弟子で、群を抜いた腕を持っていました。宮内省のお声掛かりで兵役免除になったとも聞いています。この人がいなくなると、正倉院御宝物が直せないという理由だったらしい。

樽井：ところが後年、ほとんど表に出ることがなかった。

岡本：無茶苦茶すごい技倆があって、大阪で写真家になった息子さんも、思う存分作ってくれと言うてはったそうですが、作品を発表することを良しとされず、一生「陰」に隠れた人でしたな。

樽井：息子さんにも、自分の作品は表に出すなと遺言されてました。

岡本：お訪ねしたときは、部屋いっぱいにご自身の作品がありましたな。樽井さんに連れて行ってもろたとき、何点か売ってもらいました。

樽井：あのときは、もう何でも持って帰ってくれと言うてはりましたね。あのときに「個展」しといたら良かったと今でも思います。

岡本：そうしておけば、「図録」だけでも残ったんですけどね。残念です。ともあれ、腕は抜群でしたな。ある文庫(ふばこ)を息子さんが見ると、記憶のない模様が出ていた。漆は何年かたったら透けてくるというので、下から模様が出るように塗ったらしい。本人が存命中は、模様が出てない。死後何年かしたら、ちゃんと下から模様が浮いてくるように仕上げてある。奈良には、こういうとんでもない技倆を持った作家がいたんです。

4. 「樽井禧酔」とその仕事

(1) 樽井禧酔（喜之）の出現

中島：樽井さんご自身のことを教えて下さい。

岡本：樽井さんは大学出てから、お父さん（樽井直之）のところで修行された。お師匠さんは、お父さんですな。

樽井：そうです。けど、習うたことと今やっていることとは、1割も関係してない。

岡本：お家は「奈良博覧会」にも出品した「樽井清七」という名工を出した家柄で

すが、もともとの家業は、刀の「鞘」の塗師ですな。

樽井：さっきもお見せしましたが、「鞘」の塗りの見本が家に残っていた。侍が来たら、どの塗りにしましょか、と言うて見せたものらしい。

岡本：もうひとつ同じようなものが有ったけど、無くしたと言うてはりましたな。そして「判」も残っていた。江戸期以前、桃山時代に奈良の漆器で「樽井」という有名な人が出ていますが、そこに繋がるかどうかは、わからんのですか。

樽井：わからん、わからん。そんな昔に名字があったかどうかも、わかりません。

岡本：江戸時代から存在する塗師屋であることは、間違いない。『奈良漆器』21頁の明治7年（1884）生まれの「樽井清七」さんは、樽井さんのお祖父さんですか。

樽井：清七も代々続いて、これは3代目の清七ですね。

岡本：お父さんの直之さんは、戦前法隆寺の大修理や昭和5年（1930）の春日大社の造替、談山神社のお仕事をされて、宮大工の西岡常一さんとも親交が深かった。戦争から帰ってこられて、樽井さんが修行されてたときは、お父さん、どんな仕事なさってました。

樽井：問屋の仕事でした。昭和20年（1945）の大阪大空襲のときはまだ大阪にいて、終戦の3か月前くらいに出征して、シベリアで捕虜になった。わしは昭和19年（1944）の生まれですけど、父は4年ほど捕虜になって、わしが幼稚園の時に帰ってきた。

岡本：ぎりぎりで徴兵されて、シベリア抑留って、えらい分が悪いですな。

樽井：そう。しかし、親父の酒の上の話では、シベリアの捕虜でも部隊によって違うようで、なんか楽しそうなことも言うてました。

岡本：戦後すぐというと、奈良漆器が最も下火だった時代ですな。

樽井：そうです。

岡本：お父さんのお勤めになっていた問屋というと、どのお店ですか。

樽井：大西勇斎の店とか、餅飯殿の守田米二郎の店でした。この守田さんは、市会議長もやってはりましたな。

(2) 樽井禧酔の仕事

①「透ける」香合

岡本：さっき、栗原徳蔵さんの話のところでも触れましたが、漆は何年かしたら透けてくる。普通何年ぐらいですか、50年くらいかかるんですかな。

樽井：一概には決まっていません。20〜30年で透けるときもあります。

岡本：そういう漆の伝統的な透け方もありますが、樽井さんは本当に「透ける」漆器を作ってはるんです。樽井さんの作品に、器の貝が透けて見える細工があります。あれは誰が見ても「びっくり」する。木地の一部が、貝なんですな。日本最古の漆器技術の「平脱」と、今までにない新しい漆器を作っているとおっしゃっていた、これがまさにそうなんです。

樽井：あの貝はタイに旅行に行った人からもらったお土産で、20枚ほどもろうた。貝の厚みだけで2ミリメートル以上あったので、木地を模様に掘り抜いて、そこに貝を埋め込んだんです。ものは茶道具の「香合」やけど、茶会で使う機会は年に1、2回しかないから、普段は印肉入れにされてるらしい。木下照僊堂が扱っている水銀朱の本真物の印肉——奈良にしかあらへん印肉やけど——を入れて、毎日使うてくれてはる。で、いざ茶会やとなると、印肉外して「香合」に戻す。

中島：さて、ではこのあたりで、そういうもの凄い技術をお持ちの樽井さんの作品を拝見させてもらうことにしましょうか。

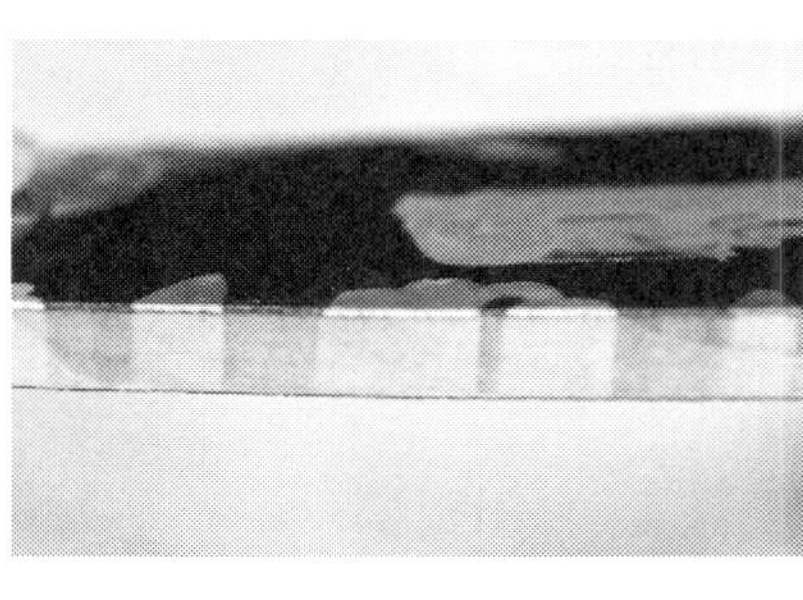
【図5】厚貝の厚み

②厚貝の螺鈿

樽井：まず、これ【図5】を見てください。貝の厚みだけで1ミリメートル以上ありますやろ。この器の裏の塗りが「三遍地」。普通の輪島の表面の塗りが、これです。奈良漆器では「裏」の塗りと同じ。表は3倍くらい厚みが違います。貝の厚みだけ下地漆を塗らんといかんからです。

岩坂：裏と表を比べると、全然違いますね。

樽井：そうでしょ。「三遍地」くらいでは、後になると「痩せ」て、木の目が出てしまう。

岡本：奈良漆器の技術がわかりますな。

③水銀朱を使った根来塗

樽井：次のこれは「根来塗」です。和歌山の根来寺が起源やとされているけど、ど

【図6】左：紅殻／右：水銀朱

うですかね。奈良根来塗は、根来寺が創建される以前からある朱塗物を指しまして、代表は東大寺の「練行衆盤」です。朱は水銀朱ですわ。

岡本：ほんまもんの朱肉とおっしゃった、水銀からとる朱ですな。

樽井：これは、漆をより厚く塗らなあかん。こっちにあるのは紅殻（べんがら）で、みんなこれが朱塗の朱の色やと思うてる。ほとんど家で持ってはるのは、この椀の色やないですか。日本の漆器の中で水銀朱を使うてるのは2、3パーセント、まあ奈良だけやないですか。これが本物の朱の色です。春日さんの鳥居の色もこれ。ただ、普通の人は、むしろ偽物の朱のように見えるらしい。【図6】

岡本：「鉄朱」というのは。

樽井：それが紅殻。

岡本：ほお、鉄朱と紅殻は同じものですか。

樽井：根来塗は長い間使っているうちに、朱塗りがはげて下の黒漆が現れてくるところが値打ちですから、下地をきちんと作っておかないといけない。下地漆は「だまし」がなんぼでもできるけど雑に下地を作ると漆が捲れてくる。捲れた漆器は修繕が利かん。ほかす（捨てる）しかない。下地漆の「しっかり」したのは、欠けはしても、「水浸み」がないから捲れてこない。そこだけ繕うて、塗り替えたら使える。

これ、実は「螺鈿」と「蒔絵」にも通じる問題なんです。蒔絵の場合、蒔絵そのものに7割ほどの金と手間がかかってる。だから、ちょっと欠けても修繕が難しい。できても非常に（経費が）高くつく。螺鈿の場合は、中塗りまで落として、塗り変えて、研ぎ直すだけで修繕できる。蒔絵とは逆に、中塗りまでの仕事で7割くらい労力かけているから、3割の金と手間で「新品」に戻る。螺鈿と蒔絵では、手間暇かける工程が違う。それが後々維持していく経費にもつながっていくんです。

④7回以上重ね塗る「六遍地」

樽井：もともと、漆はいったん固まったら、よほどのことが無い限り300年は保つ。漆を節約して、砥粉を多めに合わせたら、水分が多いから「焼ける」。焼けて茶色になったら、もう話にならん。爪で掻いただけで傷が入る。そうならんように、ぎりぎりのところで勝負してるのが、産地の人間です。漆30パーセントでやってたら、雨の日は焼けるさかいに仕事できへん。私らは、漆60パーセントで「うまし気味（たっぷり）」でやるから、固いものが作れる。これができるのは一から自分でやっているからで、塗るのを他人に任せたら、漆の代金を「浮かせる」ために、どうしても少なめに配合してしまう。確かに分業はコストが下がるかもしれんが、「粗悪品」になりかねないと思うてます。

中島：「焼ける」というのは漆が少ないせいで、湿気で変質していく様を言うのですか。

樽井：そうです。天気の加減で、ものすごく「焼ける」。

中島：色が変わって、弱くなる。

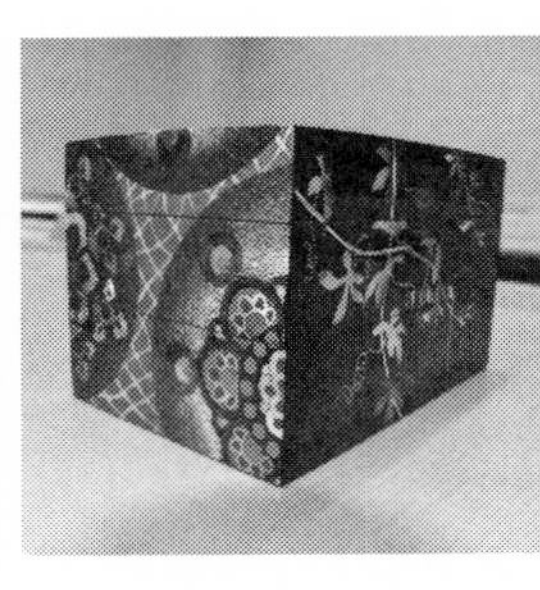

【図7】箱物

【図8】角の漆付け

樽井：色が真茶色になって、話にならんくらい弱くなる。いっぺん「焼け」たら、漆を全部捲り切らないかん。漆の量を「けちる」とそうなる。

岡本：漆をふんだんに使うと、「焼ける」こともない。

樽井：焼けまへん。「うまし気味」の漆器は、乾燥に3日ほどかかるけど、もの凄く固いものができる。ただ、仕事は手間です。3日仕事できへんから、急かれる仕事ではできません。こういう角を立てる細工【図7】では、1回塗ると1日では乾かへん。一面ずつ角立てるとなると、6回塗り終えるまでに何日もかかってしまう。

⑤指の間の「力こぶ」

中島：基調報告では、そういう角の立ったものは、木地の角を丸く細工するとおっしゃってましたね。

樽井：そうです。漆はヘラで付けていくので、丸うないと角はどうしても薄くしか付かへん。角に漆が乗らん状態になる。それで角を大きめに「がーん」と思い切り丸めて、たっぷり漆を塗って固めていってカットするように成形する【図8】。

中島：ああ、なるほど。木地をはみ出して角が作られていくわけですね。

樽井：次の面も同じようにして角を立てていく。これを6回ぐらい塗り重ねないと、角が作れない。輪島塗のような「三遍地」では、これはできん。奈良は「六遍地」と言ってますが、6回どころか実際には7回以上は塗ってます。

【図9】胴張・天丸の硯箱

岡本：それで、角の立つものは時間もかかり、難しいのですな。

樽井：そうです。椀のような丸い物が一番作りやすい。楽ですわ。こういう輪花盆（縁が花模様になった菓子盆）が一番難しい。

中島：木地は丸くなっていますね。

樽井：天板でも、多少はどれも丸くします。こういう胴張・天丸の硯箱が一番高価です【図9】。こういうのは木を挽いて作ります。曲げてない。力で曲げたら、後で戻ってしまうさかいに。こういうところは「刻苧彫り」して継ぐ。研ぐときは大きな砥石を使ったほうが綺麗に研げる。外角は慣れりゃ誰でもできるけど、内角は難しい。この内角のところは、普通の砥石は入りません。

寺岡：じゃあ、どうやって研ぐんですか。

樽井：内角に合わせて砥石を作るんです。自分の一番研ぎやすい砥石を、自分で作る。ちょっと自慢になるけど、私のつくったのは、表面を蛍光灯にかざしてみても、狂うてへん（歪みがない）。たいていは狂いが出る。砥石の大きさの問題もあります。1回に研ぐ面積の広い方が平らになるから、私は大きな砥石を使う。普通の器を作るときでもお寺の仕事をするときの砥石と同じ物を使うてる。お寺は「艶」はあんまり問題にされません。外からの光が逃げる（乱れる）と怒られる。せやから、思い切り研ぐ。50年ほど研いできたから、ここ（左手の親指と人差し指の間）に「肉」が入った。瘤みたいに盛り上がってるでしょ。ここが一番凝る。研ぐ方の右手よりも、支

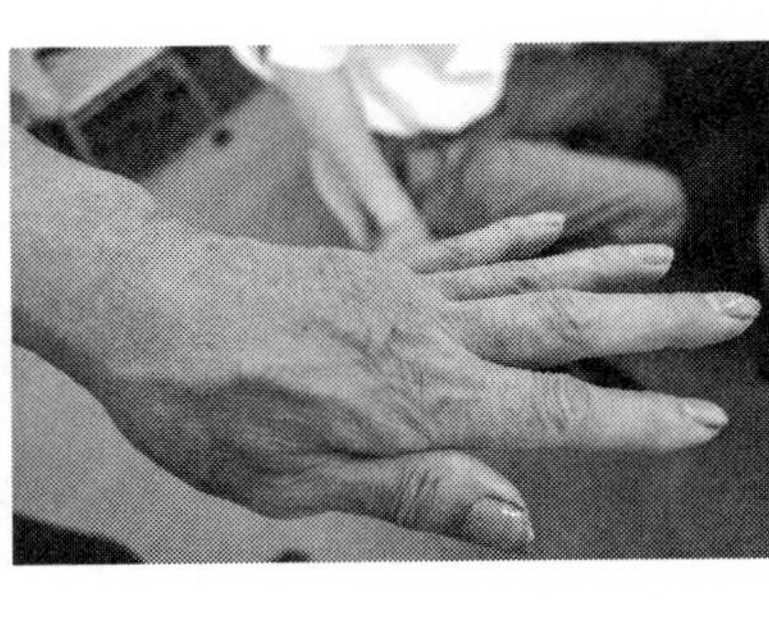
【図10】樽井氏の手

えてる左手の方が大事。こういう仕事は「数」やらなあかんから瘤ができる。展覧会に出品しているだけでは、こんな手にならん【図10】。

⑥「水ぶくれ」するほど磨き続ける。

岡本：薬師寺の須弥壇を磨くと、火傷で「水ぶくれ」ができそうになる、とも言うてはりましたな。

樽井：直に掌で磨くので、摩擦でどんどん熱くなっていく。「水ぶくれ」になると磨けんようになるので、そうなる直前に冷やして、また磨きを続ける。

岩坂：社寺の仕事と関わっているのでしょうね。奈良にとって社寺の存在は大きい。まさに社寺があっての奈良です。

樽井：ほんまにそうです。実用に叶った、「すぱーっ」とした奈良の漆器作れるのは常日頃、社寺の仕事で鍛えられるからです。実用品やから、塗りが厚けりゃ良いと言うもんやない。バランスが大事なんです。一刀彫りでも、鹿彫れるのはいつも鹿を見ているからで、それと同じように、私らも正倉院御物見てるさかいに、良え物が作れる。

寺岡：なるほど。確かに社寺では、漆器を飾っているわけじゃなくて、日常的に実際に使われるわけですからね。

岡本：使う側からすると、お供え盛る器は軽うして欲しい。少なくとも20年は毎日使うわけですから。軽くて薄い物は、しっかり仕事の出来る人が作らないと、反ってくる。名工でないと出来ない。

岩坂：しかも、1つや2つじゃなくて、大量ですからね。

樽井：高坏（たかつき）だけで60台です。高坏を研ぐには、下を握って動かんようにしてやらなあかん。それ以外に研ぎようがない。

中島：作りやすいように作るんじゃなしに、使う側の視点で仕事をしてはるんですね。手に「肉」が入るはずやね。

岡本：こういう、とんでもない仕事をする人です。まさに名工ですわ。

⑦製作・流通過程の一貫管理

中島：分業は粗悪品に流れやすいとおっしゃっていましたが、奈良漆器で原材料の仕入れから、加工から流通、最終の販売まで一貫してやるようになったのは、いつ頃からですか。昭和12年の名簿では、各専門に分かれていましたが。

樽井：今は北村さんのところでも、また私の弟子もやっているので、奈良漆器の伝統的な制度のように見えますが、全部自分でつくって、自分で売るというのは、実はこれ、私が始めたものです。ただ、作業の工程でない「分業」はあって、私らは仏壇は扱われへん。

寺岡：仏壇の漆を塗っている人が、別にいるわけですね。

樽井：仏壇屋さんです。仏壇やるとかなり儲かるんやけど、我々は仏壇を塗りにいかれへん。お寺のものでも厨子までは塗れますが。

岡本：位牌を作ったことがない、と言うてはりましたな。

樽井：ありません。親父の位牌も作ってない。もうひとつ下駄も塗ったことがない。理由は全くわかりませんが、そうなってます。

4．奈良漆器を取り巻く環境と後継者問題

（1）社寺との切り離せない関係

寺岡：江戸時代に、奈良の甲冑師の岩井（注11）は江戸に移住していますよね。塗師の人も含めて、伝統工芸でそういう例はあったのでしょうか。

岩坂：幕府の御用みたいになった甲冑師以外に、奈良ではないように思いますね。

寺岡：甲冑の特殊性なのでしょうか。

岩坂：一種の軍需産業ですからね、全部幕府が掌握してしまったのでしょう。その他の奈良の伝統工芸の大パトロンは、基本的に社寺ですから、奈良にいなければ仕事になりません。

寺岡：なるほど。奈良県の社寺というと、春日大社や東大寺だけではなくて、たくさんありますが、樽井さんのところでも、そういうところの漆器も作って納められるんでしょうか。

樽井：まちまちですね。私らがすることもあるし、させてもらえないこともあります。社寺によっては、べこべこした、だいぶ漆器の質が落ちるところもあります。高坏でも紅殻の朱のところもある。

岡本：社寺の財政的な違いにもよるのでしょうね。旧幕時代でいうと2万1千石

注11．甲冑師とは、日本の伝統的防具である甲冑を製作する職人。甲冑じたい古くからあるが、日本独自の様式がつくられたのは武家が台頭した平安時代後期以降。大和国（奈良）は中・近世の日本における最大の甲冑生産地だった。奈良発祥の甲冑製作集団の春日派は、室町中期～江戸期にかけて全国的に活躍。また岩井派は、初代与左衛門以来徳川幕府の甲冑御用を世襲した。なお与左衛門は江戸に移住するまでの一時期、「奈良晒」の検品の御用も務めていた。

の石高を持っていたところと60石とか100石とでは、違って当然でしょうね。

樽井：社寺によって型も違います。各神社にも型があります。話は違いますが、ちょっとびっくりしたのが、輪島塗の高杯があって、作者の名前が入ってたことです。社寺にお納めする物には、名前入れたらいかん。神仏より上になってしまうから。それを知らんとやっているのですかね。仏像でも仏画でも、作者の名前は絶対に入れないんですけどね。

岡本：修繕の時に解体したら、どこかに隠して書いてあったということはありますが、表だって書かれることはないですな。

寺岡：そうあるべきものなんですね。

樽井：私も、実はキリンビールのラベルの隠し文字みたいに、貝の中のどこかに彫り込んでます。わからんようにね。

岡本：毛彫りで彫り込んではりますのか。木白(奥田木白。本書「赤膚焼きについて」参照)でも隠し印がありますもんな。わからんとこに「木白」が入れてある。

樽井：しかし、社寺に納めるものには、そんなことはしません。

岡本：ここが大事なところやね。奈良の伝統的な工芸でないと、そういうところがわからんのでしょうな。ここは、ちゃんと押さえとかんといかん。

樽井：漆器の作家は、奈良からは離れられん。1つの寺だけでも1年以上仕事がかかる事がある。電気の修理で上から物が落ちたとか、いろんなときに呼ばれる。春日さんでも、祭りの道具やら何やらで、年間で必ず何らかの仕事がある。やっぱり地元にいないといかん。

中島：それだけに、漆器を作る人の数が減っていくのは、つらいですね。お寺は減らないでしょうし。

岡本：塗師さんなどは昔から社寺のお抱えやけど、毎日仕事があるわけではないから、みんな副業で日用品を作ってはった。一般の人が使うてもらわんと、副業になりません。日用品として使われることで、奈良の漆器の技術が守られてきたところがありますな。

中島：美術工芸じゃなくて、日用品としての工芸というところも大事なところなんですね。

(2) 後継者の問題

中島：伝統的な奈良漆器をやってらっしゃるのは、現在6人ということでした。この前、工房にお伺いしたとき、若い方が作業をされてました。あの方を含めて6人ですか。

樽井：はい。あれは私の息子（宏幸氏）です。

中島：今後、6人以上に増えていくご予定はありますか。

樽井：ないな。

岡本：跡を継いでると言うと、樽井さんとこの息子さんと、北村さんのとこの息子さん（繁氏）ですな。

樽井：それだけです。2人だけ。小西寧子さんも北村昭斎さんのお嬢さん（繁氏の姉）です。後継者に関して、今ちょっと問題になってることがありまして。

この前、大和郡山市で奈良漆器の展覧会があって、私も出品させてもらいました。ほとんどが「弁当箱に漆1回塗ったようなもの」ばっかりやった。これでは一人前に育つのは10人に1人もいてないなとがっかりした。一番難儀なんは、「目撥塗」の渋下地に塗立の色漆を使うて、輪島塗の柿合塗りやと言うのが出てきている。これを「奈良漆器」と認めるかどうか問題になっている。他にも2、3人、同じように輪島で修行して奈良よりも輪島が良え、と思い込んだのがいる。それつらいで。これ以上、話もしたくないくらい、つらい。

(3)「他」産地との相違点

寺岡：お話に出た「輪島」で、どうしてあのように、漆器が産業集積したのでしょうか。

樽井：産業振興政策のおかげということもあります。奈良は大阪に働き口があるから、漆器で産業振興する必要がない。歴史的に見ても、輪島塗の技術が確立したのは江戸期でしょう。正倉院宝物に「平脱」や「螺鈿」がある奈良とは比べられない。

岡本：薬売りと同じで、全国への販売網があったのでしょうな。

中島：「椀講」、「家具頼母子」とよばれる行商方式の販売方法もあったと聞きます。

岡本：販路拡張が上手でしたんやな。

寺岡：なるほど。

中島：昭和の初めに「蒔絵」の竹園自耕や、「沈金」の前大峰といった名工が出たこと、東京美術学校教授もしていた松田権六の力も大きかったのでしょうね。
ところで、奈良漆器には「平脱」と「螺鈿」がありますが、輪島のような「蒔絵」はなくなってるんですか。

樽井：奈良漆器にも、昔は和歌山の海南の人で、山中八一と小山正之助という蒔絵師がいたけど、今はもうなくなっています。

岩坂：お伺いしていると、政治力と一種の「殖産興業」の厚みが、奈良とは違いますね。とくに近世の奈良は大きな藩がなかった。輪島は加賀藩といった雄藩があって、すでに殖産興業の下地があったことも大きいと思います。

樽井：地域としての漆器への向き合い方も違いますわな。輪島だけやなしに、福井県鯖江市河和田の越前漆器伝統産業会館（うるしの里会館）は漆単独の商工館やし、香川県高松市の讃岐漆芸美術館は民営です。奈良は「伝統工芸品」を一括りにして、漆器もピンとキリを一緒に並べている。漆器の産地として認められてない、奈良の漆器は「家業」のままやねん。ただ、逆にその御陰で、伝統工芸品が「粗悪」化する心配もなくなった。

中島：どういうことですか。

樽井：他の産地では「こうしよう」と決まると、一気にそこへ傾く。その典型的な例が、和歌山海南の「海南漆器」。もともと轆轤（ろくろ）を使った挽物細工の、非常に良え漆器やった。その木地をプラスティックに変えた。いったんそうなると、機械もみんなプラスティック用に入れ替わるから、もう元には戻らん。

しかも、プラスティックの技法で伝産法（伝統的工芸品産業の振興に関する法律）の指定を取ったさかいに、轆轤で挽く技法が消えた。作家の中には元の和歌山の漆器に戻したいというので、私のところにも何人か相談に来られました。「根来塗」というのは和歌山にもあるから、根来の者で再興したら良えと思うたんやが、直らんかった。

岡本：直りませんでしたか。いつ頃、そうなったんですか。

樽井：従業員の給料やら、機械の償却やらがあって、いっぺん流れが変わると、戻られへん。プラスティックに変わったのは昭和35年（1960）くらいで、15年後の昭和50年（1975）になったらもう戻れんようになって、ちょっとした返礼品のようなものしか作れなくなった。平成12年（2000）に廃棄物リサイクル法（循環型社会形成推進基本法）ができると、販売する百貨店もプラスティック製品の扱いを渋るようになって、大変なことになっている。奈良は「漆器協会」と言うても、産地の意思決定機関やないから、こうはならないと思います。漆器に限らず、奈良は他と違っていて、伝産法の指定に冷淡です。指定で有利になるのは資金融資の時だけやから。

中島：『奈良漆器』6頁の「髹漆法」の樹形図は、全国の漆器産地を調査されて作られたのですか。

樽井：もとも『奈良漆器』を書けたのも『日本漆工の研究』（沢口悟一著、美術出版社、1966）からです。私が漆器の家業を継ぐと言うと、みんなが情報を出してくれたからです。私が奈良漆器協会を作れたのも、31、32歳の一番下の人間やったから、反発もなくまとまった。このままでは奈良漆器は潰れてしまう、なんとかしようと、20人ほどいた関係者を一軒ずつ回った。反対したのは1人だけでした。それで、30代から40代にかけて、全国の漆器の産地を、沖縄から四国も含めて全部回って、そこの製法を聴き取りました。

岡本：ほお。教えてくれましたか。

樽井：予約したら断られるかもしれないんで、飛び込みで行きました。みな教えてくれました。もちろん、輪島にも行ったし、京都の漆掻きまで調べに行きました。高山や海南も行ったので、産地ごとの「髹漆法」の特徴は、だいたい分かってます。ただ、この頃は「漆下地＋蠟色塗」でなかったら、伝統工芸とは認められん。「塗立（花塗）」は通らへんので、どの産地でも展覧会に出品できる技倆のある人は、これ（漆下地＋蠟色塗）をするようになった。もともと「塗立（花塗）」がその地の伝統的技法でも、「伝統工芸」とは言えんようになってます。これも変な話ですが。

5．漆器製法の細部について

（1）技法の過程・分類について

中島：あらためて確認させていただいてよろしいですか。『奈良漆器』6頁の表の見方ですが、上層の「下地」・「上塗」は工程の話ですね。まず「下地」があって、「上塗」をする。

樽井：そうです。

中島：「下地」が「漆下地」から「透明下地」まで枝分かれしているのはランクを表していて、最上級が「漆下地」ということですか。

樽井：これは産地ごとの特徴的な下地の種類を分けたものですが、「漆下地」はその中でも最上級です。

中島：次の「上塗」で枝分かれしている、「下塗」・「中塗」・「上塗」は工程ですね。

樽井：工程です。一足飛びに上塗りはできへんから、2回か3回「中塗り」を入れておきます。

中島：「中塗」の次の工程である「上塗」が、「蠟色塗」と「塗立花塗」の2つに分かれています。これはランクですか。

樽井：塗り方の違いであり、ランクでもあります。

中島：「蠟色塗」が最上級ですね。そうすると、「下地」の最上級の「漆下地」と「上塗」の最上級である「蠟色塗」の組み合わせが最高の漆器となって、それが「奈良漆器」だということですね。輪島塗は、どの組み合わせになるのですか。

樽井：輪島塗は「漆下地」で、「塗立」が基本です。

中島：金・銀を使う「平脱（へいだつ）」をするには、「塗立」ではだめで、「蠟色塗」でないとできないのですね。

樽井：できへん。「平脱」も厚貝の「螺鈿」も、上から研ぎ出さんといかんから、「塗立」ではできません。

【図11】貝の破片を蒔いて研ぎ出した作品

中島：「蒔絵」なら研ぐ必要がないので、「塗立」でいけるということですか。

樽井：そういうことや。「塗立」はホコリがついたら商品にならん。ホコリついたら失敗となる。研ぐのがうたてい（面倒くさい）さかいに、艶を出すために「油」を入れる。こっち（奈良漆器・蠟色塗）は、ホコリかかっても、研いだらしまいや。

中島：研ぎ出すので、ホコリが仕上がりに影響しないということですね。

樽井：こっち（奈良漆器・蠟色塗）は、敢えて「ホコリ」を蒔くこともある。貝の破片をコーヒー・ミルでジャーッと割って、その細かい粉を茶漉しで満遍なく薄く蒔く。その上に色（漆）を塗って、それを研いだら、こんなふうになる【図11】。「塗立」の場合、極端な話をすると、ホコリのついたところに蒔絵を施して売るなんてこともある。

岡本：磁器の鍋島焼もそうですな。染め付けに失敗したら、上から色を入れる。色鍋島というのは、要するに失敗作やね。

（2）「下地」

①各産地の特徴

岡本：『奈良漆器』6頁の図で、各産地の下地の特徴を簡単に教えてください。

樽井：酪素下地は、牛乳の酪素を混ぜ込む。飛騨高山などの「春慶塗」がこれです。漆は透き通って木の目が出ている。けど「しゃぶしゃぶ」に厚塗りする。よく透ける漆を、1回だけ思い切って厚く塗る技法やね。乾燥に3日ほどかかる。これも「塗立」やから、ホコリがかかるといかん。

岡本：牛乳の酪素が出てくるのは、明治以降ですか。

樽井：いや、それ以前からでしょう。次の渋下地は、柿渋を塗る。「目撥（めはじき）」いうやつですね。木目を出す。

岡本：ああ、渋下地が「目撥」ですか。

樽井：柿渋を塗って、漆1回塗りで、それが全部しゅんで（染み込んで）しまわないようにする。木目をだすのが特徴の「二月堂机」が、これです。次の「特殊下地」では、豚の血の入れる下地が沖縄の漆器です。豚の血を砥粉と混ぜ合わせる。「化学性下地」とは、パテとかカシュー塗料の下地です。

岡本：次の透明下地はどうなりますやろ。

樽井：これは基本的に「摺漆（すりうるし）」です。欅材とかの木地に20回ほど漆を塗っては拭き取る、これを繰り返す。

岡本：新子健（あたらしけん）さんというお方が、それをやってはりましたなあ。

樽井：そう、少なくとも20回は塗ってはりましたから、良い色が出てます。「塗立」の中にも、透漆の春慶塗や、梨地塗、艶消、色漆と、いろいろあります。「蠟色塗」でも、透けの蠟色とか、黒の蠟色、色漆もあります。さっきもお話ししましたけど、基本的に「漆下地」と「蠟色塗」は、最上級の漆器です。これがなんで「奈良漆器」になっているかというと、お寺や神社の漆器がこれを必要としているからです。奈良の漆器関係者は、お寺や神社の仕事をしているから、一般の人に売るときだけ安物の漆器を作るということができへん。私の経歴を見てもらうとわかりますが、社寺の仕事がほとんどで、合間に一般向けのものを作っている。展覧会への出品作品を作る時間は、ほとんど無いんですよ。

②「漆下地」での「くろめ漆」

岡本：下地漆というのは、普通の漆とは別物(別種類)ですか。

樽井：いや、同じ生漆です。水抜いて、くろめたのが「透漆」になる。

岡本：生漆には色がついてない。

樽井：色はついてません。

岡本：透明の漆ですね。その「くろめる」というのは、どういう作業ですか。

樽井：2つの意味があって、生漆の「水気」を抜くのを言うときと、さらに、これに酸化鉄を混ぜて黒くすることも指します。

岡本：昔は釘を入れたりしたそうですね。

樽井：そうそう、釘入れて長い時間置いておくと黒漆になる。今は二酸化鉄の粉を使うと、1日で真っ黒になるらしい。それ自体にはツヤがないから、さっきの話のように「塗立」は、油を打つ(混ぜる)わけです。

③「地粉(じのこ)」「切粉(きりこ)」「砥粉(とのこ)」

岡本：そもそも、「下地」を作る作業というのは、木地に最初から全部「漆」だけを塗っていくと、大変高価なものになるからですか。

樽井：そう、高くつくということもあるし、漆が木地にしゅまん（染み込んでいかない）ようにするためでもあります。漆と砥粉なんかと混ぜた「下地漆」や、その後の「中塗」も入れて、最後に「上塗」で仕上げていく。

岡本：粉は何種類もあるんですね。

樽井：粗い順に「地粉」、「切粉」、「砥粉」があります。壁塗りと同じで、漆に地粉を混ぜたもので粗塗りして、漆プラス切粉、漆プラス砥粉とだんだん細かくして、木地に塗り重ねて下地をつくっていく。

岡本：それらの粉は、鉱物ですか。

樽井：土の種類です。珪藻土とか粘土を焼いて粉末にしたもんです。地粉では「山科地粉」が一番有名ですが、「輪島地粉」というのもあります。輪島地粉は細かくて、砥粉と一緒くらい。細かいので、三遍地（下地づくりが3回）やと、後で木の目が痩せてくる。

岡本：地粉だけを塗るのじゃなくて、漆を混ぜて塗るわけですな。

樽井：どれも下地漆を混ぜます。

岡本：地粉・切粉・砥粉とあって、最後の砥粉にもいろいろ種類があるんですな。

樽井：砥粉でも赤・黄・白と種類が分かれていて。赤から順に目が細かくなっていって、一番細かいのが白。赤の砥粉は「輪島地粉」と同じくらいの荒さです。地粉にもいろいろあって、自分で漉して荒い粉を作ったりもします。

④「膠下地」

樽井：「下地」で、「漆下地」の次の「膠下地」というのが、昭和初年以来の薄貝の奈良漆器です。下地は膠と砥粉の混ぜもので整えていく。今でも薄貝貼って、百貨店や商工館にも出されています。こういうのが、最高級の漆器と一緒に並ぶ。30年ほど前に、私の作品が30万円、薄貝の方は5万円くらいやった。「なんであんたのは、そんなに高いの」て言われてね。それから、そういう店に出すのを諦めました。

岡本：その膠下地というのが、いわゆる半田地（はんだじ）というものですか。

樽井：そうです。

岡本：半田地というのは、砥粉と膠と混ぜたものでしたね。

樽井：はい。半田地は、角が欠けてそこから水が入ったら膠が溶ける。

岡本：膠は水溶性で溶けるから、捲れていくわけですな。

樽井：そうです。漆は固まったら、欠けはしても捲れへん。だから寿命は300年。半田地なら10年でしょう。

岡本：こういうある意味では「まがい物」めいた漆器は、明治以降ですか。

樽井：全国的に見たら、それ以前からでしょう。大名クラスの持ち物はともかく、江戸時代でも、捲れてしまうような安物の漆器はいくらもありました。

(3)「刻苧彫（こくそぼり）」

中島：最初の方の工程で「刻苧彫」というのがありましたが、何のために敢えて彫るんでしたっけ。

樽井：溶接と同じ要領で、継ぎ目の面積を広くするために、彫りを入れて漆を流し込んで接着するんです。その後、この厚い「かや」を全面に貼る。叩いたら、「もく」はタンタンとええ音が鳴る。ベニヤではこうはいかん。そのあと「かや」に「めすり」する。

(4)「すて中(塗)」

中島：「すて中塗」という工程がありましたね。

樽井：普通は、「下塗」の次は「中塗」ですが、奈良の場合は、その間に「すて中塗」が入る。「捨てる」気持ちで中塗りの前に一手間かけて、「つくらい」が見やすい「炭研」をしておく。それから、中塗漆100パーセントの「蠟色かけ(塗り)」に入っていきます。

(5)研(とぎ)と磨(みがき)

岡本：「研ぐ」という言葉が何度も出てきましたが、「研ぐ」と「磨く」は違うのですな。

樽井：違います。砥石で研いで、その研いだ後に出来た細かい線を消していくのが「磨き」。研ぐと磨きは、全然違う工程です。

岡本：「研ぐ」は砥石ですね。で、「磨き」が角粉ですか。

樽井：基本は「角粉」で磨きます。簡単に言うと、自動車のメタリック塗装の技術と同じです。メタリックは、アルミの粉を蒔いてペイントで吹き付ける。それだけではザラザラしているから、表面を滑らかにして、磨きをかける。メタリック塗装は、そのあと透明のラッカーでコーティングするんですが、それ以外は完全に漆の技法です。

岡本：それで、さっきの話に戻って、ホコリを嫌うのは、研(とぎ)がない方の上塗、つまり「塗立」で、「蠟色塗」ならば研いだら仕舞い、となるわけですな。炭で研ぐともおっしゃいましたな。それは、どの工程ですか。

樽井：下地は砥石で研いで、漆を塗ったところを炭で研ぐ。

(6)「上塗」

①「蠟色塗(ろいろぬり)」

岡本：「蠟色塗」についてご説明ください。

樽井：蠟色漆をかける(塗る)んです。

岡本：蠟色漆というのは、日本産100パーセントの漆ですね。普通の漆とは違う種類の漆ですか。

樽井：普通の漆です。油をうって(混ぜて)ない、普通の生漆です。塗っただけでは光らんさかいに、磨かなあかん。例えば、柔らかい軽石はどれだけ磨いても光らない。でも宝石のように硬い石なら光るでしょ。つまり、硬くないと光らない。

岡本：なるほど、硬いというのが光る条件ですな。

樽井：塗る漆自体が硬くないといかんのです。漆は乾燥すると、もの凄く硬くなる。蠟色漆は100パーセント漆やから、めちゃくちゃ硬い。その分、値段も高い。油が混じってないから、値段が違います。黒いだけで何も混じってないということで、蠟色漆と言う代わりに「素黒目漆（すぐろめ）」とも言います。

②「塗立花塗（ぬりたてはなぬり）」

樽井：上塗の「塗立花塗」では、油3割分（漆が3割少ない分）だけ、「蠟色塗」よりも柔らこうなる。それで、10年、20年使っていると、擦れて「白ぼけ」てくる。熱い湯なんかを入れると茶色く変色する。漆は焼けたりしないから、結局、混ぜた油が焼けているわけです。

岡本：熱いのを入れたら色変わってくるのは、油が入っているからですね。

樽井：奈良の樫舎（「萬御菓子誂處 樫舎」。「奈良町」の元興寺近くにあるお店）さんで善哉（ぜんざい）出してる椀は、わしが作ったのですが、100度のもの入れても朱の色は変わらん。焼けも何もしてない。かえって色に艶が出てます。

岡本：それが不思議でねぇ。樫舎の椀の色がなんで変わらんのか、と樽井さんに聞きにいったら「油入ってへんからや」と一言でしたな。で、その「塗立」の場合に入れる「油」というのは、どういう油ですか。

樽井：そこは漆屋によって違います。各々の秘伝みたいなもので、なかなか教えてはくれん。椿油とかかんせい油とか、そういう油や思いますが分からへん。漆自体には「艶」がないので、「塗立」の場合は（つや出しのため）かんせい油を3割くらい混ぜて塗るんです。

③蠟色塗と塗立花塗との相違

岡本：漆がカチカチに硬いからこそ光るわけですが、磨くのはご苦労でしょうな。

樽井：漆を磨いて光らそうとすると、冬でも汗だくになる。「塗立花漆」は、その手間を省くために、油を混ぜてホコリも付けられん塗り方をしている。手間暇だけで言えば楽は楽ですよ、「蠟色塗」やら「貝めくり」やら、「胴擦り」などの工程を全部省いてるわけですから。2種類の塗りの差は、仏壇を見たらわかります。「蠟色塗」の仏壇は、1千万円以下ではあらへん。「塗立」の仏壇なら200万円くらいから手に入る。私の仕事の場合で言うと、大きなお寺の「漆下地蠟色塗」のものは尺壺と言いまして、壺単価2万5千円です。「塗立」の壺単価で見積もりを出すこともありますが、それは人の目につきにくい所に用いるもので、その場合は約1万円です。

研ぎや磨きをせなんだら(しなかったら)どうなるか。表面には艶が出るけど、波打って「ぼこぼこ」になる。「塗立」と「蠟色塗」では、これだけ違う【図6前出】。「塗立」には山中塗や会津塗もあって、その中では輪島塗がトップやろうけど、「蠟色塗」とは全然違うものです。

岡本：レベルが違うと。

樽井：というより「もの」が違うんですわ。「蠟色塗」1本でやってきたのは奈良と京都、それと高松の蒟醤(きんま)漆器だけです。

(7)「貝めくり」／「胴擦り」

岡本：「貝めくり」いうのは、いったん全体を漆で塗って、貝を貼った部分の上がわの漆だけを落とす、ということでしたね。

樽井：「貝めくり」して、炭で蝋色研をし胴擦りし蝋色磨をします。いったん艶が付くと、その後どれだけ擦(こす)っても、その艶が消えることがない。

岡本：「胴擦り」では、炭を使いますか。

樽井：炭粉も使いますが、だいたいは砥粉と油を練ったコンパウンドみたいなものを使って、綿に付けて擦(す)り込みます。その後に漆をしゅわさない（染み込まさない）と光らんので、「摺りして・磨いて」を3回繰り返し、最後の2回は「角粉」を使って、手のひらで磨く。そうすると「ぴかっ」とした色がつく。この色はどれだけ経っても「死」にません。普段使うときでも、手拭いで拭いたら良いんです。柔らかい布なんて必要ない。漆は、拭けば拭くだけ光ります。昔の根来塗りの良いのは、付いたホコリが50年ほど使って拭いてる間に、「拭き蝋色」と言って蝋色になる。まあ、50年や100年はかかりますが。それは日本産100パーセントの硬い漆やからできることで、「塗立花漆」の輪島塗なら、手拭いなんかで拭いたら艶がぼけてくる。

岡本：下地は砥石で研いで、漆を塗ったところを炭で研ぐ、ということですな。

(8)「蝋色磨(ろいろみがき)」での「角粉(つのこ)」

岡本：「角粉」というのは、下地づくりに使う地粉・切粉・砥粉とは違って、最後の最後の磨きに使う粉ですな。鹿の角の粉末やと言いますでしょ。しかし、今使うてはるのは奈良の鹿の角ではないらしいですね。

樽井：違いますか。伝統工芸やから、何でも昔の道具や原料が良いとは限らない。炭や自然の石で出来た細かい砥石には「ホコリ」の入っているものもある。そうすると、最後の最後で「筋(傷)」が入りよる。そんなものを使うくらいなら、1500番くらいの砥石の粉を固めたもので研いだ方がきれいになります。「胴擦り」でも良いコンパウンドが出てきているから、わざわざ「砥粉」を使わなくても、ちゃんとしたものが作れる。自動車の世界の方が進歩は早いわけです。昭和28年(1953)から33年(1958)ぐらいまではヘラの握れる塗師が自動車の塗装屋になっていったけど、3～4年経つとプラスティックのヘラが出てきた。進化のスピードが全然違う。

岡本：ヘラで思い出しましたが、以前、樽井さんのところで感動したことがありました。塗師屋包丁という刀でヘラ先を切って、ヘラを作っていた。その切り方を見ただけで、昔は職人の日当が決まったらしい。包丁出しただけで、腕があるかどうかを見極められたのですな。

(9) 螺鈿

①貝の種類

岡本：螺鈿の貝について、繰り返しになりますが教えてください。種類はどんなものがあるのでしたか。

樽井：今日も持ってきていますが、アワビ貝、黒蝶貝、白蝶貝、夜光貝などです。さっきお話しした百貨店とか商工館で売られてるのは、この薄貝の仕事です。向こうが透き通って見えるほど薄い。全国の漆器の中で螺鈿だけの仕事をしているのは、今や奈良の6人だけです。輪島塗でも、蒔絵の花の蕾（つぼみ）に薄貝を貼ったりしてますけどね、厚貝の螺鈿だけでやっているのは奈良だけです。厚貝は色が違う、照りが違う。

岡本：夜光貝は、沖縄から南やないと採れしまへんな。

樽井：夜光貝だけやなくて、白蝶貝も黒蝶貝も沖縄以南でしか採れません。普通に採れるのはアワビだけ。まあ、メキシコアワビも使いますが。

岡本：どれも、巻貝なんですね。

樽井：蝶貝は二枚貝です。螺鈿の「螺」の字は、「田螺（たにし）」や「螺旋型」で使うように、巻き貝を指していて、「鈿」は飾るの意味ですから、もともと、螺鈿とは巻き貝を使って装飾するということです。厚貝はだいたい1.3、1.4ミリメートルの厚さですが、その厚みで大きなものが取れるものでないと使えん。

岡本：サイズは、だいたい一寸角ですか。

樽井：いや、大きさはさまざまです。これを糸鋸（いとのこぎり）で切るんです。貝屋では、金具用の手袋はめて切っている。夜光貝で、1枚3千円くらいします。これを自分でデザインして、やっぱり糸鋸で模様に切っていく。難しそうに思われがちですが、小学校5、6年で糸鋸の使い方は習うから、慣れたら誰でも切れるはずです。

【図12】角は合わせ目を45度に削る

岡本：昔は貝を切る「貝師」というのが「塗師」とは別におられたのですな。

樽井：「名簿」の22頁に「漆器螺鈿師」と出ているのが「貝師」です。かつては、螺鈿切るだけやなくて、木地づくりも下塗りも、蒔絵も専門の職があった。蠟色磨きでも、「蠟色師」という専門家がいたんです。今は奈良漆器全体で6人ですから、何でも自分でせないかん。

岡本：先にも話されましたが、昔は分業でしてはったんですな。

樽井：今でも、ほかの産地はどこでも分業でしょうね。奈良だけが、6人それぞれ、「通し（全工程を1人で行う）」でやってます。これみたいに細工しようと思うたら、合わせ目を45度に削らんと、最後に合うてけえへん【図12】。こんなうたとい（面倒な）ことまで、貝屋はやってくれません。自分でやるしかない。貝切るのも、けっこうしんどいですよ。今までで、一番仰山（大量に）貝を使うたのは、鶴岡八幡宮の楽器です。

岡本：7～8年前でしたかな。鶴岡八幡宮の七夕の時のお供えする琴と琵琶を作らはりました。わざわざ鶴岡の宮司さんが頼みに来られた。大相撲の奈良県知事賞も樽井さんの作品やしね。ちなみに知事さんは、大切な人のとこへは樽井さんとこで漆塗りの「盆」を買うて持っていかはる。あれ、内山永久寺のあった盆を写したものですな。

樽井：はい。

②貝の流通経路

中島：前に工房にお伺いしたときに、奈良に良い貝が入ってくるのは堺との関係があるから、とおっしゃってましたね。

樽井：そうです。ほとんどの貝は沖縄以南ですから、沖縄が琉球であった時代は、薩摩の島津藩がこの貝を仕切っていたわけです。それを商ったのが、堺の高石の貝商人でした。今でも、当地には貝屋さんが多いと思います。奈良は堺との関係が深かったから、良い貝が手に入った。それでも海のない奈良盆地に（貝の）ボタン屋さんがあります。日本ではもともと古くから貝が装飾に使われていて、平泉や平等院でも使われていました。新しくはギターの飾りなんかで、アメリカにも輸出されていたと聞きますが、ほとんどベトナムや韓国に取って代わられたらしい。この前聞いた話では、日本の貝屋が廃業に際して、ベトナムから買った何トンもの貝のストックを、日本で使う分も含めて、全部ベトナムの業者に売ったらしい。漆屋の数も、少量のチューブで買われたりするから、10年前の10分の1に減った。貝も同じで、3000円のものを10枚単位ぐらいで売ってたんでは商売にならん。100万円、200万円単位で売れんと厳しいでしょうね。

寺岡：貝が堺の方から来たということですが、やはり大和川から舟運で来たんでしょうか。

岡本：おそらく、そうでしょうな。

岩坂：貝ボタンの産地は、だいたい大和川に関わるところで発達していませんか。

寺岡：大和川の舟運の記録の中に、貝を運んだということが出てきているのでしょうか。
岡本：出てないでしょうな。
岩坂：そういう記録は見たことがないですね。
寺岡：舟運の記録があったら面白いでしょうけどね。
樽井：貝ボタンは、明治になって、洋服に代わってからやろうから、それまで螺鈿以外にも何かに使われていたんやろうね。興味深いなあ。

③「貝貼り」での「麦漆」―最強の接着剤―

岡本：貝を貼るのに使うのは「麦漆」とおっしゃいましたね。
樽井：「麦漆」です。「漆」以外を使うと、その部分から捲れてくる。300年保たそうと思うと、漆とメリケン粉と水を練った「麦漆」で貼ります。
岡本：漆とメリケン粉と水、その「麦漆」が最強の糊なんですね。
樽井：むかし、「麦漆」は漆器以外でも使われてました。番傘つけるのも、鉄と木を引っ付けるときも。これ以外の接着剤と言えば、膠(にかわ)か米糊ぐらいしかなかったですから。漆自体はそれほど大きな接着力はあらへんので、メリケン粉(小麦粉)を混ぜるわけです。
岡本：百万塔も「麦漆」を使ってますな。1000年経って保つのは「麦漆」やからですね。
樽井：伝統的な接着剤で、水に溶けんものは「しん」しかあらへん。漆とメリケン粉と水を思い切り練った「しん」は、焼き物と焼き物。鉄と木をへばり付かせ、水にも強い。だから、いろんなところで使われています。さっき言いました番傘もそうですし、扁額の木も「しん」で継いであります。膠を塗ったり、他の接着剤で止めたりしてません。

岡本：その「しん」というのが、「麦漆」のことですな。

樽井：そうです。今「木地」にベニヤ板使うのがおります。ベニヤ板は狂わないから良いとか言う。わしは、ベニヤ板はあかんと思うてます。なぜかというと、ベニヤ板を張り付けている糊は15年ほどしか保たん。その上に300年の仕事をしても、あかんでしょう。わしは、木地は「もく」にしている。それで、重くならないように内側を削いである。「厚手に上物なし」ですが、木地は薄手にして、それを蚊帳で巻いて、木と漆の力で狂いが起こらんようにしてるんです。

④「貝囲い」での「めすりこみ」

岡本：螺鈿の貝囲いの工程で「めすりこむ」ということをおっしゃいました。これをもう少し説明してください。

樽井：貝の周りや角とかの「目」の間に、「錆」（砥粉と漆と水の混ぜ物）を詰め入れることです。そうせんと、貝が貼りにくくなる。

岡本：道具は何を使いますか。

樽井：ヘラです。

(10) 地粉つけ

岡本：「貝貼り」の次の工程は「地粉つけ」ですな。これはどういう作業でしたか。

樽井：一番荒い「地粉」に漆と糊を混ぜて、薄めにヘラで擦りつけます。その後「空研ぎ」して、もう1回、今度は厚めにヘラつけ。それから「切粉つけ」と「錆つけ」を2回ずつ。その後が「錆研」です。ここが肝心なとこで、零コンマ何ミリメートルでも狂ってたら、この後ずっと狂うから、丁寧に研ぐ。「塗立」の場合は、それほど気にせんでも、油を入れた「しゃぶしゃぶ」の漆を、厚めに塗ったら、(表面張力で)うまいこと水平になる。下地のやり方も違う。「蠟色塗」と「塗立」では、これだけ違う。

6. 補足説明

(1) 「平脱(へいだつ)」

岡本：「漆下地蠟色塗」の最高級品は、尺壺単価2万5千円くらいですかな。

樽井：貝も何も入ってないもので、お寺に納めるものなど多面積なものなら、それぐらいでしょう。「塗立」なら、単価の調整はいかようにもできます。

岡本：工程を飛ばせるから、その分、安くできるわけですね。

樽井：「平脱」や厚貝の「螺鈿」は、そうはいかん。

岡本：その「平脱」について、教えてください。

樽井：文化庁監修の『文化財講座　日本の美術10　漆工』(岡田譲[ほか]編、第一法規出版、1982）に日本の漆器の歴史が載っています。まず、「平脱」があり、その後「螺鈿」が出てきて、それから平安後期あたりから「蒔絵」が出てくる。飾りが金銀から、貝に落ちて、絵になる。「平脱」の――紛い物とは言いませんが――簡易版が、「蒔絵」です。これは「平脱」につかう、0.3ミリメートルぐらいの銀板です。

岡本：0.3ミリメートルというと、ぶ厚い方ですか。

樽井：いや、普通です。その板を糸鋸で模様に切って「下地」に貼って、漆を塗って平らにする。漆を10回ほど塗らんと、0.3ミリメートルは埋まりません。

岡本：「平脱」では、0.3ミリメートルの高低差を漆で埋めんといかんということですな。塗りの厚さだけで0.3ミリメートルですか。漆を10回塗り重ねないといかんと。

樽井：そうです。そうして最後に、表面の肌がきれいになるまで磨き切る。この前、新聞の記事に90いくつかで亡くなった福井の人間国宝の方が「平脱」を「再興」したと書かれていましたが、「再興」ってどうよ、と思いましたね。奈良はずっと「平脱」してきましたから。

岡本：例えば、春日さんの御内陣にはものすごく大事な物があるんですが、それは「平脱」ですな。

樽井：はい。それを造替の儀で作り直してきている。奈良は昔から、ずっと「平脱」、「平文」、「銀貝」と言って続いているんです。

岡本：工程の数から言うと、やはり「平脱」が一番多いのですか。例えば根来塗な

【図13】平脱の香合

ら、工程はだいぶ少なくなりますか。

樽井：平脱と螺鈿は、ほぼ同じです。すごく工程が多い。これが「平脱」の漆器です【図13】。0.3ミリメートルの厚みがあるから、毛彫りを入れられる。鼈甲や玉も入れられる。蒔絵ではできません。根来塗は金銀や貝を切ったりする分だけ少なくなるけど、「下地」の作業量は、むしろ多いです。

(2)(生)漆

岡本：漆についてですが、日本産の漆は良質なのですね。

樽井：ええ。

岡本：今は、ほとんど(97パーセント)が中国漆と聞いております。日本産漆の値が上がる、というのはどういうことですか。流通のどこかでつり上げられているということですかねえ。

樽井：そうでしょう。テレビのニュースなんかでは、日本産の漆が足らん足らんと言うてるけど、ほんまはかなり余ってるんやないかと私は思うてます。貝も不足していると言うけれど、買ってくれ、買ってくれと売り込みが激しい。漆も、文化財には国産の漆を使うので需要が多い。漆屋はまだ日本にはそこそこ数があって、その漆屋が国産漆を持ってなかったら格好悪いので、みな買っていく。値段は浄法寺の漆で、一貫目がだいたい13万円です。

岡本：岩手県の浄法寺ですな。

樽井：中国産が一貫目3～4万円。それが蠟色漆に加工すると8万円です。日本産なら48万円もする。

岡本：加工は難しいのですか。

樽井：水気ぬいて、黒の二酸化鉄入れて、かき回して処理する。

岡本：それだけの加工で、えらい値段上がるんですな。

樽井：中国産なら4万円の漆が8万円。加工賃が4万円なのに、日本産の13万円の漆が48万円になる。倍率がおかしいですよね。

岡本：加工賃で、値が上がっているわけですな。

樽井：どの産地の漆屋も、ある程度の日本産の漆を持っていて、一貫目48万円で売り出すけど売れへん。当たり前や、中国産に比べると高すぎる。確かに日本産の漆は「黒み」がものすごく良くて、中国産はちょっとぼけてるけど、一般の人にはわからん。産地によっては「半打ち（国産・中国産を半々に混ぜる）」にすることもある。

岡本：この前、京都のある漆屋さんに、どのくらいの分量で打つかと聞いたら、日本産は3割、7割が中国漆ということでした。その店の最高級品でその程度です。北村さんや樽井さんとこは100パーセント日本漆ですからね。

樽井：国産漆の値段は、ある意味では文化庁が決めている、そういうところがある。

中島：どういうことですか。

樽井：安芸の宮島が台風で被害を受け、文化庁が日本産の漆で塗ると言うと、全国の漆屋が持っている漆がそこへ集められる。すると漆が市場からなくなるので、岩手浄法寺あたりの漆が掻かれる。その漆を、次は日光の東照

【図14】手板

宮の仕事があるやろうと、問屋が買う。漆が必要になると、漆掻き職人が増えるらしい。誰でも掻けるけど、期間は6月から10月しかない。掻きすぎると困るので、営林署が関わらざるを得ないとか。ほんまかどうか知らんけど、そういう話をこの前聞きました。国産漆の需要は、文化庁の決定次第って感じがしています。風が吹けば…的な噂話かもしれませんが。

岡本：そうなると漆問屋さんの見極めも、難しくなるでしょうね。

樽井：そう。日本産の漆が使えると思うて買うても、実際に売れるかどうかはわからん。福井県にある日本の漆のシェア4割の漆屋さんで、そこの人が年に何回か奈良へ回ってくる。そんなときの世間話が、後から思うとこれがそうだったのかということもありますね。

(3) 漆器の弱点

中島：漆器、とくに「漆下地蠟色塗」の奈良漆器は傷にも熱さにも強いということですが、弱点はあるのでしょうか。

樽井：太陽の光です。紫外線に弱い。色が焼けたりします。唐招提寺の修復の時に実験したことがあります。「手板」(製作の各プロセスを1枚の細板に再現したもの)【図14】を屋根に上げておいたら、3カ月でボロボロになった。展示の時の蛍光灯も漆器には良くない。あれでも色が変わることがあります。

中島：直に手で触るのは、問題ないのですね。

樽井：触ってもろうた方が良いんです。人間の手の脂は、ものすごく漆に良えねん。
全員：良いんですか。
樽井：触った後、手拭いで拭いといたら問題ない。
寺岡：なぜ触った方が良いんですか。
樽井：自分の家の敷居見たらわかる。歩いているところは光ってるけど、通ってへんとこは光ってない。靴下はいて敷居を歩くのは、拭いているのと一緒や。
寺岡：触ったら怒られる、高級な漆器は触るもんやない、という感じがありましたけどね。
樽井：ちゃんと持って触って、良い物やと確かめてもらわんといかん。見ただけで良い物かどうかなんか分からん。私が作る奈良漆器は、なんぼ（どれだけ）触ってもろうても、構いません。
中島：お店の陳列ではふつう「手を触れないでください」とか書いていたりしますけどね。
寺岡：逆なんですね。手を触れてくださいですか。
岡本：茶碗でも、使わなんだらかせて（艶を失って）きますもんな。手の脂って大事なんですね。
寺岡：漆器というのは、使い込んでいく中で、それ自体が維持されていくような器なんですね。非常に合理的な感じがしますね。

(4) 漆器の「相場」

岡本：漆器の値段を狂わしたのは、茶道具とちゃいますか。

樽井：近頃は炉縁なんかも、「相場」ちゅうものを知らんのやろかと思うものもありますからね。炉縁と言えば、わしら西岡の棟梁から、いろいろ教えてもらいました。お寺やなんかを改修すると木が残る。お供えして、その木を貰うて帰って炉縁を作る。そういうときは、1日で作らんと大工の値打ちがない。炉縁の値段は、大工や職人の日当で決まる。炉縁組むのは一工(いっく)（大工1日の日当）というのが相場やったんです。職人の日当の相場では、屋根屋が一番高い。雨が降ったら仕事が出来へんからね。漆屋（塗師）は、その屋根屋と同じにしてもろうて、大工や壁屋よりも高かった。そういう相場があったんです。

(5) 漆器価格の崩（破）壊

岡本：漆を塗るのは、木地の何倍とかいう相場もありますな。

樽井：木地の7倍、これが漆の相場です。木地1万円なら、漆は7万円。手間のかかった木地は、塗るのも手間がかかる。それは漆下地で蠟色塗の場合ですよ。1万円の木地にええ仕事（漆塗り）しようと思うたら、そら1万円では塗れん。

岡本：良心的な相場というのがあるわけですな。

樽井：あります。それを茶道具でひっくり返された感じがします。どこから持ってきた木か分からんものでも、それなりの由緒を付けたら、炉縁が20万～30万円で売られる。有名な寺の焼き印が押されているらしいけど、その焼き印も売買されてるらしい。

寺岡：茶道や華道などが、近世から近代への社会の大変化のときに新たなルールを創発した、というようなことなのでしょうか。そして、その際に、それまでの相場などが壊れてしまった、そういうイメージなのでしょうか。

樽井：いやいや、壊れたのは最近やね。

岡本：千家十職というのは大正時代ですかな。三越が作った制度で、ネーミングも三越らしい、という話を聞きましたが、しかし値段は良心的でした。炉縁一矩の相場の値段が無茶苦茶になってきたのは、最近のことですね。

樽井：炉縁を組むなんて、実際に1日あったらできる仕事やからね。手で鉋(かんな)かけて、組む。これ1日でできんかったら、おかしい。高い値段をつけるような仕事やないですよ。

岡本：昔の職人さんは、誇りを持ったはりました。何日もかけて組むのは下手(へた)やということで、それを恥としたのですね。

樽井：そういう技術への評価もなくなった。西岡の棟梁が、昔は、お寺の改修がすんだら馬2頭くれた、今なら車2台貰わんといかん、と言うてはりました。

岡本：確かに、記録に出ています。立柱上棟祭の時の引き出物のリストがあって、頭領は、馬1匹と錦が10反也と膨大な量です。

樽井：ネット販売も相場を崩している。景気が悪うなると、技術の下手な人間が切られるんやなしに、伝統工芸の技術を持ってる者から切られていく。賃金が高いから。今輪島塗の相場が下落しているらしいですが、たしかに作品がネットで——半額から3分の1くらいで——売り出されている。それが全体の相場を下げてしまっている。これまで画廊方式で、輪島の問屋が強かった。問屋を通さんようになると、3分の1まで下がってしまった。

岡本：問屋制度の崩壊ですな。

樽井：いったん下がると、値を戻すのは難しい。これにも逆の話があって、かつてのバブル景気の時に高い値をつけたとこは、今困っています。いったん値段を上げたら、簡単には下げられへん。値段に見合った「価値」が何より大事やと言うことです。

岡本：今、漆器に限らず、上手（じょうて）と下手（げて）が無茶苦茶になってますね。どれが良いもんで、どれが悪いのかわからんようになっている。

樽井：マスコミが発達して、かえって分からんようになってきた。とくにテレビのニュース番組などで、日本産の漆はないと報道されたり、中国産の漆は20年しか保たんと言うてみたり、裏付けを取っているかどうか疑わしいような番組もあります。福井県の漆屋に、それを見たお寺の人から中国産漆への苦情の電話がジャンジャン入ったらしい。

岡本：話は尽きませんが、とりあえず、こんなところでよろしゅうございますでしょうか。

全員：ありがとうございました。

《参考（本書79～105頁）》

樽井禧酔編集・発行『奈良漆器』２００８（三版）

（原本は、Ｂ５判・一部カラー・右開き・中綴じ。表紙は省略しました）

※本稿は、『２０１６奈良県立大学ユーラシア研究センター「近世奈良を語る会」調査研究レポート』に掲載したものを補筆修正したうえで、当センターにおいて再編集したものです。

（資料）奈良漆器

奈良漆器

はじめに

「奈良漆器とは何ですか。」この質問に答えられる人は数少ない。

奈良漆器は他県の産地のそれと比べて特異的な存在なのである。

我が国の漆工芸発祥の地としての奈良は、正倉院・法隆寺・東大寺・春日大社等々に、漆工芸の模範となす可き国宝・重要文化財・名品を多数保有し、又その時代によって形・様式・意匠・図案・技法等も多種多様である。

この古き良き時代の逸品を範に求めて制作された作品も、模造の域を脱し、技法に創意工夫を凝らした産業漆器も、共に奈良漆器と呼ばれる様になったのは明治の初期からそれ以降のことであるが、それがどの様な形式であろうとも、その中には必ず、奈良の長い歴史が息ずいているのである。

蓋し、奈良漆器が伝統工芸品と呼ばれる所以である。

螺鈿紫檀院咸　正倉院宝物

奈良漆器の沿革

奈良は我が国の漆工芸発祥の地として、歴史的に有名であるばかりではなく、当時の歴代皇室に於いて愛好された名品のコレクションが、今尚正倉院に秘蔵されていることでも又有名である。

その中には渡来品をも含めて、平脱（平文）金銀絵・末金鏤・密陀絵・螺鈿等々の宝物があり、そのことから正倉院は正に世界に誇り得る、古代漆工芸品の一大宝庫であるとも云えるのである。

銀平脱八角鏡箱　正倉院宝物

西暦七百年代に於ける『記紀』即ち『古事記』（太安萬侶）・『日本書紀』（舎人親王）等の編纂の為の参考資料とされたと伝えられているのが、『帝紀』（帝皇日継）・『旧辞』（先代旧辞）であるが、その『旧辞』の中に「第六代孝安天皇の御代（B.C四世紀）、三見宿弥と云う者ありて漆部連の祖となり云々」とある。

おそらくこれが「漆」に関する歴史上最古の記録であろう。

時代は降って景行天皇（七一～一三〇）の御代、皇太子日本武尊が石床宿尼をして漆部の官に任ずと云うのが、『日本書紀』の中にある。

一部にはこの記述に関して、否定的な立場を執っている学者もある。

しかし、数年前に太安萬侶の墓が発見され、『古事記』の信憑性が再評価される様になり、糅てて加えて、昭和五十六年十二月十七日には、明日香村に於て、斉明天皇の御代（六六〇）夏五月に我が国最初の時計台「漏刻（水時計）」が、中大兄皇子（後の天智天皇）に依って築造されたと云う、『日本書紀』の記録を裏付けするに足る「遺構」が発見されたのである。

ことここに至っては、『記紀』を荒唐無稽であるとして退けていた人達も、今一度考え直さざるを得なくなったことであろう。

因みに、その「遺構」から水漏れを防ぐ為の「漆塗の箱」が出土したことも、大変有意義なことであるので付け加えておく。

西暦五百五十二年、仏教伝来を契機として、聖徳太子（五七四～六二二）摂政の時代を迎え、隋・唐の影響を受けて、塔堂伽藍の建立、本尊持仏・仏具調度の制作に、漆工芸が大いに用いられたのである。

我が国古初の遺品として今尚その威容を誇っている、法隆寺の玉虫厨子は、この時代（天平一九年）に作られた漆工芸品の最高傑作である。

玉虫の厨子

平城京が和銅三年（七一〇）元明天皇の御代からで、この時代の漆紙が近年発掘されて話題を呼んだのであるが、それはレントゲン透視の結果、当時の戸籍簿の下書きの反古であったからである。

しかしここで問題にしたいのは漆紙そのものである。

その頃の紙は当然のことながら手漉きの和紙であり、和紙と云うものは適当な密閉性と通気性とを兼ね備えており、漆桶の蓋に用いるには理想的であり、現在も同様の方法を使っているのである。

そして現在も尚同様の方法を使っていると云うことに、歴史の長さと伝統の重みとを感じるのである。

文明十七年（一四八五）『木地屋文書』（偽文書であると云う説もあるが、少くとも天文年間（一五三二～一五五三）は降らない。）には、吉野高地の木地屋が下市の塗師屋に木地を売却し、下市の塗師屋はそれに漆をかけて漆器として販売したとの記述がある。

当時既に奈良の漆器産業が可成り発達していたことは、吉野漆（明治期迄は全国有数の良質漆の産地）「大和折敷」の名称が各地に流布して居たことからでも、知ることが出来る。

南都に於ける中世の商工業の発達は、南都七郷・東大寺七郷を中心に、鎌倉時代（一一九二～）中期には「北市」を、同末期には「南市」を、そして応永年間（一三九四～一四二七）には「中市」（高天市）を開設せしめ、工匠・細工・商工・芸能の諸座が成立し、大いに都市としての発展を促したのである。

塗師・塗屋座の成立は、文献に依れば中世後期となっているが、実態としては、他の諸座の成立と揆を一にすると考えられる。

塗師職工人として知られる早い例は、文永五年（一二六八）の塗師、沙弥西弘（薬師如来厨子裏銘、法隆寺蔵）である。

彼が何処に住し、又所属していたかは不明であるが、やはり南都に住し、社寺に所属していた工人であったとするのが妥当であろう。

社寺の祭礼・行事には相当の漆器が使用される場合もあった様で、それらは又度々新調された為、各々従うところの郷の工人に徹したものと思われるのである。

油　壺

文明十年（一四七八）の年紀を持つ罄架（唐招提寺蔵）の裏銘に「手貝塗師五郎兵衛」とあるが、これは塗師の居住地を示す唯一の資料である。

文献資料としては文明十五年（一四八三）の『大乗院寺社雑事記』の中に以下の様なことが書かれている。

「今御門の塗師與四郎入道が、吉野から木地を取寄せた云々。」

しかしこの與四郎は東大寺郷の今御門に住し乍ら、興福寺大乗院門跡に従い、それに依って三橋庄・神殿庄内に給田を与えられているが、これは塗師職給田と考えられる。

塗師は当初大社寺に家産的に抱えられていたのであるが、商業の発達に伴い、次第に広範囲に活動するようになったのであろう。

彼等は社寺の建造物の塗師として活躍したばかりではなく、器物としての漆器を制作していたのであるが、未だその比重は小さかった様である。

元亀三年（一五七二）の『小五月郷問別改打帳』には「塗師屋七軒、靭屋（弓矢の入物で和紙にて形を作り、漆で布を二・三重に貼りかため漆塗した物を靭と言う。他に獣皮を使用したものもある。）一軒存在せり」とある。

中世末から近世へ、武家政治の社会にあって次第に商業が発達し、今井衆・郡山衆・奈良衆と庶民階級が抬頭し始め、有力商人の輩出をみるのである。

又大和に於ける茶の湯の発展に伴い、茶道具関係の塗師に名人上手の者が現れた。

奈良の住人篠井秀次（善斉）は、茶人紹鷗の塗師として知られており、棗を塗るに妙を得、その子二代秀次（善鏡）は、天下一與次秀次と称せられ、利休の塗師であった。

奈良の漆工樽井藤元の子、藤重藤厳は中次を創案して名人の誉高く、茶器の補修にも妙を得ていた。

元和元年（一六一五）五月大阪城落城の際、城中に蔵されていた多くの名物の茶入を発見、修理す可きことを家康より命ぜられ、新田肩衝・しき肩衝・玉かき文琳小肩衝・大尻張・付藻宗契肩衝・針屋円座・松本茄子等々の名器を、いずれも欠損を仮継ぎして献じ、その功に依り給米を賜り同時に付藻の茶入を父藤元が、松本茄子を藤厳が賜与されている。

江戸時代（一六〇三～）に入り幕府及び諸藩の保護奨励及び交通路の発達に依り、地方的なものより全国的なものへと、産業の形体が変化して行くのである。

奈良根来塗　汁注

奈良晒・奈良墨に次いで、江戸時代に於ける奈良の産業の一つに、武具の製作を挙げることが出来る。

貞享四年（一六八六）の『奈良曝』には、具足塗師十六軒・鞘塗師十四軒、都合三十軒が武具塗師を職業として居たとの記録がある。

元禄時代（一六八八～一七〇三）蒔絵の全盛期には、大和を代表する蒔絵の名工として、蒔絵師源三郎を出している。

源三郎は蒔絵の名手であるばかりではなく、浮世絵もよくし、井原西鶴の挿絵も彼の筆になるものであると云われている。

正徳三年（一七一三）の『南都名産文集』に、南都風炉の名称が出ている。

南都西ノ京に住む西村善五郎宗印は、土風炉の制作に秀れ、「奈良風炉」の祖となった。

素焼に布を貼り、堅地漆塗仕上にしたものもあったと云う。

因みにこの頃の名産を文集に従って列挙すれば、油烟墨・晒布・僧坊酒饅頭・団扇・奈良刀・文殊小刀・法輪味噌・餢飳・甲冑・奈良漬・膠・木練柿・滑飴餹・薄（箔）・瓢・緑青・繭草履並金剛・糸鞋・中継・太鼓・奈良茶・飯鮓・白牡丹・春日砥・春日盆・欅・梵天瓜・暦・台物・鎌・布機・岩渕石並石・元興寺籠・錐・水屋納豆・杯手・狂言袴・豊心丹・南都風炉・法華寺犬等々があり、実に多種多様である。

以上の内、武具関係の他に中継・春日盆・台物とあるのは、総て漆を使うものである。

尚、春日盆とは、日の丸盆・手力盆・八足等々のことであったらしい。

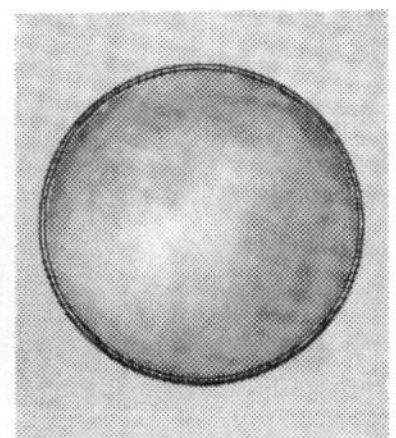
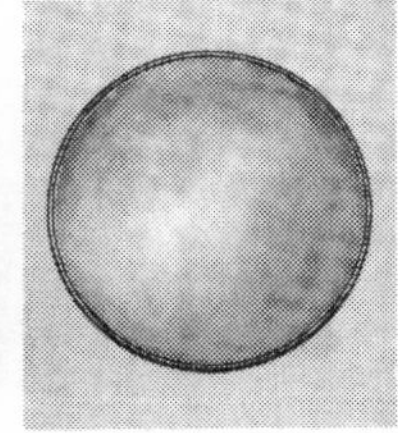
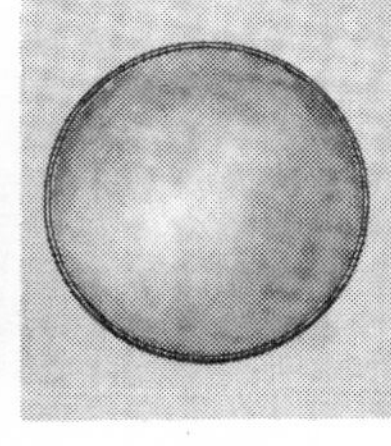

日の丸盆

手 力 盆

軈て江戸時代末期に至り、武家社会の崩壊で武具関係の需要も減り、例えば奈良麻の裃の仕事方が蚊帳の製造をする様になったのと同様に、古社寺の仏器関係・武具関係専属の塗師達も、他の塗物との併業を余儀なくされ始めたのである。

山下喜七（一八三八～一八九一）の金具の注文書に、「春日卓及び釘隠し等の金具云々」とあり、刀剣具足類の飾りの注文は尠ない。

明治七年（一八七四）に奈良博覧会社が創立され、翌年二月に東大寺大仏殿の内外廻廊に於いて、奈良博覧会が開催され、正倉院御物をはじめ、各社寺の名品・素封家のコレクションが、常設展示された。

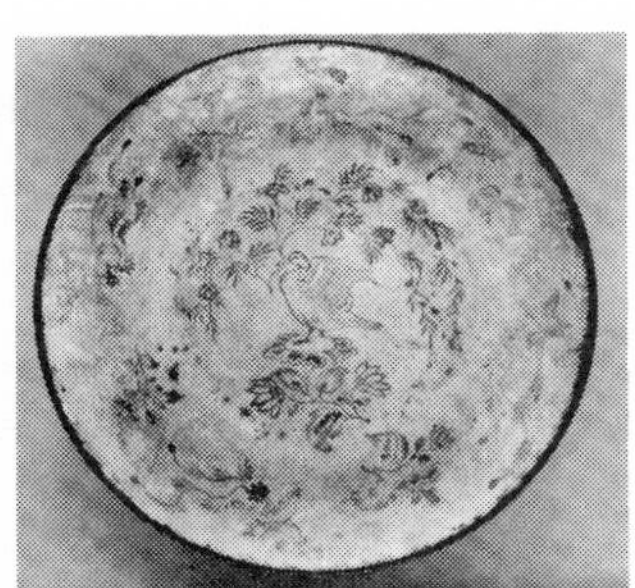

密陀絵盆　正倉院宝物

これに依って、奈良の町民に与えた影響は非常に大きかった。

この時期に「奈良塗」・「南都塗」・「東大寺塗」等々の総称としての、「奈良漆器」と云う名称が生まれたのである。

こうした状況の中で、行政機関の商工奨励もあり、漆器業界も模写業へと展開して行くのである。

大西勇斉（一八三四〜一八九九）は安政三年（一八五六）に笠置の笹川より奈良へ出て来て、塗師を業として活躍し、南都塗・東大寺塗と称し、正倉院や古社寺の名品を模造し、徐々にその種類も増加し、根来塗・藤原塗・螺鈿塗・都塗等々を加え、「奈良漆器」と総称して全国に売り出し、塗師屋から問屋へと変っていったのである。

明治三十二年（一八九九）の『奈良繁昌記』に依れば、彼は奈良東向北町・橋本町・春日西町・京都五条烏丸等々に支店を設け、一代で財を為し、「奈良漆器」の元祖的存在になったのである。

又、石田東雲堂・玉井大閑堂・森田一善堂・松田龍昇堂等々の問屋の数から推測すれば、当時相当数の漆器関係者が存在し、奈良の産業界に強力な働きかけをしていたものと思われる。

一方に於て、明治二十一年（一八八八）博覧会社内に「温古社」を設置し、正倉院御物の模造縮写を為さしめ、髹漆・加飾ともに全く見本通りに模倣したと言う。

『奈良繁昌記』には、美術漆工石田美明・大西勇斉・吉田辰之助（立斎）、塗物師木村幾松・葛原弥七・本城春之助とグループを別して記して居る。

同末期、坂本正鳳も徒弟を多数抱えて活躍した。

密陀絵硯箱

この様に明治時代に奈良の漆工芸は、問屋支配下にあった職人と、美術漆工家との両面に於いて、工芸品として繁栄して行き、明治三十年（一八九七）十二月高畑に「奈良漆器組合」が結成され、次第に体裁を整えつつ、各種の展覧会・競技会・博覧会等々に出展し、意匠・図案・技法等々に著しい進展をみ、奈良漆器としての礎を形成して行ったのである。

尚、当時の奈良漆器の代表的なものとしては、厚貝螺鈿塗・藤原塗鋳絵・根来塗等々の箱物・卓・盆類及び目撥塗二月堂机等がある。

昭和初年（一九二六）奈良漆器組合の総会（於菊水楼）に於ける当時の市長大国弘吉氏の「一般大衆にも買える様な商品を作れないものだろうか」との提唱に依り、塗師森本豊吉・螺鈿師山下武雄・大阪高石の貝材加工屋山野某の三者で薄貝の研究をした。

これが現在の市販品の大勢を占めている、薄貝螺鈿塗の端緒となったのである。

昭和五・六年（一九三〇・三一）頃にはまだ厚貝の仕事の方が多いでしたと山下武雄夫人は述懐されている。

昭和十年（一九三五）の統計では、問屋数十五軒・木地製造者二十余名・塗師五十名・螺鈿師・彫師・蒔絵師を合わせて十数名とあり、年生産額二十九萬七千円（比較例[illegible]）を各地に販売していたとある。

昭和二十年（一九四五）八月、第二次世界大戦終結後はどの産地も最悪の状態であった。

奈良に於ても、或る者は戦死し、或る者は抑留され、殆んどの漆器関係者は職業復帰が出来ず、偶々いち早く職業復帰した人達も、個人的に細々と売れ行きの悪い作品を制作し乍ら、伝統の火を絶やさない程度に守っていたに過ぎなかったのである。

昭和二十八年（一九五三）の物品税法で、奈良漆器は贅沢品と見做され、物品税に追われて廃業する問屋・転業する職人等の続出で、実質漆器を業と為す者はほんの十数名となった。

更に昭和三十五年（一九六〇）頃から一般に出廻り始めたプラスチック製品に圧倒されて、昭和四十年（一九六五）頃には、僅か七・八名の漆器関係者が残るのみと云った、全くどん底の状態となったのである。

しかし我が国の経済の高度成長と、手作り工芸品の見直しと云うこともあって、昭和四十年代後半からは徐々にではあるが需要が増加し、昭和四十九年（一九七四）六月、若い漆工芸家の働きに依り「奈良漆器協会」が設立されたのである。

尚この時のチャーター・メンバーは十五名であった。

軈て日本経済も低成長化の時代に入り、真の工芸品・本物嗜好の中で、毎年「奈良漆器展」を開催し、益々今迄の奈良漆器に美術的創作術を加味した良い作品を要求される時代になったことを泌泌と感じ、その意味に於いては終戦直後の時代よりも、よりむづかしい時代であることを痛切に感じて居るのである。

奈良漆器展ポスター

技法

奈良漆器は前述の様に、形・様式・意匠・図案・技法等々に於て、実に多種多様である為、その説明も多岐に亘り繁雑で、どの程度理解して戴けるものか聊か疑問ではあるが、先ず現在の日本漆工芸界の髹漆法の種類を表で表すと下記の如くである。

- 髹漆法
  - 下地
    - 漆下地―木地　切粉地　錆地
    - 膠下地―不溶性膠下地　普通膠下地
    - 酪業下地―硬化下地
    - 渋下地―松煙使用法　不松煙使用法
    - 特殊下地―豚血下地　松脂下地　糊下地
      - 化学性下地
    - 透明下地―摺漆下地
  - 上塗
    - 下塗―黒目漆　黒漆　赤漆
    - 中塗―黒漆　赤漆　朱漆　彩漆
    - 上塗
      - 塗立花塗
        - 透漆―溜漆　春慶塗　梨地塗
        - 黒塗立―艶消塗　箔下塗
        - 色塗―朱塗その他各色塗
      - 蠟色塗
        - 透漆―溜漆　木地蠟塗　梨地塗
        - 黒塗―蠟色塗　艶消塗　変り塗
        - 色塗―朱塗その他各色塗

漆下地は最も堅牢で、基本的には天平時代の技法と何等変るところはない。

即ち天平時代からの技法の真の模倣こそ、とりも直さず現今の最高の方法とも云えるのである。

こうした基盤のもとで、形・意匠・図案・塗等々に独自の技法を編み出すことが、漆を業の友としている者にとっての、何にも益しての生甲斐ででもある。

「素地（木地）」

素地は総ての漆器の造形の骨子であり、より堅牢でなければならないが、その上、作品の物量感を無視することは出来ないのである。

- 素地
  - 木材
    - 板物―指物、批物、彫木
    - 挽物
      - 縦木―木口取・割木
      - 横木―板目取・柾目取
    - 曲物
    - 合板
  - 乾漆―夾紵乾漆・脱乾漆
  - 皮革―漆皮
  - 竹材―挽物　曲物　籃胎
  - 紙類―一閑張　ハードボード　パルプ
  - 金属
  - 陶磁―陶胎
  - 合成樹脂―プラスチック素地類

奈良漆器の場合は、木材素地（木地）を使用している。この中に、板物、挽物、曲物とがある。

板物－板を組で用いる。春日卓は指物、板を組む場合は箱物と呼ぶ。

挽物－ろくろで木を挽いたもの。椀（わん）・盆（ぼん）類

曲物－木を板にして曲げたもの。盆や弁当箱三種類あるが、木地師の関係で伝統的に指物・箱物系統を得意としている。

尚材料は本来は檜材であるが、天・底板等の狂いを少くする為に、最近は合板と併用の物もある。

又、乾漆を素地として用いる方法もある。

螺鈿技法は日本漆工芸界にあって奈良の独壇場であり、奈良漆器の最大の特色とも云えるのである。

これには嵌入法（中塗をした後、色々な模様を彫りその部分に貝をはめ込む方法）と付着法（木地或いは布貼り下地後、麦漆又は糊漆にて色々に切った模様貝を貼る方法）とがある。

現在の奈良漆器の螺鈿蠟色塗は付着法を用いているのである。

厚貝螺鈿堅地蠟色塗の工程

1 刻苧彫（こくそぼり）　木地の接合部あるいは損傷部を一分（3㎜ぐらい）彫り、接合面積を大きくする。

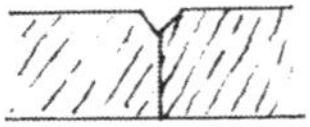

刻苧彫
断面図

2 木地固め（きじがため）　生漆を、木地に充分にすわせ、防水性を作ると同時に木地のくるいを直す。刻苧彫と順序を逆にすることもある。

3 刻苧かい　生漆・糸くず・麦粉・木粉・地粉等々をかたく合わせ、ヘラで彫った部分が平になる様に付ける。

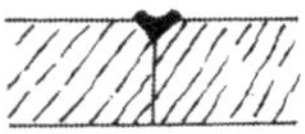

刻苧かい
断面図

4 引込地付（ひっこみじつけ）　刻苧かいの痩目（やせめ）を、地粉又は切粉地で平にする。一度にすると痩がきついので回数繰返した方が早い場合が多い。

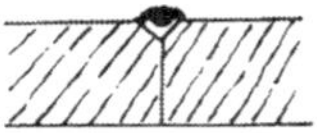

引込地付
断面図

5 引込地研（と）　砥石で水研する。刃物で平にする時もある。又全体においてあらし

ておく方が布とのとっつきが良い。

ここでの工程は、漆器木地を最も堅牢にする為の方法である。

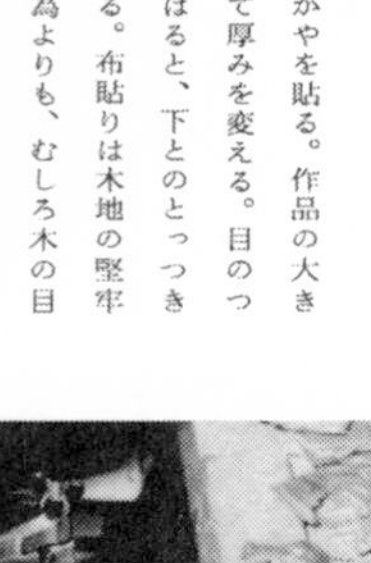

引込地研
断面図

6 布貼り　糊漆で麻かやを貼る。作品の大きさによって厚みを変える。目のつんだ布をはると、下とのとっつきが悪くなる。布貼りは木地の堅牢さを増す為よりも、むしろ木の目の痩どめの為により効果がある。

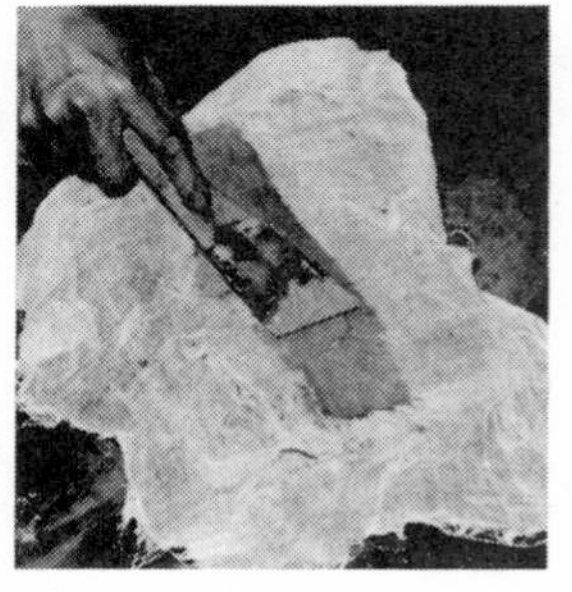

布貼り

7 布切り直し　布を刀物できり砥石及びペーパーで成形する。

8 布目どめ　錆（砥粉と漆と水を合わせたもの）で布目に押し込む様に入れ込む。地粉・切粉でもよいが布目に入りにくい。

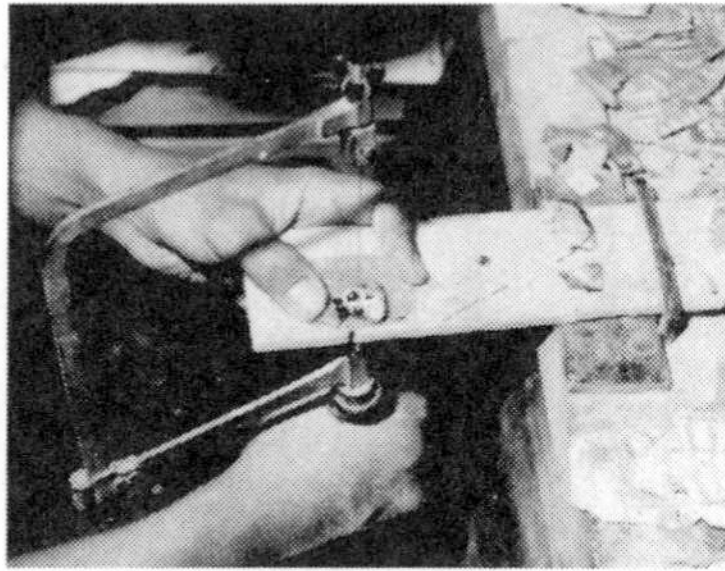

貝切り

9 貝貼り　空研をきつくして平にし、麦漆（めりけん粉と水と漆）で文様に切った貝を貼る。貝の上面を合わせ錆研の時にできるだけ貝をへらさないように予め気を付けて貼る。

貝貼り

10 貝囲い　貝の囲り及び角を錆でめすり込む。錆研した時に貝まわりに、地粉のはだが出ないためと、貝と下とのとっつきをより強くする為に行う。又地粉が角にのりやすくなる。

11 地粉つけ　地粉（あらいめ）水、糊、漆をうすい目にヘラつけする。貝の上にのせない。

12 地粉つけ　空研後、地粉をあついめにヘラつけする。

13 地研　水研し、貝面又は、角線をきめる。

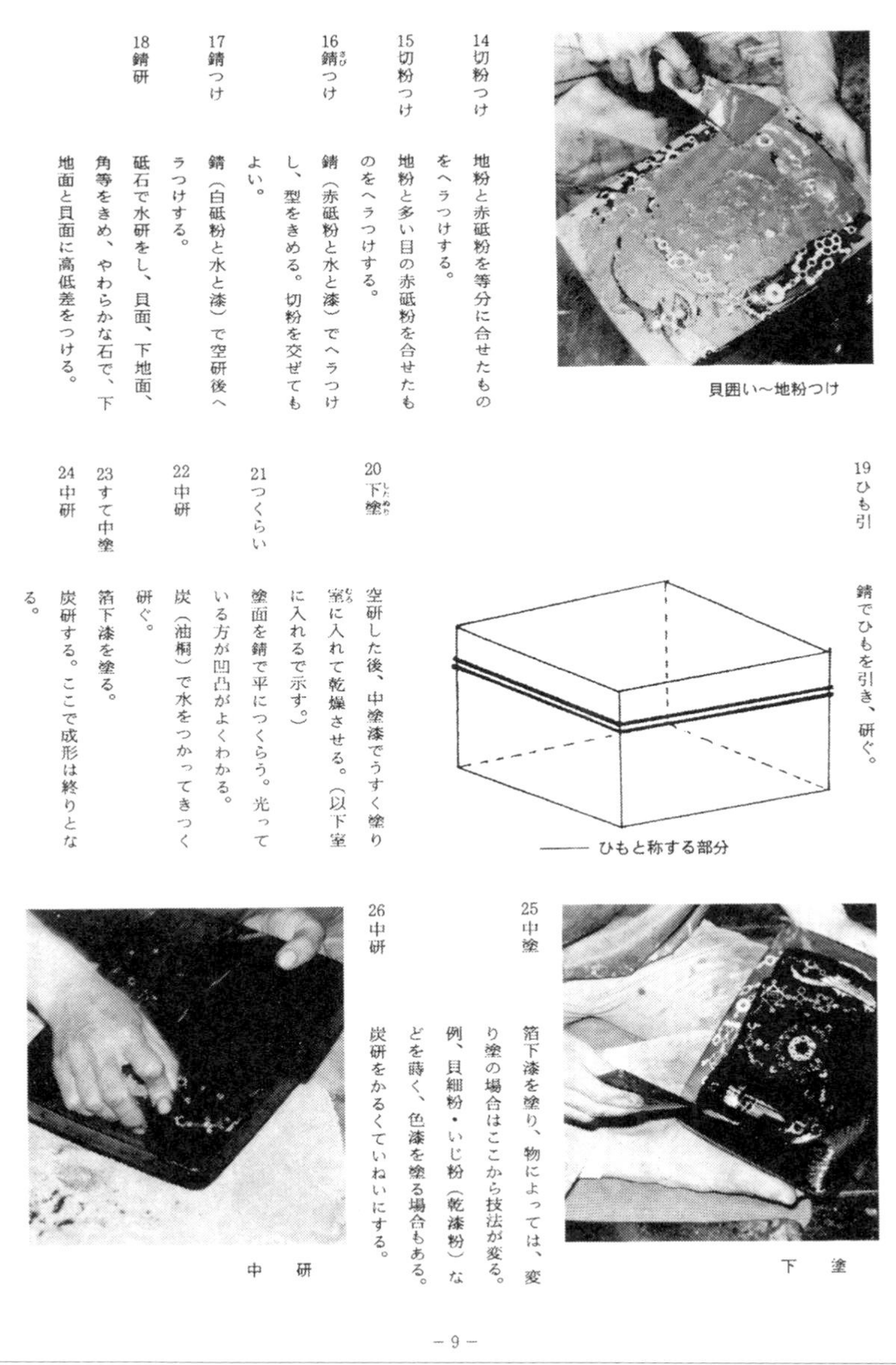

貝囲い〜地粉つけ

14切粉つけ　地粉と赤砥粉を等分に合せたものをヘラつけする。

15切粉つけ　地粉と多い目の赤砥粉を合せたものをヘラつけする。

16錆(さび)つけ　錆（赤砥粉と水と漆）でヘラつけし、型をきめる。切粉を交ぜてもよい。

17錆つけ　錆（白砥粉と水と漆）で空研後ヘラつけする。

18錆研　砥石で水研をし、貝面、下地面、角等をきめ、やわらかな石で、下地面と貝面に高低差をつける。

19ひも引　錆でひもを引き、研ぐ。

—— ひもと称する部分

20下塗(したぬり)　空研した後、中塗漆でうすく塗り室(むろ)に入れて乾燥させる。（以下室に入れるで示す。）

21つくらい　塗面を錆で平につくらう。光っている方が凹凸がよくわかる。

22中研　炭（油桐）で水をつかってきつく研ぐ。

23すて中塗　箔下漆を塗る。

24中研　炭研する。ここで成形は終りとなる。

25中塗　箔下漆を塗り、物によっては、変り塗の場合はここから技法が変る。例、貝細粉・いじ粉（乾漆粉）などを蒔く、色漆を塗る場合もある。

26中研　炭研をかるくていねいにする。

下　塗

中　研

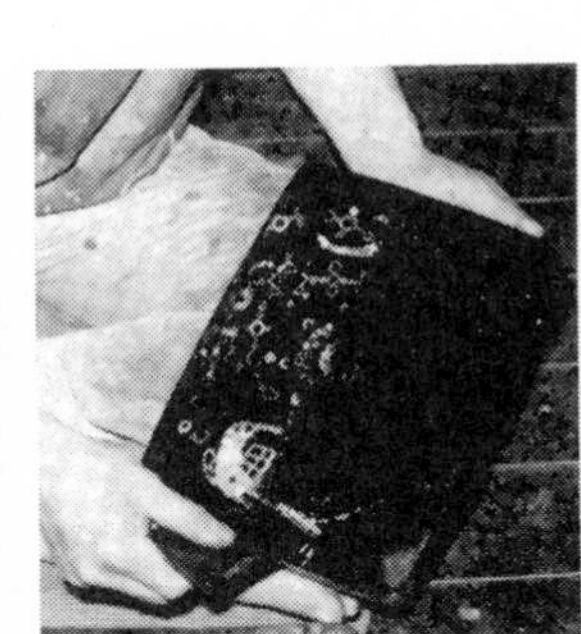

上　塗

27 毛彫　貝の上に線彫をする。

28 蠟色塗　蠟色漆を塗り、室に入れる。

29 貝めくり　貝の上の漆だけをめくりおとす。

30 蠟色研　蠟色炭又は良質の油桐炭で研ぐ。

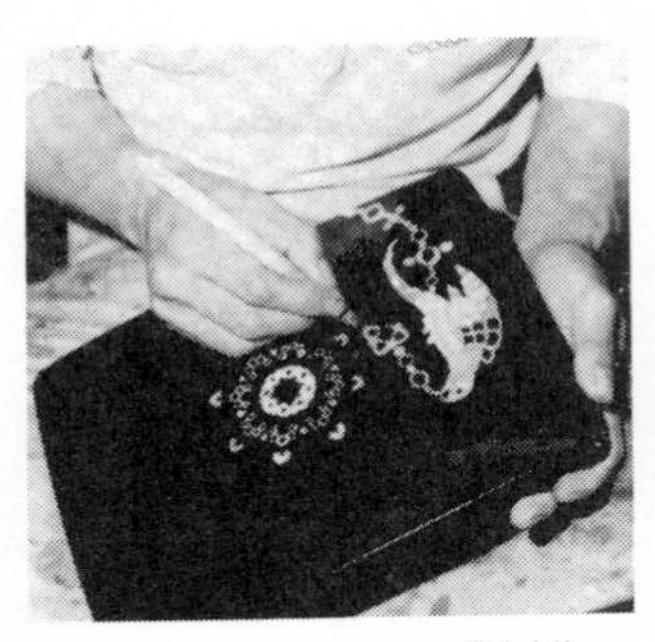

貝めくり

31 胴擦り（どうずり）　炭粉又は砥粉（白）と油とを交ぜ合わせ綿に付けて胴擦りする。胴擦りをせず直接摺漆をする時もある。

32 摺（一回目）　摺漆を綿に付けて充分に摺り込み拭き取り室に入れる。

33 磨き　胴擦りと同じ、尚炭足などの線は消しておく。

34 摺（すり）（二回目）　一回目より薄く摺り込み、室に入れる。

35 蠟色磨　鹿の角粉と油で手の平でつよく磨く。

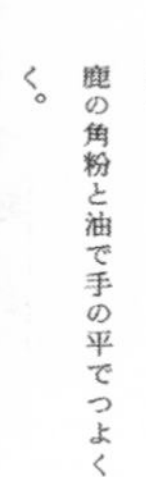

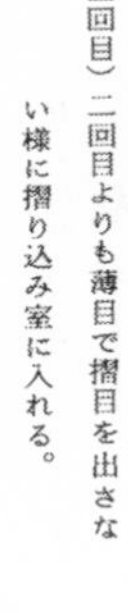

36 摺（三回目）　二回目よりも薄目で摺目を出さない様に摺り込み室に入れる。

蠟色磨き

37 蠟色磨　手の平で角粉をつけすぎないようにしてていねいに磨く。

こうした厚貝堅地蠟色塗は日本の漆器の中でも最高級品であり半永久的であるが反面高額となり販売がむづかしい。

完成品

薄貝半田地蠟色塗

1 紙はり　木地に糊で和紙を貼る。

2 はけ地　砥粉と膠とを温水で合わせ、刷毛塗りして、自然乾燥させ、二・三回繰り返えす。

3 ヘラつけ　空研した後、砥粉と膠と温水で合わした錆を冷し、ヘラで付ける。自然乾燥。

4 胡粉地　貝入する面だけ、胡粉と膠と水で合わせたものをヘラで付ける。

5 錆研　砥石で胡粉面を水研ぎしヘラできれいに平にする。

6 貝貼り　好みの模様に切った薄貝（十枚で約1㎜ぐらい）を糊で貼る。薄貝の場合は下の色がうつるので、下を胡粉で白くする。下を黒色にすれば黒貝に見える。毛彫も同時にしておく。

7 目どめ　貝の上を錆で目すり、貝の下に漆が入らない様にする。貝の下に漆が入るとしみとなり模様がきたなく見え、後で修正がきかない。

8 錆研　全体を水研する。ホルマリンで膠をかためる場合もある。

9 すて中塗　水石をあて箔下漆を塗り、室に入れて乾燥させる。（以下室に入れるで示す。）

10 つくらい　つくらい錆（白砥粉と水と漆）で表面の凹凸を平にする。

11 炭研　油桐炭で水研する。

12 中塗　箔下漆を塗り、室に入れる。

13 中研　油桐炭で水研する。

14 蝋色塗　蝋色漆を塗り、室に入れる。

15 貝めくり　貝の上の漆を刀でかきおとす。

16 蝋色研　炭で研ぐ。

17 胴擦り　油と砥粉とを合わせ綿で磨く。研足を消す。

18 摺　摺漆を摺込む。

19 蝋色磨　角粉と油を手の平につけて磨く。

20 摺　摺漆を摺り込み、ふきとる。

21 蝋色磨　角粉と油で磨く。（場合によってはこの工程を二～三回する。）

この工程の漆器は仕上りは同様な物に見えるが、欠けた所から水が入ると膠がとけてめくれる。昭和初期からの商業ベースにのった量産的なものである。

根来塗は紀州根来寺で製されたと云われているが、未だ定義はなく、奈良根来塗（朱漆塗）は、東大寺の練行衆盤（日の丸盆）で代表され、根来寺創建以前に大和の古社寺に伝存されている朱塗物であり、器物形体その物への名称であるとも云われ、現在根来塗は形が重要で、黒中塗の上に朱漆を塗り摺をし、色調と形体の美を出し貴品の高いものほど良い作品とされている。

長い間使用している内に朱漆が禿げて下の黒塗が現れる。故に本来堅地でなければならない。

奈良根来塗（朱漆塗）

1刻苧彫　2木地固め　3刻苧かい　4引込地付　5引込地研　6布貼り　7布目なおし　8布目どめ　9地粉付（厚目）　10地粉付（厚目）　11切粉付　12錆（赤砥粉）付　13錆（白砥粉）付　14錆研　15すて中塗　16炭研　17中塗　18炭研　19蝋色塗　20蝋色研　21朱塗（厚目）　22炭研　23胴擦り　24水摺（充分にすわす）　25蝋色磨

全体として下地を良くのせる様にし、京物の様な角のたったのと、輪島の花塗の様な丸みとの中間で、使いやすく、面と線をていねいに仕上げるのが奈良根来であり、又、朱は水銀朱で、赤口・黄口両方を用いる。

藤原塗（断文塗）は古物に見せるための技法である。工程は根来塗の⑱まで同様である。⑲上塗箔下漆を塗りかわく時（青息の出た時）に卵白を塗り、漆の表面を亀裂させる。⑳炭研　㉑胴擦り　㉒摺　㉓蝋色磨　㉔摺　㉕蝋色磨　㉖色粉又は古色などを摺漆で入れる。

目撥塗（柿合）は、東大寺二月堂机の様なもので木の目を出す技法である。木地は、しおじ・つぶ・きわだ・せんだん等々を使用する。①渋又は膠に松煙を交ぜ塗る。②渋又は膠を塗る（二、三回同様に塗る。）③水石をあてて平にする。（膠の場合はホルマリンを引き固める。）④上塗する。箔下漆で厚目に塗る。

平脱・平文は、金銀板の厚みで、下地上り、中塗などではり、螺鈿技法と同様にしていく。

道具類

ヘラは、飛州檜の柾目板を図の様に塗師屋刀で削って作る。

砥石は手にもって使用できる大きさにし、角石・丸石など、型に応じて数多く用いるが、砥石はできるだけ大きい方が平になる率が大きい。又基本的に砥石のあらさは下から上へとこまかくし、地粉研300番・錆研400～500番　つくらい研又は漆面には700～800番のものを用いる。

石・ヘラその他の道具類

塗刷毛には人の髪の毛や馬の毛等を使用し、図の様に上から下まで毛が入っており、きり出して使用する。10本から20本持ち、漆のやわらかさ塗物の大きさ・厚塗・薄塗・角塗等々によって刷毛を変える。

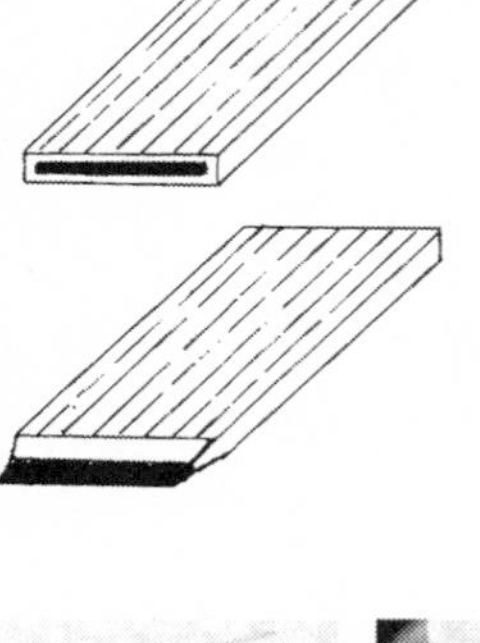

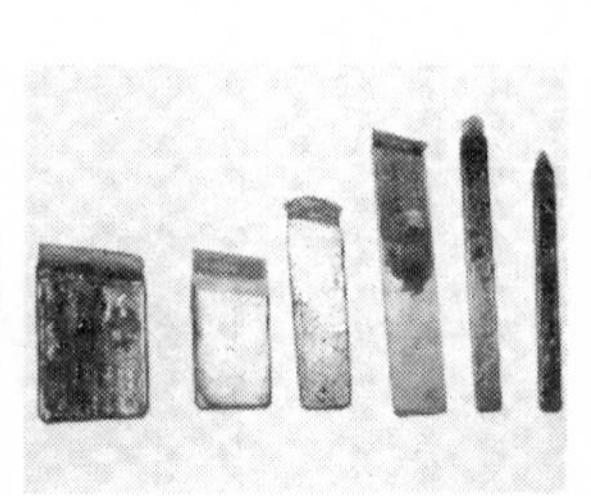

漆刷毛

漆こし紙は吉野紙で、こうぞを良く水あらいし繊維質だけで、すいた紙で漆をこす。

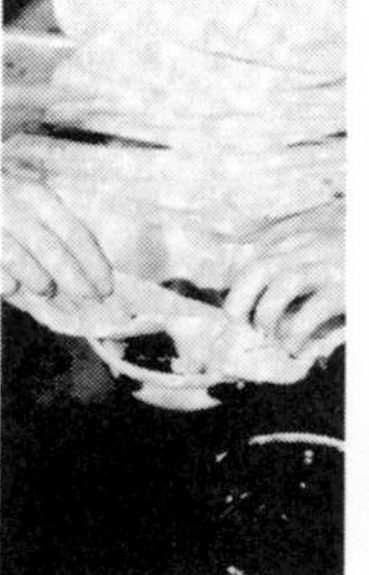

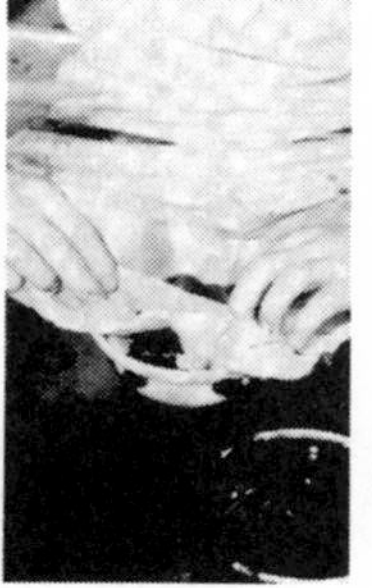

漆こし

漆こし

色漆は梨子地・木地呂・赤呂・朱合などの透漆に色粉を交ぜて用いるが、漆に物を交ぜると一週間位で乾きが悪くなるので漆屋では色漆は売っていないので（黒漆系は二酸化鉄や、鉄分等で漆を酸化したものである。）使用する都度合わせ、前に合わせたのと半打するのが良く、その都度合わせているので、人によって個人差があり、色が異なる。

尚合わせは、漆と色粉が一対一で、色を良くする時など色粉を多い目に合わす。

螺鈿

「螺」の字は「田螺」・「螺旋形」・「法螺貝」と云う様に「貝」を表し、「鈿」の字は「造花の簪・髪飾」と云う語源から「飾」・「飾る」と変化し、二字を合わせて「貝の飾」・「貝を飾った物」と云う意味になった様である。

螺鈿は原貝を約五平方センチ位に切り、グラインダーで平な板にする。

百杯重ねて百三十二ミリ（四寸）の物を厚貝、八・二五ミリ（二分五厘）の物を薄貝として使用している。

原貝の種類は阿古屋・鮑・夜光・蝶鳥貝等々である。

日本産の鮑にはメ貝・また貝・黒貝の三種類があり、赤味・青味等と多少光が異なる。

外国産のメキシコ鮑・アメリカ鮑等は、孔雀の羽根に似ているので孔雀貝とも呼ばれている。

夜光貝は東南アジア産（カンボジヤ）である。

尚貝材料はいずれも大阪の堺から入手して居る。

蝶貝は白蝶貝と黒蝶貝とがあり、加工途中の白蝶貝の中で色抜けの少ない黄ばんだ物を黄蝶貝として使用するのである。

原貝及び原材料

貝模様

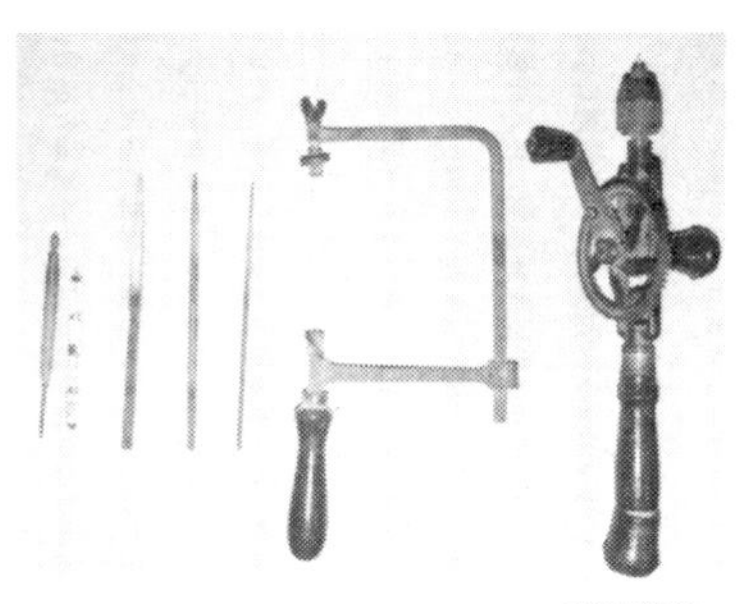

貝切り道具

厚貝は金工用の糸鋸で模様を切り、ヤスリですり合わせをし乍ら成形するのである。

薄貝は金属板（主として銅板）を糸鋸で厚貝を切る要領で切り模様型を作り、その模様型を薄貝の上にのせて周囲を針でなぞる様にして切る方法と、ポンス型を作り、何枚か貼り重ねた薄貝を打ち抜く方法とがある。

奈良漆器の薄貝の場合は前者の方法を用いて居るが、厚貝・薄貝いずれの場合も文様（模様）を切る時は、たとえ一つの文様でも数枚の部分に分けて切った貝を貼り合わせる。

この様にすると、夫々の貝の光反射の屈折の違いで、一枚で一文様を切り作った場合より立体感が出て面白く見えるのである。

厚貝螺鈿技法と同様の方法で、金・銀の板を用いたならば「金・銀平脱」・「金・銀平文」になる。

尚この場合「付着法」なら「平脱」、「嵌入法」なら「平文」と呼ぶのである。

又その他に、卵殻・角・骨・玳瑁（亀甲）・象牙・瑪瑙・七宝・宝石等々を使用するならば奈良漆器も本格的な高級工芸品となるのである。

螺鈿箱蓋表　正倉院宝物

現在の奈良漆器の状況

昭和四十九年に、技術の向上・高度な技法の開発・後継者育成の三本柱をターゲットとして設立した奈良漆器協会は、毎年一回奈良県文化会館に於いて「奈良漆器展」を開催し、又県外の産地見学・材料の共同購入等々に依って、会員相互の会話の場も出来親睦も深まり、互いに刺激し合うことで、近年新しい形・意匠・技法等々にチャレンヂする者が多く見られる様になり、一応目標に向って歩を進めて居る様ではある。

しかし安閑とはして居られない多くの問題を抱えて居ることを忘れてはならない。

これからの奈良には、多人数に依りマスプロ的な生産をしている大生産地とは体質を異にした少人数で良心的な漆器を作る産地としての方向付けが望ましいし、又それが我が国の漆工芸発祥の地と云う伝統を背負って居る奈良にとって、一番応わしい姿ではなかろうか。

その為には、手作りの本物が主流を行く可きで、又そう云うことが望まれる時代になった今、奈良の漆工芸関係者各人の仕事に対する心構えと姿勢とが問題になるのである。

現在の奈良漆器の状況は、文庫（手箱）・硯箱・宝石箱・色紙箱・小箱等々の箱物を主体とし、薄貝螺鈿技法を用いているものが殆どである。

その他に根来塗の茶道具類を取り合わせて、百貨店・小売店を中心に販売しており、これが一般的な奈良漆器のイメージとなっている。

しかし、独自の仕事で展開を期している人達も可成り居るのである。

古社寺の根来系の仏器・卓等には、本格的堅地下地をし、正倉院系統及び茶道具・社寺関係等々の螺鈿物には、厚貝螺鈿技法を用いており、更にこれらの技法に新しい意匠と工夫とを加えて、数々の作品を制作しているのである。

特に若い人達の間に、創作志向が多くみられる様になり、問屋専属の塗師職人からの脱皮を計る人達が多くなったと云う点で、他県の漆器産地とは一味違う産地であると、云われる様になりつつあるのである。

現在漆工関係者は十九名で、まだ明治の初期から昭和にかけての頃の様な迫力はない。

近年の問屋は漆器問屋と云うよりも、むしろ工芸品専門商と云った方が当っている様に思えるのである。

「半田地（膠下地）の漆器は漆器の範疇には入らない。」とする日本漆工芸界の漆器に対する基本的概念を早く認識し、現実に堅地厚貝螺鈿技法に依る仕事の価値が認められ、買い求められて居ることを鑑み、昭和初期の産業振興対策の悪い遺産として今に残る、半田地薄貝螺鈿技法を、速やかに奈良漆器から放逐す可きである。

後世に伝統工芸として「半田地薄貝螺鈿技法」を伝えるのは、如何にも忍び難いことである。

この様に考えることが作家としての誇りであり、云うまでもなく、これが奈良漆器業界にとっての、何にもまして最良の「下地」となるのである。

過去四十数年間の周り道が、奈良の漆工芸関係者の頭数を減少させた原因の一つであるとも云えよう。

この侭で放置して居たならば、奈良漆器の後継者に、なり手が無くなってしまうことであろうし、従って今後の発展も隆盛も到底望めないであろう。

古典的な天平様式は伝統の宝として置き、近代感覚を取り入れ、良心的で本格的な技法を用いた作品を世に残すならば、それが又伝統工芸となり、次の時代に受け継がれて行くことであろう。

これが、伝統工芸をして伝統工芸たらしめる、唯一最善の道であろうと考える次第である。

昭和五十七年現在の奈良漆工芸・漆器関係者は左記の如くである。

東雲堂　○代表者　長岡二郎(55)　漆器問屋
　昭和四十五年先代石田誠一より屋号を譲り受け独立。
　○塗　師　森本新次郎(78)
　　木下正雄(69)
　　田村礼次郎(66)
　　梶本賢一(28)
　　師田村礼次郎　工芸伝習生卒。

青紫園　○代表者　本田正人(44)　工芸品店
　大正二年東雲堂より独立創業した初代正人の家業を、昭和四十七年に受け継ぐ。
　○塗　師　山口亀太郎(72)
　　桐山久雄(69)
　　奥田真一(55)
　　奥田孝一(53)
　　中田良樹(29)
　　師櫛井直之　工芸伝習生卒。
　○螺鈿師　向田元彦(39)
　　師山下武雄　工芸伝習生卒。現在山口亀太郎に師事、塗師修業中。

誠美堂　○代表者　水川照彦(51)　工芸品店
　昭和三十七年青紫園を退社独立。
　現奈良漆器協会会長
　○塗　師　桐山久雄・奥田真一・奥田孝一
　○螺鈿師　山下シゲノ(71)
　　夫山下武雄(75)は病気療養中。

独自に作家活動をしている漆工芸者
　辻　永斎(80)・一郎(47)父子。

古社寺の仏器・什器等が得意である。

北村大通(72)　昭斎(43)父子

大通師は正倉院の宝物修理に依り、有形文化財保存技術保持者の指定を受け、その子昭斎は全国の各展覧会に出品活躍して居る。

浅川孝雄(52)

昭和三十四年青葉園退社後独立塗師として活躍するも現在消息不明。

樽井喜之(38)

父直之の後を継ぎ幅広く漆工芸を研究し独自の理論と作風とで若手のリーダーとして活躍して居り、螺鈿塗師屋と自称し、寺関係の仕事もしている。

森田洋子(35)

西洋壁画の写しと漆絵等を得意としている。

西久保信子(32)

工芸伝習生卒。蒔絵を得意とし各展へ出品している。

山本　哲(27)

師樽井喜之、各展へ出品活躍して居る。

佐久間誠(22)

師樽井喜之　現在修業中

吉村譲治(33)

昭和五十六年吉野に於て北山漆器なるものが出来、以来奈良漆器協会に参加。

宮澤昌輔(38)

父甲輔の後を継ぎ乾漆・木彫等にて活躍している。

木地関係

森嶋正義(56)・正典(25)父子

箱物が得意で最近は外箱も手掛けている。

新子　健(32)

指物・細工物では抜群の腕前である。又、自己の細工物に拭漆(ふきうるし)をかけた作品も制作している。

奥村恭史(25)

ろくろ製品

以上、今回本書出版にあたり色々過去の事柄を調査した結果、昭和の初期の事ですら間違いや不明な点が多分にあり困難を極めた。

故に後世何かの参考にでもなればと愚考し、氏名年令を列挙した次第である。

拭漆輪華盆

北山漆器

平成七年、春日大社の第五九次式年遷宮が行なわれ、神殿調度品を新調する機会を、地元漆師の北村氏、樽井氏に与えられました。造替は二十年毎に行なわれるが、それに関する近世の資料が、春日大社宝物殿主任学芸員の松村和歌子氏によって「御造替と江戸時代の工芸」という論文として平成八年に発表されました。

奈良漆器の近世における空白をうめる、良き資料と思いますので、ここに掲載させていただきます。

御造替と江戸時代の工芸

春日大社は、昨年第五九次の式年遷宮を終えた。御造替においては建物だけでなく神殿の調度も新調をする。高杯や日の丸盆八足案や四脚机など神饌のお供えに用いる祭器具。御翠簾、御壁代など殿内外の装束、遷座祭に用いる装束や道具類の新調は、全部で、約八〇種、八〇〇点にも及んだ。

近世までは、殿内の神宝も毎回新調されていたし、祭器具も末社の分まで数倍の規模で新調されていた。

これらは重代職の職人により代々厳密に調製されてきた。この多くを地元奈良の職人が担っていたことは容易に想像がつくがその実情は余り知られていない。例えば奈良の伝統産業の筆頭にも上げられる漆工芸においては近世を実態のつかめない沈滞期とする見解さえもある。

今回の式年遷宮に当たり、いくつかの造替記録に目を通す機会を得た。近世の記録中に少しではあるが諸職人の活躍の実態を示す資料を目にした。全体は余りに膨大なので、美術工芸の分野に限定してではあるが、御造替の長い歴史を陰で支え続けてきた人々を顕彰する意味でこれらを紹介しよう。

特に天保造替時の記録は、諸工事から調度装束など全てに渉る約五百点に及ぶ膨大なもので、仕事を請け負った諸職人から諸造替を沙汰つまり掌握をしていた興福寺門跡一乗院へ提出された調進帳、下行帳、口上書などが中心で、造替の事業としての全容が分かる大変貴重な資料である。

これを中心に諸職人の名前が知れる資料を一覧表にして比較することで御造替の仕事が奈良の職人と京都の職人にほぼ半々に分担されていたことが明らかになる。

まず天保次の記録の内に〝京組御内陣御神宝師〟として京都の職人連名の口上書が何通か見られる。それ以外の御内陣御神宝師の連名の口上書には奈良組とは明記されないが、前造替にあたる

八足案（北村昭斎氏謹製）

神宝検知之儀

文政九年（一八二六）の記録『文政九丙戌年四月春日社御造営御上棟正遷宮社頭奉行日記』の神宝の調進が終わり神宝の検知の儀を控えた四月二六日条に「一、内陣方職人奈良組不残罷出、調進物不残相済候ニ而、御届申し候、京組先例御届申し上候、此度壱人も不参ニ付、此段奈良組より相違候様被仰渡候也」とあって内陣の神宝が奈良組、京都組に分かれ調進されていたことが明らかである。この分担は、江戸期を通じてであったようで、元禄三年次の記録でも京と但し書きの付く職人とそうでないものがあり、天保次の京組の分担と殆ど一致している。延享次、天明次にはこれほどはっきりした区別はないが、資料相互の職人名の一致、天明次の記入の順序（先二行に奈良方、後二行に京都方）などにより点線位置で区分して間違いではなさそうである。ただ組糸師は天保次には奈良方に移ったと思われ、このためかどうか、奈良方の口上書には、組糸師の下行米についても記載されているのに組糸師の署名が欠けているものも多いのである。

左の表から内陣神宝についての分担を大まかに見ると、漆の塗り、飾り金具、玉細工、鋳物は奈良組、蒔絵、畳の他、織物関係は、京都組の分担となっていた。この他、内外陣の諸建物や狛犬等の漆塗り、同じく飾り金具、また青貝螺鈿の祭器具は、奈良職人の分担するところであった。ちなみに内陣とは御内鳥居の奥、御本殿の周囲を、外陣はそれ以外の境内を指している。

奈良職人の分担する漆関係の仕事量だけでも膨大なもので、幕末の時点でもこれらをささえるだけの漆職人がいたということにもなる。これらの職人の活躍が正倉院の模造などに端を発する、明治以降の新しい漆工芸の基盤になったことは確かだと言えよう。新しい刺激をすぐにも生かし得る底力こそが、着実な技術を伝えてきた伝統の力だからである。

久米（くめ）職は、装束の最終的な仕立てに携わったようで、諸儀式の中でも諸職人を代表する重要な職であり、現在の京都府綴喜郡井手里玉水あたりに本貫を置いていたようだが、京都組とはされず奈良方の筆頭の位置を占めている。また行事官は諸職人を掌握する宮中の役人であり、古く神宝が宮中より調進されていたことと関わるものと考えられるが、不明な点も多いので、詳しくは触れない。

これらの職人の仕事の具体像をつかんでいただくために、近世の御内陣神宝と祭器具の一覧を挙

高杯（樽井喜之氏謹製）

四脚机（樽井喜之氏謹製）

げておく。

御内陣神宝

名称	装飾	数量	分担
御唐櫛笥	梨子地平文	一	大工、塗師、蒔絵師
御鏡台	梨子地平文	一	大工、塗師、蒔絵師
御鏡		一	鋳物師
鏡筥	梨子地平文	一	大工、塗師、蒔絵師
御衣笠	塗平文軸、織物	五	大工、塗師、蒔絵師
	組紐、金具、玉		織物、組糸、飾、玉師
御胡床	織平文、織物	五	大工、塗師、蒔絵師
雲繝御半畳	畳、錦	五	畳師、織物師
御防壁(御幾代)	織染、泥絵	五	織物、組糸、久米師
同軸	塗平文	五	大工、塗師、蒔絵師
御簾	御簾、飾金具	五	御簾師、飾師

外陣祭器具

名称	装飾	数量	分担
散米盆	塗、蒔絵	二	大工、塗師、蒔絵師
八足案	塗、青貝螺鈿	五	大工、塗師、青貝師
四脚机	塗、蒔絵	五	大工、塗師、蒔絵師
大丸盆	塗、青貝螺鈿	五	大工、塗師、青貝師
中丸盆	塗、	二七	大工、塗師
小丸盆	塗、	五	大工、塗師
高杯	塗、	四〇	大工、塗師
諸神盤	塗、青貝螺鈿	四〇	大工、塗師、青貝師

最後に個々の職人について気がついたことを触れておこう。時代順に元禄次では、御簾飾師の禰宜宇右衛門は春日社の神人身分を持つ者が、団扇などとともに飾金具にも手を染めていたことを示

御造営ニ付諸役人扶持併諸職人家付下行米作料等之次第　元禄三年（一六九〇）頃

久米職 御内陣塗師 御内陣錺師 御簾錺師 鋳物師	玉水園三郎 玉水五郎右衛門 行事官 秋田屋長右衛門 刀屋長右衛門 禰宜宇右衛門 弥左衛門
組糸屋 蒔絵師 御内陣大工 錦屋 簾屋 畳屋	京太郎兵衛 京忠左衛門 京甚左衛門 京加兵衛 京宇兵衛 京七右衛門 京大針備前
外御塗師 青貝師 外陣飾師 仏師 絵所中四人 摂末社幣代　縫染	岩井三郎左衛門 専當正順 吉野小右衛門 新坊玄益 芝民部 天蔵次郎兵衛 矢野彦助 薬屋新兵衛

延享二年内外陣江出補任記（一七四四）正三位大中臣時令

塗師　内外陣 御錺師（内陣） 御玉師 御簾金物飾師	五郎兵衛 耳屋源左衛門 山本庄兵衛（南都公納堂町）	耳屋度々両儀兼帯 前代　山本作左衛門
組糸屋 御籐屋 御畳屋	井上太郎兵衛 前田七右衛門 大針越後守	
仏師	椿井氏	公納堂町

天明四御神宝拝見之次第　天明四年（一七八五）三月十一日　神宝奉行　延樹

久米職 行事官 御塗師（御神宝） 御内陣錺師 御簾錺師 鋳物師	森島彦五郎 新　半平 淡路守 樽（横）井政吉 耳谷源左衛門 蒔田キ久松 沼津弥左衛門
組糸屋 蒔絵師 御道具下地大工 御織物師 御簾師 畳屋	沼津宇右衛門 上村作兵衛 三上宇兵衛 西田伊三郎 前田七右衛門 大針助之丞

天保一三年御造替記録（一括）（一八四二）

久米職 行事官 御内陣塗師 御道具錺師 御玉師 御簾錺師 鋳物師 組糸師	飯田弥重郎 石垣（新）八右衛門 淡路守 橋井五郎兵衛 松室彦七 松石源三郎 蒔田喜久松 百地嘉兵衛 千載傳吉	山城井手里 （奈良組） （奈良組） （奈良組） （奈良組） （奈良組）
蒔絵方 御内陣大工 御鏡方 御翠簾方 畳屋	沼津宇右衛門 嶋村嘉四郎 三上平兵衛 西田義吉郎 前田七右衛門 大針園次郎	京都組 京都組 京都組 京都組 京都組
外陣塗師 青貝師 外陣飾師 仏師 絵所中四人	河合虎次郎 香具屋源七 北座　餅飯殿町　与左衛門 　西椎鉾町　清兵衛 　半田開町　平七 南座　角振町　庄助 　紀寺町　重三郎 　椿井町　庄五郎 長八 松田喜六 松坂勘兵衛 吉田三五郎 源近江介	南都　今小路 南都　餅飯殿町 芝新屋町

すし、青貝師専當（せんとう）正順は興福寺の政所事務にあたった専當の出身者であったと思われ、青貝も江戸初期より奈良方の仕事であったことを窺わせる。外陣塗師の岩井は奈良甲冑師として著名な岩井を想起させる。甲冑制作に塗りは欠かせない技術だからである。

耳屋源左衛門は、慶長廿年の釣燈籠から椿井の住と知れる。また京七右衛門は年次を追っていくと前田七右衛門であることが明らかであり、現在も御簾は代々前田御簾店によって調進されている。また京の大針も現在に続く畳師の家であると聞く。

天明次の塗師は、椿井にも橋井にも読める。椿井は、中世末より漆工芸に活躍した家であり、椿井藤元の子藤重藤蔵が元和八年（一六二二）に奉納した灯籠が南門前にあり、椿井の可能性もあるが、天保次に橋井五郎兵衛の名があり、延享次にも五郎兵衛の名があり、橋井の方にも妥当性がある。

天保次の記録の青貝師香具屋源七は、餅飯殿町の山上講の記録（天理図書館蔵）に香具屋源七の名で世話方の中に見え、彼の記した記録も残っている。千載傳吉は幕末から明治に事業家として活躍した奈良の同名の人が知られており、おそらく子孫に当たるのであろう。

などなど思いつくままに並べたが、奈良の地元の方や、町方の資料に詳しい方には、更に気づかれることも多いと思う。御教示を賜れば幸いである。また先述したように天保次の資料には、桧皮、鍛冶、瓦、胡粉白土、材木の他桶など道具類に至るまで、様々な職人の名が挙がっている。近世奈良の商工業の基礎資料として全容を紹介する機会があればと考えている。

（春日大社宝物殿主任学芸員　松村　和歌子）
「春日社報57号」より

明治・大正・昭和の漆工芸関係者

石田健二郎(美明（びめい）)
明治元年……昭和10年
伊賀上野の出身で京都岡田表寛の弟子、勝南院町に住み、内国勧業博覧会に度々入選、蒔絵塗師として大成する。南方の親分的存在であった。弟子に藤村?、奥田義太郎、藤本政治郎、西庄正太郎がいる。

藤村?
京都美術院で活躍する。

奥田義太郎(如真)
明治25年－昭和57年
師石田美明で後年師の師岡田表寛に弟子入する。息子孝一（二代目如真）螺鈿も出来る塗師、孝一の兄真一は40才代で近鉄を退社して塗師になる。

藤本政治郎(和祐)
明治25年－昭和54年
師石田美明で奈良美術院で活躍、後半生森田一善堂の仕事が大半で正倉院、古社寺の宝物を正確に模倣し、関東方面で人気があった。

西庄正太郎
師石田美明で京都美術院で大成する。

吉田氏・北村氏の系図

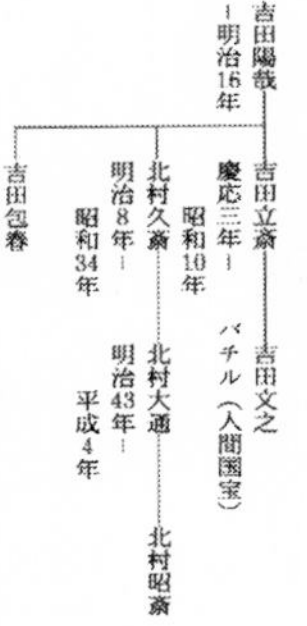

「ゆづり葉－北村大通－人と仕事」平成六年、北村昭斎発行の本にくわしく記載あり。

堀部重雄(亘哉)
明治12年…昭和39年
師吉田立斎で後に東京神田の渡辺喜三郎にも弟子入する。21才で奈良に帰り塗師を生業とする。数年後春日大塗師を命ぜられる。県内社寺の修理、調査をし、明治三十八年の第一回奈良漆工競技会で二等賞を受賞、社寺修理のみならず漆工芸においても名工であった。

幸王好太郎
明治27年－昭和46年

師吉田立斎で東京美術学校を卒業し、北袋町に住み奈良漆工芸をする。後半生は漆器問屋へ作品を納めていた。

辻　富太郎（永斎）
明治31年－昭和58年

師吉田立斎、展覧会歴は多くないが伝統工芸展などに出品していた。古社寺の仏器、什品等が得意で、特に根来塗物は名人であった。息子一郎も家業を受け継いでいる。

生嶋益三（益斎）
明治27年－昭和54年

師北村久斎で法華寺塗師をしていた。弟の生嶋喜代松も塗師であった。

栗原徳蔵（得三）
明治36年－昭和61年

師北村久斎で戦後日展に入選する。自由で新しい意匠の作品を作り出していた。

樽井氏の系図

樽井清七——清七——直次郎——三代清七——直之——喜之
　　　　　　　　　　　　　　　　　　　└清治（塗師するがニューギニアで戦死）
　　　　　　　　　　　　　├清次郎——正一
　　　　　　　　　　　　　└栖次郎

三代 樽井清七
明治7年－大正14年

蒔絵漆絵が得意で第一回奈良漆工競技会で三等賞を受賞、大正十一年の全国美術博覧会で名誉金賞杯を受賞した。弟清次郎その息子正一、末弟栖次郎も塗師であった。

樽井直之
明治41年－昭和49年

18才で清七が亡くなり堀部亘哉のもとで職人として約十年ほど働く、その間法隆寺の大修理、昭和五年の春日大社造替、多武峯の談山神社、不退寺などの仕事をする。法隆寺宮大工の西岡常一と同年生れの縁で親交があった。戦争でシベリアに抑留され昭和二十四年に帰国、後半生問屋の仕事をする。

弟子に桐山久雄、岡本昇、坂野正一、中田良樹

阪本正太郎（正鳳）

明治、大正、昭和の時代に大変活躍し、多くの弟子を育てたが確認出来たのは、森本新次郎、木下正雄、田村礼次郎であった。

本庄一太郎

塗師であったが後に仏壇屋になる。

蒔絵師

山中八一、小山正之助は和歌山県の海南の出身の蒔絵師であった。

螺鈿師

山下嘉七——豊造（豊春）——武雄

山下嘉七

明治の正倉院宝器の模写事業で金具と螺鈿の仕事をした。

山下武雄

薄貝の技術を開発した。死後、漆師が螺鈿の仕事を兼ねる様になる。

八尾己之吉

祖父が大阪で金具技術を習う。父は金具と螺鈿をする。

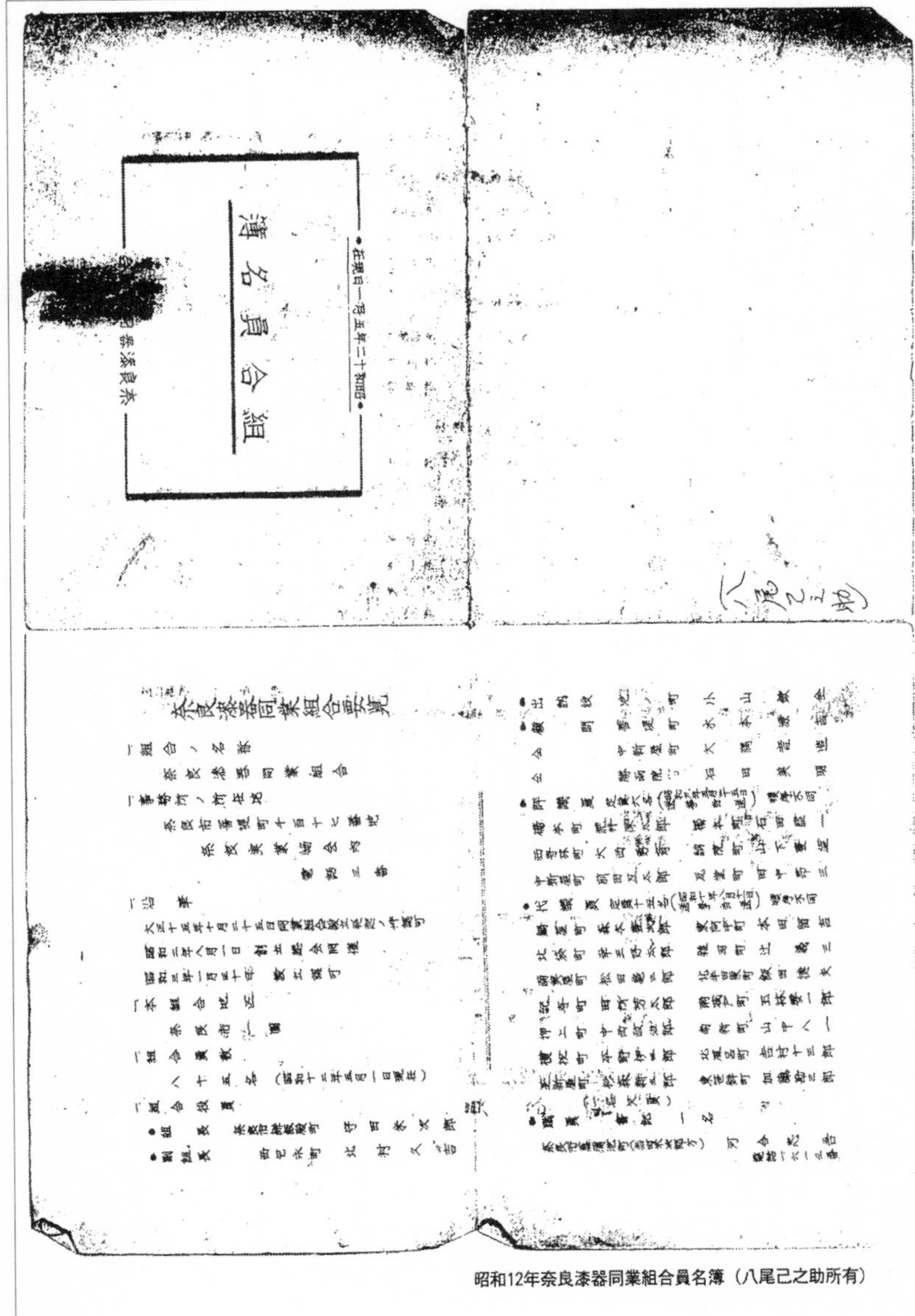

組合員名簿

昭和十二年一月五日現在

奈良漆器同業組合

奈良漆器同業組合要覧

昭和12年奈良漆器同業組合員名簿（八尾己之助所有）

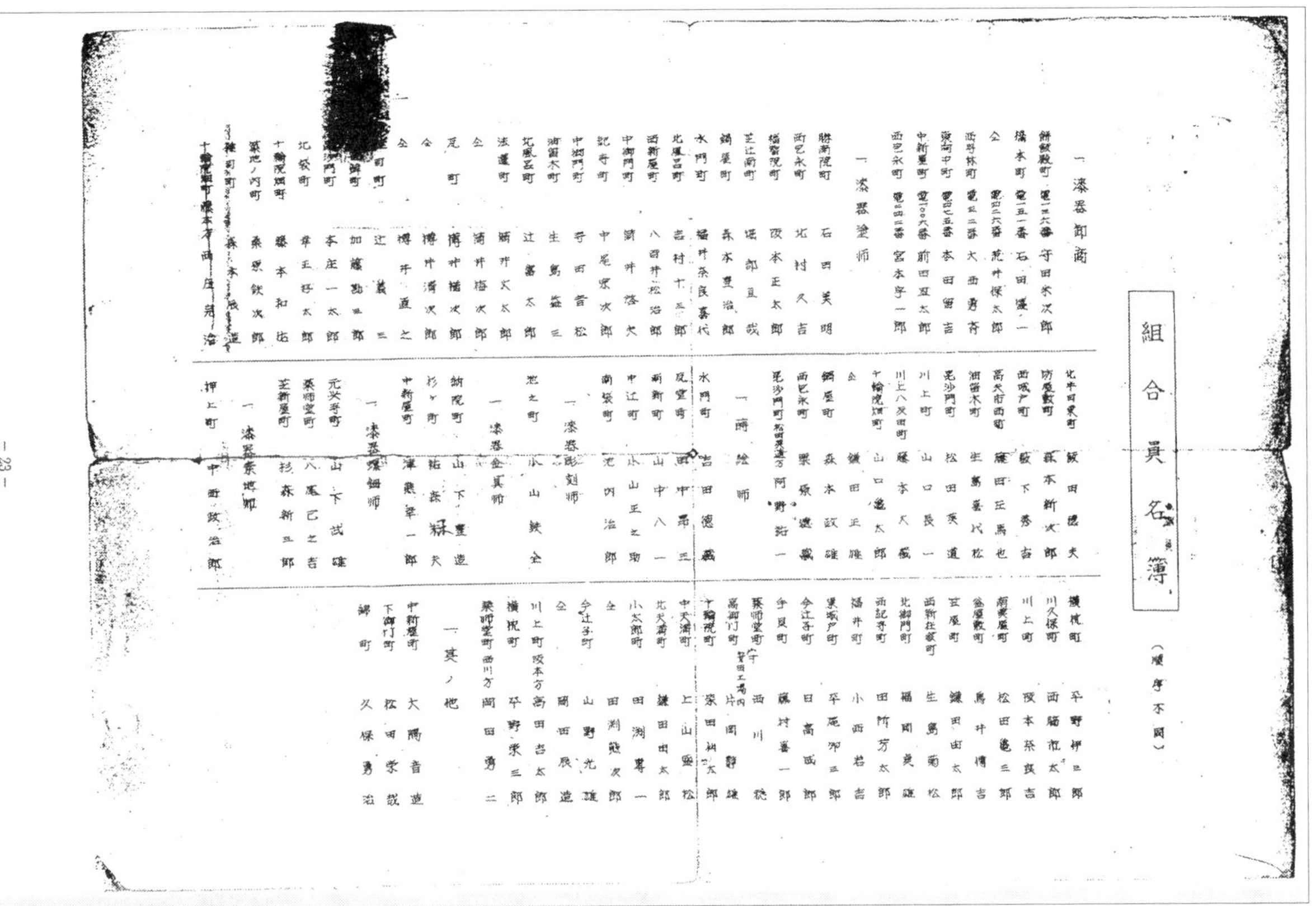

組合員名簿　（順序不同）

一　漆器卸商

餅飯殿町　電一三六番　守田米次郎
橋本町　電一五一番　石田儀一
仝　電四二六番　荒井保太郎
西寺林町　電五二番　大西勇奇
東向中町　電四七五番　本田留吉
中新屋町　電一〇〇六番　前田亘太郎
西包永町　電二四二番　宮本宇一郎

一　漆器塗師

勝南院町　石田美明
西包永町　北村久吉
福智院町　阪本正太郎
芝辻南町　堀部且哉
鍋屋町　森本豊治郎
水門町　福井奈良嘉代
北風呂町　吉村十三郎
西新屋町　八西井松治郎
中御門町　酒井落大
紀寺町　中尾宗次郎
中御門町　寺田音松
油留木町　生島益三
北風呂町　辻富太郎
法蓮町　酒井大太郎
仝　酒井梅次郎
尾　町　樽井楢次郎
仝　樽井清次郎
仝　樽井直之
[illegible]町　辻義三
[illegible]町　加藤勘四郎
[illegible]門町　本庄一太郎
北袋町　岸王好太郎
十輪院畑町　藤本和佐
築地ノ内町　桑原鉄次郎
~~[illegible]司町　森本辰造~~
~~十輪院畑町藤本方　西庄芳治~~

北半田東町　飯田徳夫
防屋敷町　森本新次郎
西城戸町　飯下秀吉
高天市西町　篠田丘馬也
油留木町　生島喜代松
毘沙門町　松田辰道
川上町　山口長一
川上八反田町　藤本大蔵
十輪院畑町　山口亀太郎
仝　鎌田正雄
鍋屋町　森本政雄
西包永町　栗原徳蔵
毘沙門町松田辰道方　阿野銘一

一　蒔絵師

水門町　吉田徳蔵
反堂町　田中昂三
南新町　山中八一
中辻町　小山正之助
南袋町　池内治郎

一　漆器彫刻師

池之町　小山鉄全

一　漆器金具師

納院町　山下豊造
杉ヶ町　鈷森粽夫
中新屋町　津熊幸一郎

一　漆器螺鈿師

元興寺町　山下武雄
薬師堂町　八尾巳之吉
芝新屋町　杉森新三郎

一　漆器素地師

押上町　中西政治郎

横枕町　平野伊三郎
川久保町　西脇徹太郎
川上町　阪本栄良吉
南魚屋町　松田亀三郎
盆屋敷町　鳥井傳吉
芝屋町　鎌田由太郎
西新在家町　生島菊松
北御門町　福岡美雄
西紀寺町　田所芳太郎
福井町　小西若吉
東城戸町　平尾卯三郎
今辻子町　日高成郎
手貝町　藤村善一郎
薬師堂町　守　西川稔
高御門町　豊田工場内　片岡静雄
十輪院町　宗田利太郎
中天満町　上山亜松
北天満町　鎌田由太郎
小太郎町　田淵専一
仝　田淵熊次郎
今辻子町　山野光雄
仝　岡西辰造
川上町　阪本方　高田吉太郎
横枕町　平野栄三郎
薬師堂町　西川方　岡田勇二

一　其ノ他

中新屋町　大隅音造
下御門町　松田栄哉
綿町　久保勇治

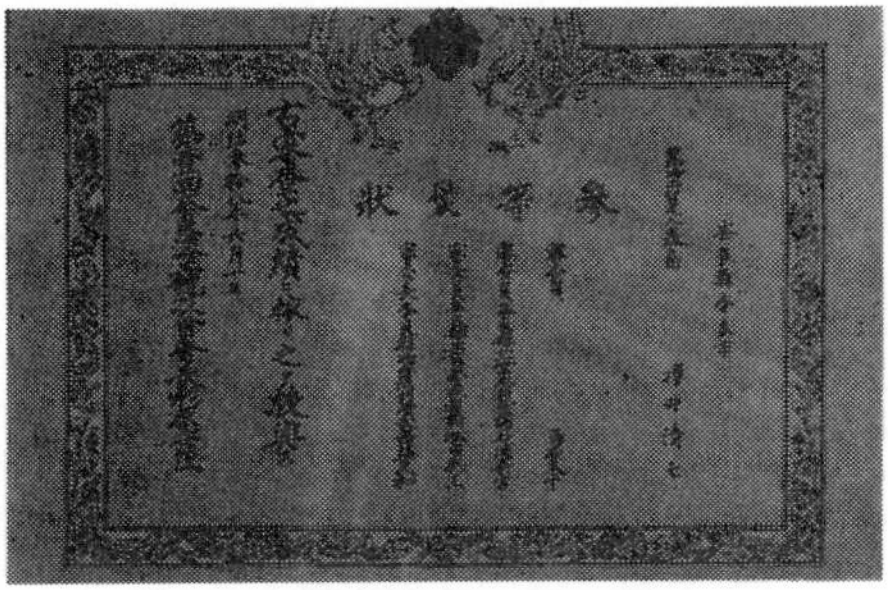

明治38年の第１回奈良漆工競技会資料

平成八年九月現在の奈良漆工芸、漆器関係者は左記の如くである。

本田青柴園　代表者　本田　正人(58)　工芸品店
（奈良県工芸協会理事長）

誠美堂　代表者　水川　照彦(66)　工芸品店
（奈良漆器協会会長）

独自で作家活動及び漆工芸に従事する者

桐山　久雄(82)
奥田　如真(67)
生嶋　文雄(67)
辻　一郎(61)
北村　昭斎(57)　繁(26)
豊田　邦夫(55)
樽井　喜之(52)　宏幸(22)
森田　洋古(49)
梶本（西久保）　信子(46)
中田　良樹(43)
梶本　賢一(42)
山本　哲(41)

木地関係者

新子　健(46)
森嶋　正典(39)

あとがき

初版から約十五年が経過、奈良漆器の現状はますます衰退しています。独自に作家活動を行なっている漆工芸者によって、辛うじて漆工が支えられているのにすぎない。しかし技法的には厚貝本堅地呂色塗が大半で良心的な作品を送り出している。

再版にあたり、春日大社の岡本彰夫氏に、先の論文の掲載許可を願ったところ、明治、大正、昭和の塗師で名前の登場していない人があるから、あなたの知っている限り記載し、充実した再版にしてはどうか、との御教示をいただきました。私なりに資料に当り、聞き取り調査をし、その結果をここに追加させていただくことになりました。

不備な点は多々あろうと存じますが、お気付きの点、御指導願えれば幸いです。

奈良漆器協会会員（平成二十年十二月現在）

北村　昭斎
樽井　禧酔
山本　哲
小西　寧子
北村　繁
樽井　宏幸

主な参考文献

『奈良曝』　貞享4年　洛南書房　西村嘯月堂
『南都名産文集』　正徳3年　村井古道
『奈良文化の傳流』　永島福太郎　目黒書店
『奈良繁昌記』　明治32年　西田誠三
『大和二千六百年史』　奈良県奉祝会
『日本産業史大系(6)』　地方史研究協議会　東京大学出版会
『日本漆工の研究』　沢口悟一　美術出版社
『大和の漆芸』　奈良県立美術館
『春日社報57号』　春日大社
『ゆづり葉』　北村昭斎

編集・発行人　樽井禧酔
昭和五十七年九月十二日発行
平成八年九月十二日　再版
平成二十年十二月十二日三版

2. 赤膚焼について

七代　尾西　楽斎

プロローグ

これが七世楽斎史上最高の作品です、と見せてもらった楽斎さん自作の焼き物は、白い釉薬も見えず奈良絵も描かれていなかった。なんだか地味で、赤膚焼には見えなかった。この「景色」がこれまでで一番なのでと目を細め、だがまだまだ不満が残りますと口元を引き締めた。

焼き物の「景色」とは、具体的な絵柄やデザインではない。その時々の火加減の塩梅など、偶然の巡り合わせで生じる「見どころ」をいう。

「偶然の可能性」。

便利で安定した電気窯やガス窯が最も苦手とする領域である。

いつ起こるか、いや起こるかどうかもわからない可能性に賭けて、七世楽斎は山に籠り「穴窯」に火を入れる。ごくまれに気に入ったものが出来ると、こっそり普通の商品に紛れ込ませて店に出す。そうでもしないと申し訳ない気分になるのだそうだ。

だが悲しいことに、たいていは売れ残る。地味なのだ。電気窯で焼き上がった白い萩釉と奈良絵の方は、飛ぶように捌けていくのに。

追加のインタビューで、研究会で話題になった「雲土器」（本文151頁）を見せてもらった後、何か1つ欲しくなって、目についた奈良絵の器を手にすると、いつになく強めの口調で「こっちしたら」と、緑の釉薬がかかった地味な茶色の器をすすめられた。この「こっちしたら」が、私が聞いた最後の言葉になった。

２０１７年（平成29）年8月、赤膚焼の天才陶工は急逝した。享年五十九。楽斎さんの史上最高記録の更新は途絶え、私の手元に七世楽斎推奨の——とても地味な——赤膚焼が残された。

（中島敬介）

【第1部：鑑賞力と「楽斎」作品】

赤膚焼の尾西でございます。

前回は強烈な個性の方（奈良漆器の樽井禧酔さん）が来られましたが、私はしゃべることに慣れておりません。

今日は、赤膚焼の歴史、特に近世・江戸期の話をせよということでございましたが、私はほとんど歴史の勉強をしておりませんので、こういう場でお話しするような内容を持っておりません。ここにおられる岡本彰夫先生は、工芸の多方面にわたり、ことに一刀彫・奈良人形、奈良漆器・赤膚焼研究の第一人者でございまして、私などは先生から学ばせていただいているばかりでございます。

歴史につきましては、岡本先生にお教えいただくこととして、まず私自身の作品を御覧いただきながら、焼き物の鑑賞方法について、お話しさせていただこうと思います。

1．焼き物を受け止める力——「鑑賞力」——

「鑑賞力」ということにつきまして、専門家の文章を引用してお話したいと思います。古陶磁学者の出川直樹さんは『おしゃれ工房　1997年9月号』の「焼き物目利きになろう」（日本放送出版協会）という記事で、このようにおっしゃっています。

どんな美術品や工芸品に対してもそうですが、特に焼き物を鑑賞するときには、その美しさを受け止める力、すなわち「鑑賞力」というべき感性が要求されます。その焼き物が単に高価だとか、有名人が作ったとか、細工が細かいだとか、色がきれいだとかのレベルで立ち止まらず、もう少し深い味わい方のレベルに歩を進めてみたらどうでしょうか。そのほうがずっと心豊かな楽しい世界が広がるはずです。そのためにはただ漫然と陶磁器を眺めたり、使ったりしていたのではだめです。「鑑賞力」はなかなか養われません。それぞれの焼き物が発信している美しさを、敏感に受け止めるようにしましょう。そのガイドとなるのは、私達日本人がいままでに培い、高いレベルに達した「焼き物への心の働き」、すなわち、焼き物に対する独自の感性を掘り起こしてやることです。

日本人の焼き物の見方、味わい方はただ「きれいだ」「手が込んでいる」だけではありません。その独自の感性を成り立たせているのはここに挙げた「土味」「景色」「手触り」「映り」「古色」など、5つの要素だと思われます。これらに対する感性については、わが国以外ではほとんど触れられていません。外国人に焼き物の「景色」を見るなどといえば、必ず染付や色絵の山水画のことと思われてしまい、そこに表れている抽象的な変化やみどころを「景色」と見立てるなど思いもよらぬことなのです。これらに対する感性を高めるには、まず「名品」と言われているものをできるだけ数多く見ることです、そして手に取ることです。

長い引用になりましたが、私もまさにこの通りだと思うわけです。だから、今出来のものよりも、美術館なんかで、長年人の目をわたってきたもの、そこにはやっぱり名品があり、そういったものを数多く観ることで鑑賞の力が得られると思います。

(1)「土味」

尾西：出川さんが第一に挙げられた「土味」は、無釉や自然釉の焼き物を触れば分かります。例えば、この「備前焼」は触ると「ねっとり」した感じがします。ここの土が細かくて、鉄分が多い。若干耐火度は弱いのですが、どこか手に吸い付いてくるような感覚がある。それに比べると、「伊賀焼・信楽焼」のものは、色が明るい。この土は白いんです。鉄分がなくて、耐火度が高い。ですから「かさかさ」とした感じ。こういうところが「土味」を楽しむということです。

岡本：これは、両方とも尾西さんの作品ですか。

尾西：はい。備前焼の方は、僕が学生時代につくったものです。備前に行って、窯焚きをして。まだ素人のときの作品ですので、「首」もちょっと傾いでいます。伊賀焼の方は、何年前でしたか、自然釉の焼き物をつくり出した頃のものです。

岡本：これは十津川の登り窯で焼かはった？

尾西：穴窯で焼いたものです。

岡本：穴窯で。土は伊賀の土ですか。

尾西：そうです。

岡本：備前焼は、備前の窯で焼かはったとおっしゃいましたな。

尾西：はい。備前の土はかなり高価で、当時から貴重でした。1週間ほど、ある先生の窯焚きのお手伝いに行って、僕らのつくったものも同じ窯に入れさせてもらいました。お手伝いの代わりに勉強させていただいたわけです。

備前焼の場合は、1週間くらい窯を焚きます。なぜそんなに長く焚くかと言いますと、備前の土は火に弱いので、ゆっくりと焼かないと、お餅のように「膨れて」しまうんです。それに比べて、伊賀信楽の土は、とても火に強い。備前の土は繊細で、1週間窯を焚き終わると10日間ほど冷ましますが、それでも「ピーン」とひびが入ったりします。

岡本：そんなに、繊細なんですか。

尾西：「ピーン」で終わり、です。僕らの焼き物(赤膚焼)は、ピンピンいっても「どない」もないですけど。備前の場合は「ピン」で終わり、割れてます。窯焚きが終わった後に、しばらくして窯出しを手伝いに行ったりしますと、その日は無礼講で飲めや歌えになるのですが、夜中に「ピン」って鳴りよるんですよ。すると先生の顔が青くなる。ものすごく「歩留まり」が悪い、割れてしまうとか水ぶくれみたいになる率が高い。備前の土は、それほどデリケートなんです。

「土味」は釉薬がかかっていても感じることができます。例えば、この焼

【図1】

【図2】

き物は釉薬の下から「斑点」が出てきていますが、これは土が出している模様です。同じ窯で焼いたものでも、釉薬や土が少しでも違えば、「土味」が変わります。

次の作品は、岡本先生に言われてつくったものですが、20年間、春日大社のご本殿を守ってきた檜皮の灰を釉薬にしたものです【図1】。

こちらのものは、さっき話に出た木津の鹿背山の土です。鹿背山という言葉通り、鹿の背紋のようになっています。宇治の「朝日焼」もこの系統で、背紋がピンク色になるものを「御本手（ごほんで）」と言い、次の「景色」の一つを代表するものとなります【図2】。

岡本：この「御本手」というのは、それなりに出す方法があるのですか。

尾西：昔は登り窯しかなかったわけですが、この登り窯というのは非常に大きなもので、窯の中の場所によってかなり状態が違ってきます。還元の「きつい」ところもあれば、酸化のところもあり、その中間もあって、かつ、かなりの温度差もあります。その中のごく一部、おそらく一番火の弱いところで「御本手」は出るのだと思います。今は、それを狙って窯を焼けますので、出すこと自体はそれほど難しくはありません。ただ、先にも触れましたが、鹿背山の土は、掘る場所がちょっと違うだけで土質が変わりますから、いつも「御本手」のような紋が出せるわけではない。

もう一つ、鹿背山の土の大きな「欠点」は、粘土なのでつくるときから乾きまして、この土だけを単独で使うと、ものすごく縮みが大きくて、普通

【図3】穴窯で焼いた花器（左）と電気窯で焼いた花器（右）

【図4】穴窯

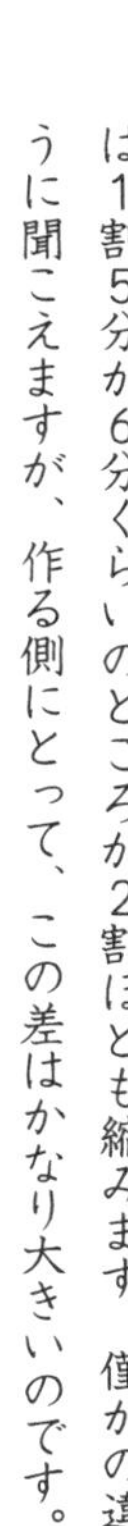

は1割5分か6分くらいのところが2割ほども縮みます。僅かの違いのように聞こえますが、作る側にとって、この差はかなり大きいのです。

（2）「景色」

尾西：次の「景色」というのは、製作途中に偶然出てくるとか、使ってるうちについてきた味、そういったものを指します。例えば、ここに2つの花器があり、釉薬も土もほぼ一緒です【図3】。一方は電気釜にガスを入れて還元をかけるタイプの窯で焼いたもの、もう一方は最も旧式の「穴窯」と呼ばれる窯で、赤松で焼いたものです【図4】。前者は今ほとんどの焼き物屋が主流として使っている窯で、うちでも一番よく使っているものです。窯の焚く時間はだいたい15時間、電気のスイッチを入れて、ガスを途中で入れれば、同じグレードのものが楽に何個でも焼けます。これに対して「穴窯」での焼き時間は、丸3日。ずっと傍（そば）に付いて赤松の薪を放り込み、窯を焚き続けないといけない。

　電気とガスで焼いたものは、どれもきれいには焼けますが、どこにも「味わい」がない。それに対して、穴窯で焼いたものは「見所」満載です。焔のあたってない方の面は、きれいに焼けていますが、焔の当たった面は、たぶん放り込んだ薪が途中で「熾火（おきび）」になって、その状態が増えたり減ったりして、こういう変化が出たのでしょう。いわゆる「灰かぶり」と言われるものに近く、茶色いところも出て、非常に味わい深くなっている。裏を見ても、

【図5】

電気とガスで焼いたものには「美味しい」ところがないのですが、穴窯の方はいかにも焼き物という「味」が出ている感じがします。個展などには穴窯で焼いたものを出しますが、お土産物程度でしたら、電気とガスの窯で焼いたものでも悪くはない。こちらの場合は10個つくったら8個くらいは成功する。値段を付けると1万円くらいのものです。穴窯で焼くと、時間も労力もより以上にかけて、10個のうち1、2個できれば良い方です。だから値段にすると10倍くらいになる。作る側としては当然の差だと思うのですが、この値段の差がなかなか理解してもらえない。

岩坂：10個つくって1、2個というのは、割れちゃうからですか。

尾西：もちろんそれもありますが、思うようなものが焼けない、ということの方が大きいですね。花器の場合は、後に出てくる「映り」によって、お花を入れてどうかということがありますから、そんなに「景色」にこだわることもないかもしれません。この電気釜のものでも、お花が入ったら十分通用すると思います。ただ、もう一方は、お花を入れなくても、良い焼き物だと思います。

次のものは、手前味噌ですが、自分が作った中で、一番「景色」が良いと思っている茶盌です【図5】。正面にする、焔のあたったところは、桜の花のように見えます。これが窯変の世界です。また、釉薬が「すーっ」と流れていますが、「禾目（のぎめ）」といって、これも「景色」の魅力の一つです。もちろん、変化しやすいものと、しにくいものがありまして、この茶盌のように、よく「焼き締まっている」ものは変化しにくい。一方、先に「御本手」と申しました鹿背山の土の場合は、使っているうち「雨漏手（あまもりで）」という模様が出てきたりして、かなり変わっていくと思います。そう変化も「景色」の1つです。

(3)「手触り」

尾西：「手触り」というのは、文字通り持ったときの感触です。焼き物の世界では「持ちばかり」と言っています。見た目の「景色」と手で持った感覚の「手触り」が、焼き物の味わい方の一つです。表面の凸凹の手触りや口に当てたときの感覚、そういう感性が大事にされます。デパートやお店に行かれると、「作品にはお手を触れないで下さい」なんて書かれたりしていますけど、焼き物の場合は、そんなことをしていたら絶対にだめ。焼き物は、持ってなんぼのもの、持たないとわからない。工芸の中には手を触れない方が良いものもたくさんあるでしょうが、焼き物に限って言えば、持たないとだめです。

この茶盌の無造作な「薬がかり」も、木白（もくはく）（奥田木白。後述参照）を写したもので、これも見所なんです。「ゆっくり」と「浸け」るんじゃなくて、無造作に「かけ」る。木白さんが、実際に自分で釉薬を使わはったもので、浸けているのはほとんどないと思います。木白の作品の高台脇に、面白い薬がかりをしているのがあります。

これは赤膚には珍しい青磁なんですが、こういうものを持つときの「手を感じるのも、楽しみ方の一つです。

触り」と、先の鹿背山を持つときの「手触り」は、全然違います。その違い

(4)「映り」

尾西：お酒の「ぐい飲み」を選ばれるときは、表面の「手触り」もさることながら、主に内側の美しさがポイントですよね。作家の方でも「ぐい飲み」の場合は、特に中(内側)をすごく意識してつくります。特にお酒が入った時の美しさに気を付けますが、これが次の鑑賞ポイントである「映り」に繋がっていきます。例えば、料理ひとつでも、お刺身をプラスティックのトレイに載せるよりも、陶器の器の方が美味しく感じる。これが「映り」です。先に触れた電気とガスの窯で焼いた花器でも、お花を入れるとよく「映る」。茶盌の場合は、茶室の暗い空間で、抹茶の緑がいかに映えるか、食器類は料理を載せたときの「映り」を考えてつくっていきます。この器は、何年か前ですが、天皇皇后両陛下がお昼ご飯を召しあがられた時に使われたものです。松花堂の4つの区切りの1つに入れる器です。

ちょっと話が逸れますが、この器で「ツタ」が抜いてありますけど、その部分は釉薬をかけてないんです。この焼き物の富士山の部分も釉薬を抜いていますが、土と釉薬の境目が赤く染まっていますでしょ【図6】。実は、これが「赤膚」という言葉の由来の一つでもあるんです。赤膚山の土ということと、土と釉薬の境目が赤い膚になる、これも赤膚の由来となっています。

【図6】

ただ、赤膚焼全部がこのようになるかと言うと、そうはなりません。釉薬を大別すると、植物質のものと、鉱物質のものに分かれますが、鉱物質の釉薬では「赤膚」にはなりません。植物質の釉薬を使ってはじめて赤く染まるわけです。

中島：岡本先生がお詳しいと思いますが、京都では「悉皆屋」という、呉服だけでなく、全体をトータルコーディネートして誂えるという業種があると訊いていますが、陶器の世界ではそういう動きはなかったのでしょうか。

岡本：「装束屋（しょうぞく）」ですな。木白を工房と考えると、絵付けをした木白がトータルコーディネートしたということになりますかな。デザインを外に発注して、窯元がトータルコーディネートして、その窯元の名前で出すていう世界ですから、その意味では窯元がデザイナーであり、プロデューサーでありということになりますな。

中島：お話になった「映り」でいうとね、例えば生け花の花とセットするとか、和菓子とセットするとか、そういう形で焼き物を提供するという方法も効果があるように思ったもので。その「装束屋」というのは、京都独特あるいは服装独特の方法なんですかね。

岡本：陶芸家でも、料理を食べさせて、窯元で売るという方法を取っている人はいてはります。魯山人も、その意味ではトータルにコーディネートしていました。

（5）「古色」

尾西：最後に「古色」です。本来は使ってるうちに出てくる変化ですが、最近は「古色をつける」作者もおられます。私はしませんが、確かに古色をつけた方が「しっとり」しまして、よくなる。陶器は野ざらしにしておくと、古色がつきます。

陶器は吸水性が多少残っていますので、花瓶でも僅かに（本当に僅かですが）水が漏れています。磁器の場合は漏れないですけど。昔は、お茶の道具の「水指」は、畳を腐らして「なんぼ」のものとか言われていたくらいです。今は畳が濡れたら大変なので、そうならないように気を遣っていますが、本来の陶器とは水が漏れるものなのです。

2．奈良の伝統工芸コラボレーション
―尾西楽斎さんの作品を鑑賞する―

（1）「陶漆」―奈良漆器との協作―

尾西：これは、奈良漆の樽井さん（樽井禧酔氏）とのコラボレーション作品です【図7】。釉薬をかけずにおいたところに漆塗りを施す「陶漆」と言いまして、何人かやっている人はいます。ただ、この作品は天目釉の焼き物に、樽井さんが螺鈿を入れて下さった。螺鈿の陶漆というのは、まずないでしょうね。樽井さんには、私が若いときからかわいがっていただいているので、特別

【図7】花器（右・中央）、皆具（左）

な仕事だと思います。

岩坂：釉薬の抜いた焼き物に、樽井さんが塗ってくれはるわけですね。

尾西：はい、もともと漆器には「陶胎漆器」というものがあって、これもその一つで、僕らは「陶漆」と言っています。

中島：漆工芸とのコラボみたいなものは、他の産地ではなされているのですか。

尾西：「陶漆」というジャンルがあって、全国的にも何件かはあります。今も行われていると思いますが、そんなには多くない。陶器は吸水性がありますので、下手すると漆が剥がれちゃうんですよ。

中島：赤膚焼でやっておられるのは、特に漆と土のなじみやすさのようなものがあってのことですか。

尾西：いや、そういうことはありません。手前味噌になりますが、奈良の工芸の3本柱は、一刀彫・奈良漆器・赤膚やと思います。僕はそれをコラボさせているだけです。ただ、こういうことは僕が始めたわけではない。僕が知っている古い物では、うちの祖父や大塩正人さんが北村大通さんと組んだ仕事があります。ただ、当時は防水加工がうまくできなかったので剥がれやすく、短期間しかやらなかったと思います。

岡本：ご持参いただいたものには、剥がれん工夫がしてあるわけですな。

尾西：ええ。何点かは、手元から離れていっていますが、クレームは来てないので剥がれてはいないと思います。もちろんずっと水に浸けていたらだめになるでしょうし、漆なので直射日光に弱いというような制約は多少あると

【図8】

思いますが。また一刀彫とのコラボレーション作品も水に弱い。洗ったらダメです。まあ、洗う人はいないでしょうけど。

(2) 一刀彫との協作――奈良人形の香合――

尾西：こちらは、一刀彫の奈良人形とのコラボレーションです【図8】。土井志清さんとの共同作品で、「香合」になっています。

岡本：木白も奈良人形の写しで得意でしたが、その後、できる人が誰もいなかった。尾西さんが木白以来、久方ぶりに。百何十年ぶりですかねえ、ちゃんと復元してくれはった。

岩坂：これも釉薬を抜いて彩色するわけですね。土井さんが形作りをされるのですか。

尾西：いや、僕が形をつくって、土井さんが彩色をされます。

ふつうの絵付けは、焼成後にする「上絵付け」なのですが、どうしても表面が「テカ」るんです。しかし「能楽」のものは、それでは良くないので、釉薬を抜いて岩絵の具を使う「彩絵（だみえ）」という手法を木白は採用したんだと思います。「彩絵」は赤膚だけではなく、例えば備前でしたら「色備前」というのがありました。赤膚の場合の大きな特徴は、「本焼き」で硬く焼き締めているところです。色備前は「素焼き」で、博多人形みたいに素焼きの素地に描いてあったと思います。

岩坂：従来、違った業種の作家が一緒に作品をつくることは、あんまりなかったんですか。

尾西：木白も一刀彫の形は取り入れてますから、影響し合うことはあったでしょう。ただ、コラボレーションまで行くのは少なかったでしょうね。実際にお互いの製作手法で協作しているものがあるかどうかは分かりません。

第2部：赤膚焼の歴史——作品から辿る——

尾西：次に、赤膚の歴史について、でございますが、ほとんど岡本先生からの受け売りばかりで、お許し願いたいと思います。また適宜、先生から補っていただきながらお話していきたいと思います。

1.「奥田木白」以前——「木白の前に赤膚なし」

尾西：さて、赤膚焼はどういう窯かと申しますと、本当を言うと「よくわかっていない」窯です。歴史的に、いつ始まったのかということも、はっきりしない。私らは「赤膚焼」は豊臣秀長の時代からと聞かされていますが、その検証はできておりません。はっきりと「赤膚焼」の名称が出てくるのは、江戸中期になってからです。

そういう歴史的経緯も踏まえて、岡本先生は「古窯・旧窯・新窯」という分け方を推奨されておられます。「古窯」というのは、奈良時代以前の大和

【図9】

【図10】

の窯としての「赤膚焼」で、朝廷のあるところには必ず大きな神社仏閣があり、そこでは当然祭器を必要とし、それらは地元で作られたものだろうと。その意味では、日本の古い窯を「六古窯」などと言いますが、大和はそれ以前から窯業地であったということになります。

　今日は、赤膚焼の作品を見ていただきながらお話ししようと思って、焼き物をたくさん持ってきました。一番古いと思われるのが、この江戸中期のものと思われる「赤膚」です【図9】。「遠州印」という、小堀遠州が焼き物屋（窯元）に与えたとされる判（印）が、裏に捺されています。

岡本：薬師寺の再建した金堂から発掘された、鎮壇具を入れてあった焼き物が「赤膚焼」で、これにも遠州判が捺してあった。年代特定では、確か享保年間と言いましたかな。

尾西：九州の唐津のもの（陶器）に似ています。図柄として網とワラビが描いてある。

岡本：遠州判（印）のものには、良いものがありますな。

尾西：はい。まあ今の赤膚焼とは違うのですけどね。次にお見せするのも、木白（奥田木白。後述）以前の「赤膚」でございまして、現在の赤膚焼に使われる白っぽい釉薬は使われていません【図10】。木白は江戸末期の人で、それ以前の「赤膚」は、地味な焼き物です。これは伊羅保焼の釉薬だと思います。

岡本：堯山侯（柳沢保光（1753〜1817）郡山藩第3代藩主）開窯あたりの一群のもので、五條村文書で寛政8年（1796）ということがわかっています。

浦西：手撚(ひね)りですか。

尾西：いや、轆轤(ろくろ)です。

【図11】

【図12】

2．奥田木白の登場――赤膚焼の画期――

(1) 白い釉薬――「ハギ釉」――

尾西：奥田木白の作品を見ていただきます。木白の作品は実に多岐にわたっておりまして、例えば、これは「瀬戸釉」の富士茶盌【図11】。これは「唐津焼」の写し【図9（前出）】。こちらは「薩摩焼」【図12】によく似ています。「京焼・京絵付け」の影響のある作品です。これは「相馬駒焼」（福島県相馬地方に産する陶器）、相馬焼ともいって、茶器類が多く「左馬」を描いたものが多いのが特徴です【図13】。余談ですが、窯を新築して初めて焼くときは、「左馬」を描いたものを入れるのが、焼き物屋の世界では習わしになっています。馬は左回りに走ると「こけない」からだと聞きましたが、どうでしょうか。

一番多いのは「萩焼」の写しです。この白っぽい釉薬は、先に申しましたように木白が採用したもので、それ以来ずっと私らも使っています。

岡本：それが「ハギ釉」ですな。どういう釉薬ですか。

尾西：単純な薬で、何通りか作り方あります。一番簡単なのは、木灰（多くはクヌギの灰）・わら灰・長石を同分量で混ぜてつくります。

【図13】

【図14】

岡本：その釉薬を木白が赤膚焼に取り入れた。「ハギ釉」と言うからには、「萩焼」も、この釉薬を使うのですな。

尾西：おそらく「萩焼」の釉薬なので「ハギ釉」と言うのだと思います。植物の萩の灰から来ているという人もいますが間違いでしょう。釉薬は木の灰によって色が変わり、多くはクヌギ、カシといった「炭」にする木が使われます。私が使っている中で一番良いと思うのは、備長炭になるウバメガシ（姥目樫）です。ともあれ、萩の灰は間違いだと思います。「ハギ釉」はやはり萩焼から来ているとするのが正解だと思います。

　釉薬というのはガラスとよく似たもので、陶器の表面をガラス・コーティングしていると思えば間違いない。最初の釉薬は「自然釉」と言って、窯を薪（多くの場合アカマツ）で焚くと、その薪の灰が焼き物にくっ付いて「釉」になった。その木の灰に、わら灰と長石を加えて、人工的に作り出したのが釉薬です。

尾西：これなんかも、典型的な今の釉薬ですけども、青っぽくなっとるのは、還元がきついとこで焼いてるから【図14】。

岡本：その手は、戸方がよう焼いてますな、鶴亀のやつね。

尾西：これは、木白です。

（2）「八宗兼学」の作陶と奈良絵

尾西：木白は、いろいろな産地の焼き物の「写し物」を作りましたが、単なる写し

【図15】

【図16】

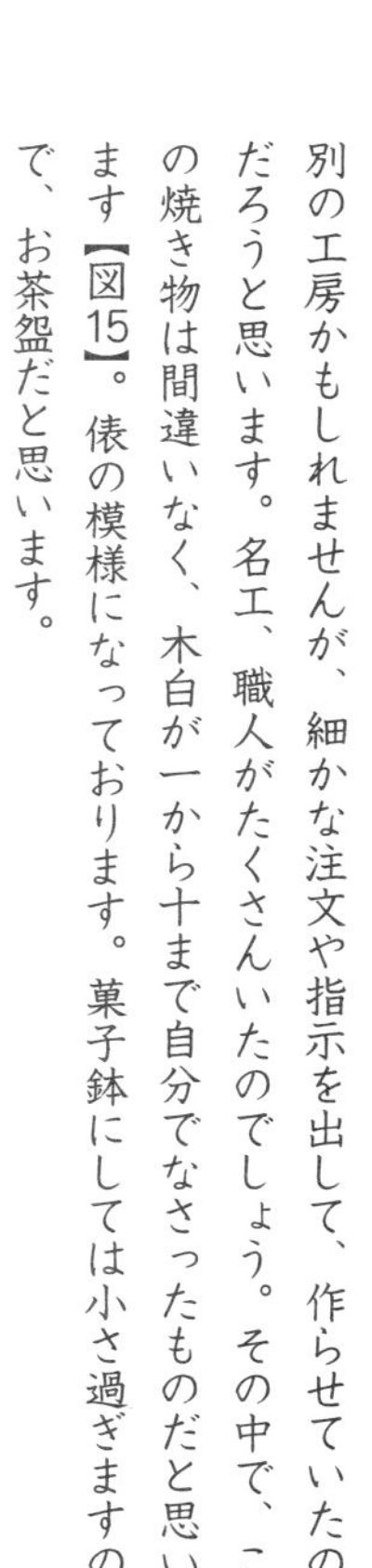

物にとどまらない、技術やセンスを持っていた。木白自身がどこまで仕事をなさっていたかはわかっていません。おそらく自分の工房か、あるいは別の工房かもしれませんが、細かな注文や指示を出して、作らせていたのだろうと思います。名工、職人がたくさんいたのでしょう。その中で、この焼き物は間違いなく、木白が一から十まで自分でなさったものだと思います【図15】。俵の模様になっております。菓子鉢にしては小さ過ぎますので、お茶盌だと思います。

岡本：ちょっと大振りのお茶盌ですやろね。大変珍しいのを持ってきてくれはりました。ここには、木白の判の中でも大変少ない「糸巻き印」が使われています【図16】。昔の兵隊さんの徽章の星印に似ているので、俗に骨董屋は「兵隊判」と言うのですけど、その判を捺したのは本当に珍しい。

尾西：木白の作った物で一番多いのは、こういう「富士茶盌」で、何百とつくっています【図11（前出）】。

岡本：これまた、ピンキリでしてね。

尾西：木白の判で特徴的なのは、この兵隊判が少ないこととほとんど正面に近いところに捺されていることと判の捺し方が深いことです。

岡本：本来は判を捺すようなところではないのですな。

尾西：正面は避けて捺すのが、普通です。

こちらは、木白の奈良人形の焼き物ですが、一刀彫りと同じように、足の裏まで細工がしてある。これも木白の特徴の1つです。

【図17】

最近発見したのがこの向付でして、「奈良絵」と言われているものの原型の一つだと思います【図17】。
岡本：これは木白の作品でも逸品ですね。たいへん珍しいものです。
浦西：これは正面というのはどうなりますの。
尾西：それはね、こうですわ。
岡本：正面っていうのはね、こっち正面になりますけど、景色のええ方、面白い方。このお茶盌は、裾野まできちっと出たええお茶盌ですな。
尾西：そうですね。
岡本：非常に上手のお茶盌ですね。
尾西：うちにある中では、先生、一つね、楽焼の茶盌がすごくいいのがあるんですけど、実はそいつがね、半分火事で焼けとるんです。
岡本：ええ〜。
尾西：火事というのが、大阪大空襲って。大阪にあったらしいんです。ですから、半分ね、ちょっと変形しとるんです。
岡本：それは木白ですか。
尾西：木白です。
岡本：やはり、富士茶盌ですか。
尾西：「楽焼」富士茶盌です。それから、これは後に「古九谷」と書かれたものです。大正時代の東京美術倶楽部の入札目録がありまして、「倉知家」という家から売り出されたもので、ほとんど九谷焼と赤膚焼ですが、赤膚焼は全品が

【図18】

【図19】

木白の作品です。奈良市の指定文化財になっているものも、かなりあります。

山上：これ、土の「地」のところに「赤」の字が捺されていないように見えます。赤膚の赤でしょうか。

尾西：ええ。釉薬で一部消えています。よくあることです。

岡本：印で言うと、木白の「隠し印」というのもあって、すぐにはわからんように捺してあったり、「印抜け」といって、敢えて印を付けていないのもありますな。その倉知家の売立目録は、前に尾西さんに教えてもろうて、あわてて古本屋を探して買いましたが、これまで見たことのない木白の作品がわんさか載ってます。この目録のことは、ほとんど知られていませんな。

岩坂：これが今、寧楽美術館にあるんですか。

尾西：はい。僕はその図録から、ずいぶん図柄を「盗ませて」いただきました。

岡本：工芸は、「本歌取り」が認められる世界ですからな。

尾西：そのうちの一つが、この茶盌です【図18】。この香合も最近つくったんですけど、木白の中でも良いものとされているものから取りました【図19】。

岡本：木白だけは、何が出てくるかわかりませんね。無尽蔵ですな。そもそも赤膚焼は、お殿さんの御命によって、どんな焼物も焼かないかん。木白も「諸国謨物所（しょこくうつしものどころ）」の看板を掲げていたといいますから、私は赤膚焼を「焼物の八宗兼学」やと表現することにしております。

尾西：僕はよく「焼き締めから金彩まで」と言うのですが、赤膚焼の場合は、何をつくってはいかんということがない。残念なことに、いま赤膚焼というと、奈良絵ぐらいしか思い描いていただけない。なるべく奈良絵以外のものをつくりたいのですが、なかなか世間様が許してくれない。

岡本：奈良絵が売れるからと、奈良絵ばかりに流れる中、尾西さんは大変貴重な存在で、本来何をつくっても良い赤膚の本道をいってはる。

尾西：いや、僕もかなり「流れて」ますけどね。奈良絵が描かれていないと売れないという、哀しい現実があります。「木白の前に赤膚なし、後に赤膚なし」という言葉がございます。木白以前は地味な焼き物で、古いというだけで特別な魅力があるわけではないということで話は済みますが、「木白以後も赤膚なし」は、私らにとって本当に耳の痛いところです。

【図20】

(3) 木白の偽物

尾西：この「根付け」も珍しい物で、明治期につくられたと思います【図20】。判は「旭園」となっています。このような「旭園」の判が捺されたものは、ほとんど見かけることはなく、最近赤膚の窯元が集まる機会がありまして、みんなに見せたんですが、誰も知らなかった。

岡本：一方で、木白作品と称するものの中に、非常に多く偽物が混じっている。極端な話、出てきた10点中、8点は木白の偽物ということが横行している。

尾西：おっしゃいますように、木白作品には偽物が多く混じっているのですが、見分ける一つのポイントは、赤膚の「はだ」の字です。木白は「膚」を使っていません。

岡本：そうですね。「とらがしら」の下が「田」に「月」じゃなくて、「日」ですな。
尾西：はい。「月」を使っているものは、全て偽物です。特に奈良人形写しのものは、偽ものだらけです。置き物の系統は、ほぼ偽物と見た方が良いですが、問題は「あるところにある」ことで、偽物が本物になっていく。骨董はそういう怖い世界でして。
岡本：そうですな。ある奈良のお茶舗に木白作とする偽物の大きな寿老人さんがあったのやが、いつの間にやら、これが売れてしもうた。それなりのところに50年、100年置かれたら、本物で通るようになるかもしれん。困ったなと思って。
尾西：最近、赤膚に関する本が出ましたが、それにも明らかな偽物が混じっていました。
岡本：コレクターさんの出さはった本ですな。木白の印とは全然違うものが載っていた。何点も混じってましたな。野村美術館（京都市左京区）の赤膚展でも、怪しい物がありました。
尾西：偽物ではなくても、未完成のものが一緒に展示されたりもします。私らからすると、製作途中のものは、絶対に人前に出したらいけないのですが。

（４）「骨董品鑑定」の功罪

尾西：焼き物の値打ちに関わって言うと、なんとか鑑定団的な番組の影響も大きいと思います。

岡本：良くない方の影響ですな。
尾西：あの種の鑑定は、物の良し悪しじゃないですからね。どちらかというと希少価値の世界。良い物でも数が多ければ安くて値打ちがないように思われてしまう。ブリキのおもちゃに高い値段がつくのはそういうことの現れやと思うんですけど、僕らの世界では「良いなあ」と思うものでも、安い値段のものもあります。木白と言っても、本当はピンからキリまであるのですが、木白の名前だけで全て「良い物」になってしまうところもあります。
岡本：その昔、木白の富士茶盌が15銭で売られていたという話を聞いたことがあります。木白の家の縁の下に放り込んであったもので、それはそれは粗悪な富士茶盌だったらしい。このあいだコレクターが出版された本を見ていたら、質の最悪な富士茶盌が混じってましてね、どうやらそれが15銭の粗悪品やな、と合点がいった。世に出ている木白は、ほんまにピンキリですわ。
尾西：箱書きは良くても、肝心の「物」がどうかというものもありますね。
中島：それこそ、鑑定人が入ってないのですか。
岡本：鑑定にもおもしろい話があってね。ある赤膚の窯元が先代ですけど、木白の鑑定は1件10万円やと。けど偽物のときは鑑定料貰いにくいと言うて笑うてはった。そういうものかなと思いましたけどね。
尾西：うちの祖父も鑑定していましたけど、自分が良いと思ったものは本物と鑑定してしまうこともあったらしい。

(5) 陶芸プロデューサー・木白

尾西：木白は郡山藩とのつながりが強くて、もともと家業が郡山藩の出入りの御用商人でした。作陶を始めたのは30代後半で、プロになったのは50代ですよね。

岡本：木白の住んでいた所が残っていますね。

尾西：郡山の堺町に砂川医院というお宅がありますが、そこに木白が住んでいました。お家の裏が堀なんですが、そこにも陶器の欠片がたくさん落ちていたそうです。木白自身の窯は本当に小さくて、楽焼ぐらいはできると思いますが、基本は上絵付けをするためだけの窯です。その窯は水木十五堂の家に長らくあったようで、探そうとは思ったのですが。

岡本：なかったですか。

尾西：いや、お家の中に入れなくて。水木家の方がおられなくなって、連絡先もわからなかったもので。その窯があったら面白いだろうなあと思います。木白は自分で本格的な大きな窯を持たず、何軒かあった各窯元に依頼してつくらせてた、あるいは自分のつくったものを持ち込んで、焼いてもらっていた。

岩坂：最初から最後まで木白がつくったのではないかというものもありましたね。それは、どういったところで、そのように感じられるんですか。

尾西：木白は素人から入っていった方なんで、絵は描けたのですが、それほど轆轤が上手になれるわけがない。轆轤は頼んで、仕上げは自分でする、そういうやり方が多かったと思うんです。東京のサントリー美術館で宮川香山展（２０１６年2月24日～４月17日）をやっておりました。横浜の宮川香山は輸出陶器専門の作家でしたが、彫刻的な技術の上に、絵付けの技術がプラスされた、ものすごい技巧があって、特に焼き物のボディにさまざまな立体を浮き上がらせるので有名でした。その展覧会には、宮川の工房の写真が展示されていて、30人くらいの職人が働いていました。それぐらいの人数がいないとできない仕事だったのですね。

岡本：なるほど。

尾西：だから、宮川香山のすごさは、プロデュース力なんです。木白も同様で、木白一人ではなく、かなりの数の人が関わっていたように思います。私の場合も、手は2本ですが、作陶では10本くらいの手を使っています。つまり、部分ごとに職人の手が違います。もちろん、1から10まで自分でする場合もありますが、専門的なものは、手が多ければ多いほど良いものができると僕は思っています。全て職人に任せるのは問題で、自分である程度以上はできないといけませんが、本当に良いものをつくっていくには、僕は分業が絶対必要やと思っています。

浦西：木白は30歳後半から焼き物に入って、亡くなるのが70歳くらい。50歳あたりからプロになったということでしたが、それで作品の編年というか、変化というのはどういう感じでしょうか。

尾西：最初は「楽焼」から入っています。その時期の代表的なものは、西大寺の「四季の茶盌」。「大茶盛」の茶盌ですが、今のように大きいものではありません。小さい窯で焼けたと思います。お回ししますので、御覧下さい。

岡本：それは、天保年間の銘が入っているので、初期のものと分かるわけですな。

浦西：バラエティに富む作品を作り出す時期というのは、分かっているのですか。

尾西：楽焼の茶盌の後に、富士茶盌を作っていったのではないかと思います。

岡本：話で聞いただけですが、木白が江戸に焼き物を売りに行ったときの旅日記が残っていて、注文を受けて帰ってきたという記述があるらしいので、そのあたりからかもしれませんな。

(6) 2人(目)の木白──「名人」木佐──

尾西：実は、木白も二代ありまして、二代目は息子の木佐(もくさ)です。現在名品と言われて残っているのは、その木佐の作品が多いとも言われています。初代と同じ「判」を使っているので、焼き物だけでは紛らわしいのですが、箱書きが全く違っているので、共箱があればはっきり区別できます。全体にみて、いわゆる能人形写しの仕事は、二代目の木佐が作ったものが多い。初代の木白は明治4年(1871)、息子の木佐は明治12年(1879)に各々亡くなっています。僅か8年ですが、その間に木佐が作ったものが、多く名品として残っているのではないかと思います。

岡本：木白の作品には、同じ判が捺してあっても「垢抜けないもの」と非常に「洗練されたもの」の二手あるんです。大正時代の新聞記事に「木佐は親父を凌ぐ力量だった」ということが書かれている。木佐も木白の判を使っていたとすれば、抜群に上品な焼き物の一類が、木佐の作品と違いますやろか。

尾西：俵印の茶盌は初代です。富士茶盌も初代に間違いないと思います。お回しした茶盌もボディまで木白が作ったかどうかは分かりませんが、確実に絵付けは木白の仕事です。

岡本：尾西さんのお家に、木白の軸物で七福神の絵が残っていて、薬師寺には渡唐天神の絵が、これも軸物で残っている。木白は絵が上手です。それと、京都の○○というのが木白の人形専門の偽物造りでして、その作品が非常に洗練されている。○○作の可能性もある。こういう作品が木白作で「売り立て」されたら、真偽が分からんようになってしまいますやろな。

中島：その木白の系統は、完全に消えているのですか。二代目の木佐で消えた。

尾西：はい、生駒にお家はありますが作家としての系譜は消えています。

岡本：もう一つ、木白にまつわる話では、木白が木兎の弟子だと当たり前のように言われていますが、根拠がないようです。名前の頭に同じ「木」が付くからと言いますが、それ以上の確たる証拠が出てきていない。

尾西：「誰の作品か」ということに関わって言いますと、さっきもお話ししましたように焼き物のボディは他人で、木白は絵付けだけということが少なくない。これは木白に限らず、例えば富本憲吉（1886～1963）先生も、うちの窯で非常にたくさんつくっておられます。うちで下宿したいとおっしゃったらしいのですが、もったいないことに祖父が断ったらしい。先生の「土もん」は、うちの焼き物がかなり多いようです。もちろん、先生が轆轤を挽かれたものもたくさんありますが、うちでつくった素地に先生が絵付けされる、そういうパターンが多かったようです。富本先生の作品で取りあげられるのは、いわゆる「金襴手」のもので、「土もん」はたいして評価されないですけどね。

岡本：尾西さんの窯には、会津八一や棟方志功など、有名な人が絵付けに行ったり、遊びに行ったりしてますものな。

3．赤膚の窯――東の窯・中の窯・西の窯――

(1) 東の窯――香柏窯・楽斎――

中島：木白が、「赤膚」の八宗兼学的な焼き方も大成し、今に続く特徴的な奈良絵もつくったということでしたね。

尾西：こと奈良絵に関しては、明らかにその通りです。ただ、木白は奈良絵という言葉は使っていません。「大和画」と称してました。

中島：尾西さんのご先祖は、そういう木白の工房グループの中にいた陶工さんということですか。

岡本：その山口縫造というのが、尾西さんの方の初代と姻戚関係になっている。山口家の最後を飾るのが「戸方」といわれる房次郎さんで、この方が大正期あたりで亡くなって、尾西家に繋がっていくわけです。

岩坂：その尾西さんの窯は、いつ頃から始まったのですか。

尾西：それが少し込み入っていまして、僕は七代目と称していますが、それは尾西徳造（1820～1871）を初代として数えています。また楽斎という号では五代目ですが、これは明治に入って、尾西家二代の安吉が柳澤家から「香柏窯・楽斎」の名を頂戴したことから始まっています。なお、今の大和郡山の場所でやり始めたのは、私の曽祖父（三蔵）からです。

岡本：「東の窯」で、木白から轆轤挽きを請け負っていた名工が山口縫造で、戸方と号した山口房次郎はその孫にあたり、尾西さんはこの方とも血縁を持っておられる。

中島：赤膚には、もともと「東の窯」、「中の窯」、「西の窯」と3窯あって、尾西さんはそのうちの「東の窯」にゆかりを持っておられるわけですね。

岩坂：「東の窯」のあった場所は、どのあたりですか。

岡本：正確には分かっていませんが、いろいろ調べてみると五条畑に窯があった。どうやらこれが「東の窯」らしい。「中の窯」は今の古瀬さんの窯で、西の窯が「惣兵衛窯」とも呼ばれていた。但しどこだったかわっていません。

尾西：「中の窯」も、古瀬さんのおられるところで間違いないのですが、いろいろと顛末があるでしょう。

岡本：場所は変わってないけど、歴史がある。

尾西：関係が複雑ですね。三松寺は赤膚焼の庇護をしていた時代もあって、今の駐車場は20年ほど前までは墓所でした。一連の赤膚陶工の墓があり、古瀬家の墓とうちのとは、前後して並んでいました。

岡本：窯の話では、「錦恵山」という問題もある。「東の窯」を立てたのは住吉屋の一族で、そこの息子が京都の「錦光山」で勉強して帰ってきた。それに一代限りという条件をつけて「赤膚山・錦恵山」という名前を許すんですな。僅かですが、その作品が残っています。その後、山口家が「東の窯」を譲り受けるんですな。また、山口家は「中の窯」とも関係した。

慶応3年（1867）か4年（1868）の郡山藩の年中行事をしたためた記録に、「中の窯」の井上（丸屋）治兵衛が、正月に藩主の元にお目見えに行ったと記載されているのを見つけました。そのような丸屋治兵衛への扱いから、「中の窯」は幕末まで「藩窯」だったことは間違いないと思います。また近年、東京汐留の伊達家下屋敷跡から、赤膚山の判のついた焼き物が発掘されています。柳澤と伊達は親戚関係ですので、おそらく献上品なり、贈答品として行き来しとったんやと思います。

尾西：赤膚は出雲の松平不昧公のところにも行っています。祖父が出雲の美術館で木白の焼き物を見つけましたよ。大きな耳のついた水指です。

（2）堯山侯お心入れの窯

中島：今に続く赤膚焼の起源は、堯山侯お心入れの時からだろうということですが、それは木白以前の話ですね。そのときにすでに、どんなものでも焼くような、八宗兼学的な作陶をしていたわけですね。

尾西：そうですねえ。

中島：木白以前は「これが赤膚焼」という、なにか特徴を持った焼き方があったのですか。

尾西：高麗物の写しもあります。

岡本：これは、おそらく古い判ですね。この手の古い判の作品の中には、赤膚とは思えんような、とんでもないものがあったりする。これは伊羅保写しでしょうが、堯山侯が見本を渡して焼かさはったものやと思います。もともと赤膚は茶陶ですから、木白が作陶した寛政8年（1796）以前の古い赤膚でも、こういう手の面白いものを焼いていたと思われる。

　まあ、現段階では、今の赤膚に繋がるのは、寛政8年吉田家文書に載っている堯山侯お心入れの窯としか考えにくい。ただ、幕末に伊勢田丸藩の家老だった金森得水が、焼き物のことを調べていて、各藩に手紙を出してやりとりをしています。その内容が『本朝陶器攷証（ほんちょうとうきこうしょう）』としてまとまっているのですが、そこに郡山藩からの返答として、詳しくは分からないが、古い焼き物が城中にあって云々と書かれている。現物が残っていないので、それが一般に言われている秀長公の時代の「赤膚」かどうかは分からんのですが、できればそのあたりまで「赤膚」の起源を持っていきたい気持ちはあります。

尾西：一度「与九郎」が焼いたとされる古い焼き物を見たことがあります。本物かどうか分かりませんが、「雲華焼」のようなものでした。

岡本：そう、「与九郎」の判のついたものって、だいたい「雲華」ですわ。ところが、これまた難儀なことに、幕末に、同名の「与九郎」が伏見にいまして、この「与九郎」が雲華を焼きます。おそらく今残ってる「与九郎」のものは、伏見の深草焼の幕末の与九郎やなかろうかと思う。

中島：堯山侯お心入れの窯で焼いていた作家が、井上治兵衛さんですか。

岡本：中心人物は、丸屋（井上）治兵衛で、記録ではもう1人、2人ほどを京都から呼んできたということになっています。

浦西：堯山侯は、赤膚の瓢箪印を陶工に与えたほど、赤膚と関係が深いわけですが、現在赤膚焼を焼いている方に、堯山侯のことについて何か言い伝えのようなものが残っているのでしょうか。堯山侯自身が茶人であり、文化人でしたから、教えのようなものとか。あったというので。

尾西：堯山侯手捏ねと伝えられる茶盌を一盌持っています。ごく薄造りの飴釉茶盌です。自然に今も堯山侯好みのものをつくっているようには思いますが。

岡本：姫路の酒井宗雅もご親戚ですし、お茶の交流が広くて松平不昧侯や紀州の治宝侯などとお茶会で行き来したはりますね。お使いになったお茶盌は唐物や高麗物が多いですから、唐物写しなどを作らせることが多かったのじゃないかと思いますね。

（3）小堀遠州との関わり

中島：小堀遠州の関係は今の赤膚とは違うと見ていいんですか。小堀遠州の七窯というのがあったと聞いたのですが。

尾西：小堀遠州は郡山にいました。父親が藩の家老だったと思います。ですから、何らかの関係や影響はあったとは思います。ただ、その時代に「赤膚焼」があったかどうかとなると疑問視される向きも多い。ただ遠州印の問題もあって複雑です。

岡本：遠州判と呼ばれる判があって、それで遠州七窯とも言われるけども、無関係という説も有力でね。遠州七窯の一つに赤膚が入るか入らんかというのはナイーブな問題なので、慎重にした方がよろしいでしょうな。

尾西：そうですね。一般的にそうとされている遠州七窯以外のところも、遠州七窯の一つと主張されているところもありますからね。赤膚だけの問題ではなくなってしまいますし。

第3部　現在の赤膚焼

1．土の問題

(1) 赤膚焼で使う、各種の土

岡本：赤膚焼で使う土は、赤膚山から出る土、つまり赤い系統のものですか。

尾西：そうです。そのほかでは、旧県立奈良病院のあたりの「平松の土」。これは田圃（たんぼ）の底土で白い。もう今はもうないかもしれませんが、近年は大和郡山の大職冠町のあたりの小さい竹藪から採っていた「大職冠の土」がよく使われていました。竹藪の下に、良い土のあることが多いのです。

岡本：赤膚焼で使う土は、赤膚山の土、平松の土、大職冠の土ですか。後は、鹿背山ですか。

尾西：僕の聞いてる範囲で言うと、赤膚の土を取っていた南限は、大職冠でした。それよりも南では、土は採取していないと思います。

岡本：柳里恭は大職冠の土で焼いたって、箱書きしたるのがありますね。

尾西：はい。大職冠の土は、僕ら若い頃よく掘ってましたが、そのまま使うと若干「弱い」ですね。

岡本：混ぜないと使えない。

尾西：いや、そのまま使って、弱く焼くと味わいが出ます。全部きつく焼く必要もない。むしろ強い土は、味自体はあまり出ない。かえって弱い方が味はあります。

浦西：大職冠のどのあたりになりますか。

尾西：僕らは「大職冠の土」と言っていましたが、正確に言うと郡山城の西の方です。

岡本：明治17年（1884）の『大和国名流誌』に赤膚の窯元が3軒載っていて、そのうちの1軒が、確か九条やなかったかな。九条からも良え土が取れたんかいなと思ったから。鹿背山については、いろいろな種類の土が出る、とお聞きしたことがありますな。

尾西：鹿背山の土は、いつごろからかは分かりませんが、かなり大量に使っていました。戦前までは使っていたと思います。土の層は薄いのですが、種類が多いんです。掘る場所がちょっと違うと、土質が変わります。

岡本：「鹿背山焼」は磁器をつくっていますが、あれは鹿背山からとれた土とは違うて、他所(よそ)から持ち込んだのですな。

尾西：そうですね。もともとは瓦の産地ですから。

焼き物で一番大事なものは、何と言っても土です。自分の掘ってきた土で全部作れたら最高なのですが、とてもできなくなってきていて、ほとんどの土は、専門の土屋さんから買っています。本来は、自分で掘って、土作りをしてこそ「なんとか焼」と言えるはずなのですが。今はもう、全国どこの焼き物を見ても同じようになってしまって。その最大の理由は、「自分のところの土」を使えるところが少なくなってきているからです。その土地の土を使って、その土地の鉱物や植物で釉薬をつくり、その土地の窯で焼き物を作る、これが「なんとか焼」の所以(ゆえん)なのに、どの産地もそれが難しくなってきている。私もほとんど買った土を使い、自分で掘ってくる土はほんの一部だけになってしまいました。そこで、私は買った土と自分で掘って来た土をものに合うようにブレンドして作品を作るのです。見方を変えれば、産地に制約されず、いろんなことができる時代になっている。木白が素晴らしいのは、そのようにいろんなことができない時代に、いろんなことをやっていたことです。今なら、やろうと思ったらだいたいなんでもできるはずです。流通が整っていますから、備前の土でも取り寄せられる。ただ、現実には、本当の一番いい備前の土は、400人ほどいる備前の作家の中でも数軒しか持ってない。ほんの一握りの何軒かだけが、本当の良い備前の土を持っている。美濃あたりでも、本当の良い土は絶対外へ出ない。

今多く出回っている土は信楽土と言われていますが、そう言われているだけで、実際はアフリカから来ているらしい。確かな方から聞いた話なので間違いないと思います。信楽ではないだろうなとは思っていましたが、まさかアフリカの土とは思いませんでした。びっくりする以上に、ショックでした。

昔の方が職人さんの腕が良かったとよく言われます。確かにそのとおりだとは思いますが、肝心の土もどんどん変わっていますから、今の土で「昔の仕事せえ」と言うこと自体に無理があるようにも思います。轆轤も土次第というところがあって、本当に薄く、良いものを挽きたくても、挽けない。そういう土を見つけることが、何より重要だと思います。

岡本：赤膚山はもう掘れる場所はないのですか。

尾西：こまめに探せば出てくると思います。というのは、今でもどんどん開発されていますでしょう、注意していれば、土は絶対出てくると思います。

(2) 薬師寺東塔基壇の土

尾西：こういう話もあります。薬師寺の東塔が解体修理されていて、去年（2016）の6月くらいに、現場見学させていただきました。そのとき東塔が建っていた基壇を見ると、粘土でできていた。一目見て「ああ、これは赤膚の土だ」

と感じた。その基壇の土をなんとか手に入れたいと思いまして、薬師寺さんにお願いしました。

薬師寺さんにご許可をしていただきまして、トラック1杯分の土を頂戴しました。今日はその原土と、それでつくったものを持ってきています。御覧下さい。基壇土は粘土・砂利・粘土・砂利と層になっていたようで、掘り返したために、砂利がかなり混じっていました。お持ちした原土は砂利を取り除いただけで、何も他には加工していません。この土は轆轤を挽くのも難しく、鉄分が多いので、強く焼き過ぎると変形してしまいます。うちでも使える土にするまでに、何度も試作を重ねました。なお、お聞きしたところでは、全国の一流の焼き物の作家さんに、土の再生というか、土のいのちを蘇らせる方法はないか、という問いかけをなさったそうです。

浦西：赤膚の土ということが、見てすぐに分かったのですね。この基壇の土で、どんな立派な作品が生まれるか楽しみです。

尾西：見れば、だいたい分かります。白っぽい土です。色はクリーム色です。鉄分が適度に入っているからで、見た目がレンガ色の土は鉄分が多すぎます。先に見てもらいました2つは、摂氏1260～80度で焼いています。通常僕らが焼くときの温度は、低いのが摂氏1230度くらい、高くて摂氏1300度くらいですから、かなり高温で焼いた部類に入ります。

もう一つは、この土の耐火度をみて、温度の低い焼きにしました。高い温度で焼いた方は、あまり「味」が出ていない。まだ研究途上ですが、低い温度のものの方が土味が出ている感じがしています。基壇の土で、こういうお茶盌と薬師寺の東塔を作りました。まだ未公開ですが、お茶盌高台横に「薬師寺東塔基壇土」の印を入れています。

（3）産地の土不足

岩坂：地元の土が使えていないというお話ですが、それは赤膚のみならず、全国どこの窯元でも同じ状況ということでしょうね。

尾西：もう随分前から、そうなっています。

岩坂：それぞれの地方の土が、もう底をついてきたということですか。

尾西：地域によっては、まだ地方の窯はそうでもないかもしれません。ただ、圧倒的に少なくなってきているでしょうね。僕も「玄人」になってからは、他所の産地にあまり行かなくなりましたし、全国的な組織にも入っていませんから、実情はよくわかりませんが、土が少なくなってきているのは間違いありません。

岩坂：例えば、赤膚の近辺なら、開発が進んで住宅地になり、土が取れなくなった。

尾西：そうです。今は逆に開発される時を狙って見に行くことがあります。最近（２０１６年）では、病院（奈良県総合医療センター）をつくっているところ（奈良市七条西町・石木町付近）に行きました。

岡本：登彌神社の裏手に赤土が出てますな。

尾西：ええ。ただ行くのが遅かったのか、思ったようなものはなかったですね。

以前は押熊あたりの外環沿いのところに、好みの土がありました。特定のところにしか良い土がなくて、少し離れるともうだめでした。鹿背山の土も掘ったことがあります。「木節」と言って、焼くと真っ白になる土も、少しばかりありました。鹿背山は、層は非常に薄いですけども、土の種類は豊富です。

岡本：木白は、矢田山やらどこやら、いろんなところの土を随分調べてますな。

尾西：矢田山はおそらく、土というよりも、「白化粧」や「粉引」のための白土を取っていたと思います。というのは、かつて日本ガイシ（株式会社）が矢田山の天辺あたりの土を使っていた。その採掘跡もあったらしい。磁器に近いような、真っ白い土だったと思います。

(4) 木白の「セキ」

岡本：このあたりで、「セキ」の話をしておいてもらえますか。「石扁に薬」と書くのですが、木白がつくった字ですな。

尾西：「セキ」は「並薬（なみぐすり）」と呼ばれ、赤膚焼ではよく使われていた釉薬の素材の一つです。通常は、木灰から取る「アク」と混ぜて使われました。「セキ」というのは、完全な石の状態ではない「長石」でして、石ほどではなく、しかし土よりも硬いという白い物質です。木白以前も、木白自身もよく使っていました。

岡本：木白以前から使われていたということですか。

尾西：そう思います。だいたい釉薬は同じでも、焼き方によって黄色っぽくなったり、青っぽくなったりします。窯の焚き方で、酸素をどんどん与えて焼く焼き方（酸化焔）と、逆に不完全燃焼させる焼き方（還元焔）の違いで、色がガラッと変わります。特に量は僅かですが金属を入れると、例えば鉄を入れて還元すると青磁になり、酸化したら黄色になります。

岡本：今でこそ酸化と還元と言いますが、昔どんな言い方してたのか、知りたいですなあ。何か古い言い方があるはずやと思うんですけど。

尾西：その「セキ」が今は一切なくなった。取れたところが、全部藤ノ木台の住宅地になってしまいました。住宅の下に埋まっちゃっているんです。「セキ」の釉薬は、うちの場合でも戦前まで一番メインの薬でした。

岡本：藤の木台で、家１軒買うてもろたら、「セキ」掘れるんやけどね。

尾西：僕らも若い頃、その近くで「セキ」を取っていましたけどね。木白の使った「本物」かどうかは分かりませんが、僕らは「セキ」と言っていました。

岡本：おん祭（春日若宮おん祭）の御仮殿の白土がその「セキ」で、それを木白が使かったとかいう話もあってね。あの土は「疋田」からとってくることになってます。

岩坂：そうですね。さっきからお聞きしていて、県立奈良病院あたりの土は白土というお話やったから、平松あたりかなあと思っていましたが。

尾西：そう、多分その辺でも、あるかもしれません。

山上：藤ノ木台は山でしたか。

岩坂：開発してた頃の記憶では、丘陵地だったように思いますねえ。

2. 陶器需要の趨勢

(1) 赤膚焼の特徴

中島：赤膚の起源は「木白」として、その赤膚を赤膚たらしめている特徴は、やはり土ですか、あるいは窯でしょうか、それとも技法でしょうか。

尾西：赤膚の最大の特徴は、制約なしで何でも作れる自由な窯というところにある、と僕は思っています。

岡本：確かに、それができるのは、赤膚くらいですな。「朝日焼」も、ちょっと徴あるしね。

尾西：ただ、「自由な窯」というのは説明が難しいので、赤膚の特徴は何ですかと訊かれると、窯元でも「奈良絵です」と言ってしまう。奈良絵は赤膚焼の特徴の一つに過ぎませんから、僕はそうは言いたくない。といって、じゃあ何が特徴かと言われると、弱っちゃうんですけども。

岡本：もともと茶陶で生まれていますから、何を作っても良い窯です。また、何でも作れる技倆がないと赤膚は焼けないということでもある。尾西さんは、赤膚の伝統を継いで、いろんな物をつくっておられて頼もしい。

尾西：今日持参しましたのも、僕がつくったもののごく一部ですが、しかし、種類だけでも木白の足元にも遠く及ばない。くやしいですが、いまだ「木白

【図21】

中島：赤膚の最盛期いうのは、いつごろでしょうか。
の後に赤膚なし」の状況です。

尾西：一番「良い」ものをつくってたのは、やはり木白（と木佐）の時代でしょうね。

中島：陶工の方の数など、規模的な面で、一番多かった時期などはどうでしょう。

尾西：う〜ん、よく分かりません。どの時代でも、そう数はいなかったと思いますわ。20年くらい前には、赤膚焼の各窯元には職人が5〜6人くらいいましたが、今は職人を抱えている窯はほとんどないですね。風前の灯と言ったら他人事みたいになりますが。

中島：現在、窯元さんは6軒ありますよね。作家の方は、合計で何人ぐらいいらっしゃるのですか。

尾西：窯元から枝分かれしたのが何軒かあって、「赤膚」を名乗っているのは10軒くらいですね。

3．再び、当代尾西楽斎の仕事――「雲土器」の復元製作――

岡本：もうひとつご披露しておきたいのが、「雲土器（くもかわらけ）」という、戦前まで祝儀用に使っていた、素焼き土器がございます【図21】。最初、天理教の真柱が息子さんの婚礼に使いたいというので、近江昌司（おうみしょうじ）先生に頼まはった。近江先生から「岡本さん、雲土器ないか」という電話があって、そのときまで雲土器自体を知らなかった。訊いてみると、お祝い事に使うもので、昔の三三九度は必ず雲土器でやったらしい。これをつくっているところを紹介してくれといわれて、神社に出入りしてる信楽の加藤柿紅堂さんに心当たりを訊くと、「挟む」物が秘伝で、作り方は聞いて知っているけど1回もやったことがない、とりあえず試しにやってみます、ということで。で、やってみると「まるまる」一窯失敗しはった。もう二度と嫌や、堪忍してくれと言われた。雲土器はもともと京都の深草焼が産地らしいと聞いて、京都の人に頼んで調べてもらうと、「親父はつくっていた、じいさんはつくっていた」という話はあっても、今出来るという人は1人もおらんかった。そんなこんなで10年ほど経ったころ、確か世界遺産に登録(「古都奈良の文化財」1998年登録)される2年ほど前やったと思いますが、こちらの啓至(七代尾西楽斎)さんとお祖父さんの安蔵(五代尾西楽斎)さんとが私の家へ用事できてくれはったときにその話したら、安蔵さんが「何言うたはります。戦前まで雲土器を春日(大社)さんに納めてたのは、わしやがな」と。「えぇ〜」という話になって、詳しく聞いてみたら、まだ「型」が全部残っていると。信楽の人が「秘伝」と言うてはった「挟む」ための型やね。それがまだ残っているけど、「わしはもう年やさかい、孫につくらせますわ」となって、この啓至さんがやってくれはった。おそらく全国で唯一、雲土器が焼けるのは香柏窯だけです。東大寺さんも、正月に使うので雲土器の発注をされた。原則として春日大社にだけ納めることになっていたのですが、東大寺さんは近所やさかい、まあ良いかと。後々、京都の東本願寺からの発注(正月用)

もあったそうですな。やっぱりお正月用ですか。

尾西：正月用やなしに婚礼に使われたと思います。

中島：雲土器というのは、どういうものなのですか。

岡本：雲華とは、華のような形をしたきれいな雲です。その雲華が真ん中に入っていて、お酒を注ぐと「ほぉ」と浮いたように見えますね。それを雲華焼と言い、真ん中に雲華が浮き出る盃を雲土器と言います。戦前までは、三三九度や、正月といったおめでたい時には、必ず雲土器が使われた。

中島：色合いはどんな感じなのですか。

岡本：真っ白な地に、州浜みたいな墨色の三角形が出ていまして、それを紫雲がたなびいていると見るんです。

尾西：京都からの注文は、三角形やなしに本当の空の雲みたいな形でしたわ。

岡本：そうですか、型からつくったんですか。

尾西：作りました。

岡本：ちょっと、奈良と京都では、雲の出方が違うのですな。

尾西：最近発見したんですけど、古い任侠映画（『悪名』、1961年公開）に雲土器でてきます。小豆島が舞台やったと思いますが、そこでの「盃事」に雲土器が使われていました。

岡本：ああ、シルクハットの親分が出てくる映画やね。歌舞伎の「妹背山婦女庭訓」の山の段にも雲土器が出てくる。ただ、その雲土器は、真ん中を墨で真黒に塗ってある。おそらく、本物の雲土器が手に入らないので、墨で塗ったのでしょうな。ともあれ、雲土器は貴重なもので、全国で唯一尾西さんの窯でしかつくれない。

尾西：今は、ほぼ失敗はなくなりましたが、最初は失敗続きでした。

岡本：雲土器はつくるのが、ものすごく邪魔くさいんでしょ。

尾西：けっこう手間がかかります。

岡本：素焼きを徹底して磨くんですな。

尾西：そうです。普通に本焼きする方がよっぽど楽です。

岡本：それでいて、手間のかかる割には値が高くない。古い窯元さんの感覚では「素焼き」は半製品で、高いお金は貰えんと言わはる。いたってお安いお値段で、労力かけて作っていただいています。

尾西：そのおかげで、春日大社さんから「春日御土器師」というお名前を頂戴しています。

岡本：あれだけ苦労して作ってくれてはるんやから、当然です。

岩坂：雲土器は、一般に販売することはないのですか。

尾西：売りません。

岡本：春日大社では、婚礼の時に集まったご親族全員に、雲土器をお付けします。お持ち帰り願って、お正月にも使って下さいと。

中島：古式ゆかしいものなのですね。

岡本：芝居にも、任侠映画にも出てきますしね。戦前までは普通に使われていたものが、完全に消えてしまった。

岩坂：今風の派手なものではないけど、シブい感じですな。

おわりに

岡本：尾西さん、今日は本当にありがとうございました。お忙しい中わざわざお越しいただいて、ぜひ、これ、記録に留めさせていただければありがたいと思います。ただ、遠州七窯なんて扱い方が難しい点もありますので、また尾西さんとご相談させていただきます。

尾西：本当に、とりとめのない話で申し訳ございませんでした。特に歴史に関して、僕何も勉強していません。自分の物をつくることは熱心にやっていますが、歴史に関しては、全くの不熱心でございまして、お詫びいたします。

《ディスカッション参加者》

尾西　楽斎（香柏窯七代）

岡本　彰夫（神主、奈良県立大学客員教授〔※「近世奈良を語る会」主査〕）

岩坂　七雄（奈良市教育委員会事務局教育部文化財課主幹）

浦西　勉（元龍谷大学文学部教授）

山上　豊（奈良大学文学部非常勤講師）

中島　敬介（奈良県立大学ユーラシア研究センター特任准教授）

※本稿は、『2016奈良県立大学ユーラシア研究センター「近世奈良を語る会」調査研究レポート』に掲載したものを補筆修正したうえで、当センターにおいて再編集したものです。

※七代尾西楽斎先生は、2017年8月にご逝去されました。ご生前のご高配に深く感謝するとともに、故人のご功績を偲び、ここに謹んで哀悼の意を表します。

3.「奈良の墨」について

綿谷　正之

プロローグ

奈良名産といえば「墨」。これが、近世江戸期以来の「常識」である。元禄の大仏再建供養会を機に、空前の奈良観光ブームが起こると、奈良の墨は「奈良土産」の代表となって日本中に広まった。室町期、興福寺の塔頭で今日に続く油煙の製法が発明されて以来、ながく写経などの用途に使われていた墨は、江戸期に入ると商業ベースに乗り、奈良の名産として活況を呈したのである。17世紀後半に15軒ほどの製墨業者は、30年ほどで記録されているだけで38軒に激増したという。

近世における名声は、天正期の創業とされる「古梅園」（1577年創業）にほぼ絞られるが、この老舗は明治以降も繁昌が続き、さらに呉竹精昇堂（1902年創業）などの奈良の名店が続々に開業していった。

さて今日、「毛筆＋墨」コンビは、すでに実用筆記具のチャンピオンの座を降り、結果として墨の需要も頭打ちだが、かえって用途は多様化している（詳細は、本文をご覧下さい）。

以上のような、奈良の墨の由来や歴史については、たくさんの本が出ていて当然だが――同じようなことが同じように――しかも微に入り細に亘って――書かれている。一方、ある本に書かれていないことは、別の本にも書かれていない。享保期の製墨業者数も重要だろうが、より私が知りたいことは「なぜ墨は固形物としてつくられたのか」である。チョークのように使うならともかく、摺って墨汁にするのなら、最初から液状の方が好都合ではないか。万年筆のインクのように。

この長年の疑問を、綿谷正之さんはあっさり解いてくださった。墨は染料ではなく顔料。「書く」ためではなく、「残す」ためのツールです、と。聖武帝や光明子の写経は1300年後の今も、墨痕鮮やかなまま残っている。残すための墨だからこそ、寺院で発明されなければならなかったのだ。

（中島敬介）

【基調報告】

はじめに

岡本彰夫先生とは長年懇意にしていただいております。そのご縁でお招きいただきました。本日は「墨」について、お話をさせていただきます。

私は40数年、「呉竹」という会社で働いてきました。65歳で会社を退き、自由の身になって、ようやく好きな山登りをしようと準備をし始めていた矢先に、親しくしていた白藤学園の前理事長さんから、引き継いでやってもらえないかと突然のお話をいただきました。少しでもお力になれればとお引き受けしたのが平成22年（2010）のことで、令和2年（2020）まで10年間、白藤学園の理事長を務めておりました。

さて、以前におりました「呉竹」という会社は、私の曾祖父が明治35年（1902）に創業した会社です。120年以上の歴史がありますが、昭和28年（1953）までは墨造り一筋でやってきました。

日本全体がそうであったかと思いますが、会社にとっても一番厳しい時期は、昭和20年（1945）の敗戦後でした。アメリカの占領政策は教育の分野にも及び、日本の文字を全てローマ字に替えてしまおうという企てもあったようです。当時私は小学校の4年生でしたが、毎日毎日ローマ字の練習をさせられた記憶があります。先生に理由を尋ねると、「これから日本の文字はローマ字になるんや」と言われましてね、びっくりした記憶があります。それとの関わりでしょうか、昭和21年（1946）に書道教育が廃止されました。その後、書道家や学校の先生による復活運動が功を奏して、昭和32年（1957）から書道教育が再開されますが、その間に、終戦直後三十数軒あった奈良の墨屋はどんどんと廃業に追い込まれていきました。呉竹にとっても最も大変な時期でした。昭和28年に32年からの書道必修が決まり、教育界はその準備に追われるようになります。

その中で、徳島県の小学校の先生から、磨らずに使える墨を求める声が出てきました。「習字の授業時間は45分しかない、子どもが墨を磨っていたら、その半分の時間を使ってしまう、磨らずに使える墨ができないものか。」墨を磨る時間を節約して、毛筆文字の学習を充実させたい、とのねらいでした。

そこで、私どもは「磨らずに使える墨」の開発に取りかかるわけですが、その前に従来からの固形の墨の造り方を簡単にお話します。

墨の造り方

墨は、煤と膠と若干の香料をよく練り、墨玉をつくり、それを木型に入れてプレスし、木型から出して乾燥させると、硬い墨が出来上がります。

まず、煤ですが、松の木を燃やして採る煤を「松煙」、植物油（主に菜種油）を燃やして採る煤を「油煙」、さらに石油（鉱物油）を燃やして採る煤を「カーボンブラック」と呼びます。最も長い歴史を有しているのが「松煙」で、今から2000年余

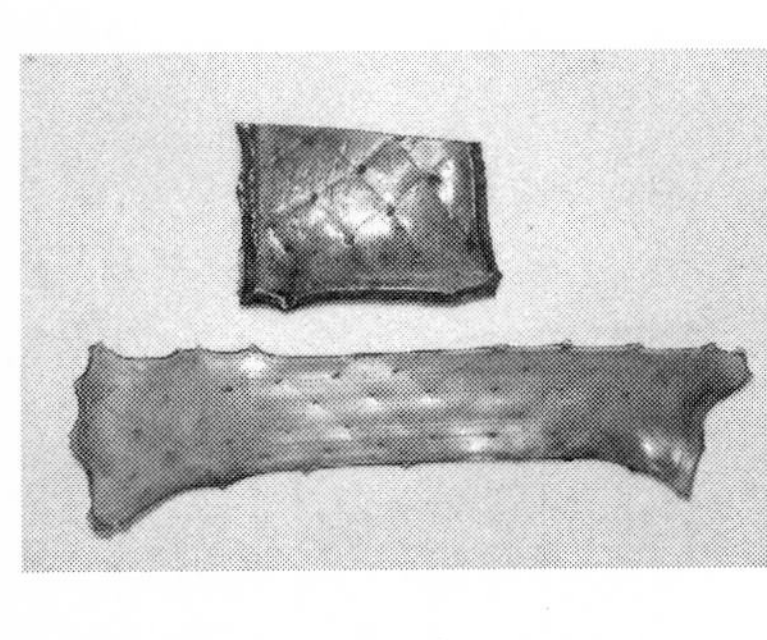

【図1】膠
上 透明度の高い上質の膠
下 濁った質のよくない膠

り前、中国・漢の時代に初めて墨の原料として採取され、今もなお中国では生産されています。我が国では和歌山県田辺市大塔でごくわずかに生産されています。

時代は1000年を経て、中国北宋の時代に、初めて植物油（麻子油）を燃やして煤を採ることが発明されました。明代に入ると油煙の製造法が確立され、以降、油煙を原料とした墨、「油煙墨」が墨の主流となりました。我が国においても、もともと中国から朝鮮半島を経て伝えられた墨の製法にならって松煙墨が造られていましたが、室町時代、明徳・応永（1380－1428）の頃、興福寺二諦坊持仏堂（にたいぼうじぶつどう）で燈明から立ち昇る煤を見て、油煙の製法を思いつき、油煙墨が初めて造られました。これが「南都油煙（なんとゆえん）」と呼ばれる奈良墨のルーツです。この発明がなければ、奈良の伝統産業として、現代まで続いている理由はないと思われます。

「カーボンブラック」は、液体墨が昭和32年に開発されて、大量生産されるようになり、松煙や油煙の生産では間に合わなくなったため、液体墨用に特別に生産された、歴史的にもごく新しい煤です。

次に膠ですが、原料はほぼ90パーセントが牛です。牛の筋、腱、皮、ニベ（皮と肉を結合する組織で、内皮のようなもの）、骨を煮込み、生産します。ニベが膠の原料としては最適で、こればかりを煮込むと、透明度の高い膠ができます。【図1上】骨や内臓が混ざると濁ったものになります。【図1下】このような原料を圧力釜に入れて、70時間以上かけて煮込み、どろどろに溶かします。それをパレットに流し込んで乾燥させると、膠ができあがります。もともとタンパク質ですから、煮込むとかなり臭いがきついのですが、今では精製されて、薬のカプセルや化粧品、サプ

【図2】木型

リメントなどにも多く使われるようになっています。余談ですが、膠の歴史はずいぶん古く、古代エジプトのピラミッドや墓で発見される「棺」にも、接着剤として使われていたようです。紀元前4000年頃にはすでにつくられていたことになります。中国で墨の原料として使われ始めたのは、今から2000年前の漢の時代です。エジプトから1000年くらいの年月を経て中国へ渡ってきたのか、あるいは中国が独自で膠を開発したのか、その経緯は全く分かっていません。なお、膠の前には漆を使っていた時代がありました。

膠は、「湯煎」といって、膠と適量の水が入った容器を直接火にかけるのではなく、熱湯の中につけて温めながら、じっくりと溶かしていきます。そうして出来上がった膠液と煤を、煤「10」に対して膠液「7」の比率で混ぜ合わせ、若干の香料（龍脳）を加えて、徹底して練り込んでいきます。

膠と煤を混ぜて練り合わせるのは墨職人の仕事ですが、これにはかなりの体力が必要です。墨の玉を足で踏み、手で練って、十分に煤とを練り合わせます。そして、木型の大きさに合わせて小さくちぎり、さらによく練って、木型に入れます。成型のための木型はとても精巧にできています。上蓋・下蓋・胴・ちぎりで一組を成していて、組み立て・取り外しができるようになっています。下蓋がぴたっと合うように刻みをつけていて、墨玉を入れて、がっちりとちぎりを差し込んで締めると緩むことはありません【図2】。均質な墨づくりには欠かせない、優れものです。

墨のサイズ（定形）

さて、造られる墨のサイズはさまざまあって、一丁型、二丁型と数えますが、書道家には大きな五丁型（長さ132ミリメートル、75グラム）が好まれ、十丁型（長さ179ミリメートル、150グラム）という、さらに大きな墨が使われることもあります。一方、子どもたちが使うのは一番小さな二丁型（長さ74ミリメートル、15グラム）です。この小さい墨でも、相当の時間をかけて磨らないと、なかなか墨は「おり」ません。墨を硯で磨って墨の液が濃くなり、墨がすり減っていくことを「墨がおりる」と言います。

液体墨の登場

「墨はよく磨っても濃くなるには時間がかかる」ということで、昭和32年に書道が学校で復活するときに、「磨らずに使える墨」が要望されるようになったのです。まず、私どもが試みたのは「練り墨」を造ることでした。練った墨玉を水で薄め、柔らかい練り状にし、歯磨きのようにチューブに詰めてみました。これを水で薄めると墨汁になるはずでしたが、子どもたちには難しかったようで、失敗に終わりました。こうなったら、手間いらずで使える墨にしようと、完全に液体の墨を造りましたら、子どもたちにも大受けで大ヒット商品になりました。これが液体墨の誕生の話です。

液体墨の誕生は、固形の墨の需要をどんどん縮小していくことになってしまいました。小学校の習字で固形の墨が消えると、顧客層はいわゆる書道家の方々に限られますが、墨色を非常に重視されますので、多品種の墨を少量ずつ造っていかなければならない。我々に取っては厳しい仕事ではありましたが、反面、奈良の墨造りの独自性を固めることにもつながったと思います。

今日では書家の皆さんも液体の墨を使われるようになってきており、固形の墨は最早、風前の灯火です。呉竹では、墨の型入れをする職人が6人いましたが、現在はたった2人になってしまいました。墨造りというのは、墨の型入れをする型入れ工、墨を乾燥させる乾燥工、乾燥した墨を製品に仕上げる仕上工、というように分業になっているのですが、墨の生産量が少なくなって、その分業体制を維持することが難しくなってしまいました。今では、墨屋の当主が直々に現場へ入って、墨造りの行程を全部自分でやらざるを得ないような状況になりつつあります。

現在、奈良には十二軒の墨屋がありますが、職人を抱えて墨造りをしているのはたった三軒です。その一軒が古梅園（奈良市椿井町）さんです。

古梅園は、奈良の中で一番古い歴史を持っている墨屋さんのひとつです。天正5年（1577）の創業から今日までずっと墨造りを続けてこられています。もともと味噌屋だった（?）松井道珍さんが墨造りを始め、今では17代続いています。墨屋は代々世襲的に引き継がれてきており、現在のご当主は先代の娘さんですが、後継者にご苦労されているようです。

いまや固形の墨が液体の墨に取って代わられたと申しましたが、墨の始まりを辿れば、もともとは液体だったのです。

墨の歴史

今から3000～3500年前の紀元前1500年頃、中国の「商」(殷とも言う)王朝では、まつりごとを決定するための占いがさかんでした。亀甲や獣骨に文字を彫って(甲骨文字)、そこに木炭汁を流しこんで、火に当てて割れ具合をみる、ということがおこなわれていました。ところが、木炭汁ではうまく骨に定着しないので、漆を混ぜて使うようになった。まあ、今の墨とは違う種類のものですが、一般にはこれが墨の始まりとされています。

なお漆には、煤を親水性にする効果があります。煤というのは微粉末で、水に全く混じりません。漆に混ぜると親水性に変わる。先に触れましたように、この漆は後に膠に代わっていきます。

商の時代で文字を使う人はほんの一部でしたが、周代(B.C.1122～770)になると、文字がどんどん普及していく。より書きやすい文字に改良しようという流れができて、甲骨文字よりも丸味を帯びた金石文字が出来上がりました。金石文字は、甲骨・青銅器・石に刻み込まれるだけでなく、先の尖った竹や木の枝に木炭と漆の混合液をつけて、木片に記録されるようになります。

周が滅びて春秋戦国時代(B.C.770～221)になると、孔子を始めとする思想家たちが大活躍しますが、その思想家たちが自分の考えを著す中で、毛筆が発明されます。

竹を細く薄い短冊状に切って、そこに毛筆で文字を書き込み、その竹冊を糸で簾(すだれ)状に編み繋いで、くるくると巻いて保存しました。本を一巻、二巻、と数えるのはここから来ています。毛筆で、さらに書きやすくするために文字の改良が進み、篆書(てんしょ)が生まれ、さらに隷書(れいしょ)がつくられ、隷書から行・草書が生まれました。このように、甲骨文字から行書の文字まで、文字がどんどん書きやすい形になっていくにつれて文字の普及もすすみ、相俟って筆記具としての筆・墨の需要がぐんと高まっていきました。

後漢の時代（A.D.25～220）に入ると、文字の普及は急速に拡大し、墨の需要も一挙に高まります。それに伴って「松」が原料として用いられるようになります。他の材木は燃やしてもあまり煤が出ませんが、松の木は松脂(まつやに)があるから、一度に大量の煤が採れるのです。

中国・安徽省(あんきしょう)の山の中に煤を採る場所があって、見学に行ったことがあります。小高い丘に土の小屋が一つあって、そこから斜面に沿って土管を這わせてあります。下の方には松の切り株がたくさん積んであって、それをどんどん割り木して細かくして、焚口から着火すると土管の中を炎が走って行って、小屋からもくもくと煙が出始めます。職人さんがバケツを抱えて丘を登り、小屋の上から「ざばーっ」と水をかけて冷ます。ものの一時間ほど燃やすと、火を止めて小屋の中へ入ります。すると、小屋の内側全体に50センチメートルくらい、煤が積もっています。その煤を掃き出して、袋の中に詰め込んで運び出します。

日本でも同じようなやり方で松の煤を採っていました。松の木の生え茂っている

【図3】正倉院宝物・華烟飛龍鳳凰極貞家墨〈複製〉

ところが煤の産地になるので、松の木が少なくなると、あちらこちらと産地が移り変わっていきました。産地として最後まで残っていたのは、和歌山県の大塔村（現：田辺市大塔地区）でした。この松の煤を、墨の材料である「松煙」と言います。松煙は煤としては比較的粒子が粗いサイズなので、松煙で造った墨は光の反射の関係で「青黒色」をしています。

それに対して、「油煙」という煤は均一で、非常に細かい粒子なので、墨の色は茶系の色に偏っていきます。正倉院展などで書をよく見ると、これは赤いなと見えるものと、艶がなくて「がさがさ」した青味の色のものとがあります。赤色の墨は、最上級の煤「貢煙（こうえん）」で造られたものです。貢煙というのは、煤取りをする小屋の中で一番遠くまで飛んで行った細かい煤のことです。ごく少量しか取れなくて、なかなか手に入らない。平城京の中で写経をしたり、あるいは事務を執っていた役人などは、小屋の中で手前に落ちた煤を使った安価な墨しか使えなかったと思います。正倉院展に行っても、「赤い」とか「青い」とか、そんなことばかり気になってしまいます。

正倉院の墨について申しますと、残されている最も大きな墨の一つは、唐の時代のもので、裏面に「開元四年丙辰秋作」と朱書きされ、表面には「華烟飛龍鳳凰極貞家墨」と刻されています。貞さんという墨師が造り、玄宗皇帝から聖武天皇へ贈られたのでしょう。素晴らしい墨です。普通は1000年も経つと反り返るなど変形するはずですが、この墨は寸分の歪みもありません。造った当時のまま保存されています。磨ってみたらどんな色が出るのでしょうね。なお、呉竹は今から50年

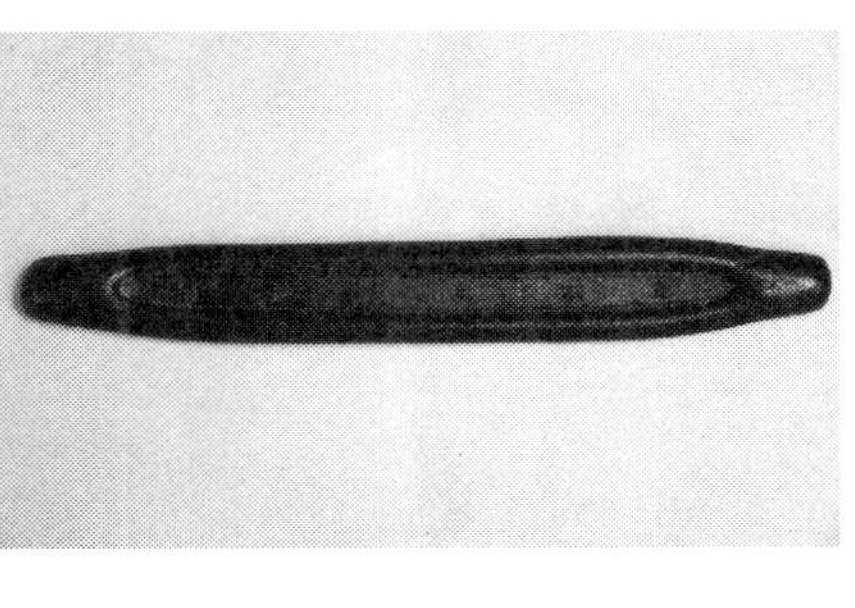

【図4】正倉院宝物・新羅楊家上墨

【図5】八寶靈丹（薬墨）

前、会社の70周年記念のときに、この墨の寸法も中身も全く同じ複製品を造りました【図3】。

正倉院には他にも同じような「舟形の墨」が収められています【図4】。横から見ると船のような形をしていますので、「舟形墨」といいます。新羅から日本に渡ってきた松煙墨です。「新羅楊家上墨」つまり新羅の楊さんが造った上等の墨だと刻されています。

「黒さ」への希求

松煙は2000年前からつくられて、中国では1000年以上使われていたのですが、その過程でもっと「黒い」墨が欲しいという要望が出てきてやみませんでした。それらの要望に応えるべく墨師たちは「黒」くするために、朱の粉や真珠の粉、熊の胃や蛇の肝、紫蘇の汁やトネリコの樹皮など、いろいろなものを混ぜたようですが、残念ながら、煤の青味は全然変わりませんでした。

けれども副産物が生まれました。「八寶靈丹（はっぽうれいたん）」【図5】と言って、これは磨って使う墨ではありません。磨って舐める薬墨です。しばらくは中国人必携の薬で、陀羅尼助（だらにすけ）と同じ作用があります。お腹の調子や胸が悪いときに磨って舐める。この墨はすごく澄み切った青い色が出ます。墨色のサンプルでお持ちした『雪』という字の色に近い【墨跡1】（※本書冒頭のカラー頁参照。以下【墨跡】について同じ）。我々が日ごろ使っている墨は、サンプルの『花』【墨跡2】のような色を出す油煙墨です。

3つのサンプルで墨の色を比較してみたいと思います。『花』は、先ほど申しましたように我々がごく当たり前に使っている「油煙」（後述）という奈良墨を代表する墨の色です。『南』【墨跡3】は、手元に落ちた荒い松の煤で造った墨の標準的な色です。このような青味を持っています。中国でも日本でも、このような松煙墨が中心でした。『雪』は松煙墨よりも青みがかったものが欲しいという要望を受けて、石油から採った煤で造られたものです。粒の荒い煤を使うと綺麗な青色が出てきます。

『花』は普通の油煙の色ですが、黒々しています。それに対して、松煙の墨は最も上等なものでも、『潤』【墨跡4】のように、おとなしい黒になります。一番遠くへ飛んで行った細かい上等な煤でもこの程度なので、当然のように、より黒い墨を求める声が出てきます。中国でも日本でもより黒い墨が求められ、先ほど申しましたように墨屋は様々なものを混ぜて試行錯誤をするのですが、長らく造られることはありませんでした。

ようやく、宋の時代（960～1279）に入って、黒い墨が造られるようになります。この時代は技術革新が目覚ましく、羅針盤や木版印刷、火薬も発明されましたが、「黒い墨」である「油煙墨（ゆえんぼく）」も、この時期に誕生しました。油煙の正体は灯明の煤です。当時は胡麻の油が使われていましたが、火を灯していて、ふと見上げると煤がたまっている。この煤で墨がつくれないかと考えた人がいたんですね。試してみると、なんと、先ほどの『花』ように真っ黒な墨が出来た。それが今から1000年ほど前のことです。

この宋の油煙墨が日本に伝わったのかというと、そうではありません。ここが面白いところなのですが、宋の時代から400年を経た室町時代の日本で、独自に発明されました。興福寺の持仏堂で、灯明から昇る煤を見て、興福寺お抱えの墨師がその煤で墨を造りました。これが奈良の墨である、日本の「油煙墨」の始まりです。その墨が今に至るまでずっと続いているのです。

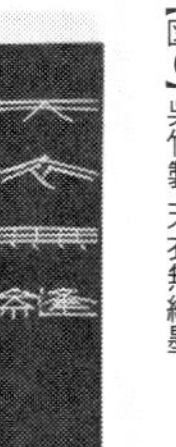
【図6】呉竹製 天衣無縫墨

青い墨と赤い墨

以上のように、墨の色は煤の種類によって決まります。最近は墨の色味に対して、多様な要求が出てくるようになってきました。同じ油煙墨でも『花』と『無』【墨跡5】では、『無』の方が赤味が強いのがおわかりになるでしょうか。専門的に表現すると『花』は「黒々とした黒色」をしていて中級品です。『無』は非常に「上品な黒色」ですが、最上級の煤で造るとこのような墨になります。煤の粒子を比べると、後者は前者の半分くらいの大きさでしょう。もちろんナノ単位の話ですが。

こういう微妙な墨色に対して、書家の先生方からのいろいろな要望が出され、我々はそれに応えるべく研究を重ねることになります。

こちらの『無』は、呉竹のベストセラーの油煙墨【図6】で書いたものです。「天衣無縫」という題字は、日本を代表する書家の宇野雪村（うのせっそん）先生に書いていただきました。同じ青色の系統でも『竹』【墨跡6】と『雪』【墨跡1】とでは、色目が違っています。『竹』はちょっと黒味を帯びた青、『雪』は非常に青い色です。『竹』には細かい煤を使った墨、『雪』には荒い煤を使っています。繰り返しになりますが、墨の色は、煤の粒の特性で様々に変化するのです。

液体墨と固形の墨を比べてみましょう。『書』【墨跡7】は液体の油煙墨で書かれ、『花』は固形の油煙墨を使っています。ほとんど変わりません。前者は「書芸呉竹紫紺」という商品で、書家の方々も使われているベストセラーの液体墨です。250ccで600円です。固形の方は、この大きさ（五丁型、75グラム）のものになると8000円します。固形の墨は造るのに何ヶ月もかかって造るからですが、同じ色が出るのなら、安価な液体墨で良いじゃないかとなります。さらに、固形の墨は磨る手間も要る。機械で磨れる「墨磨り器」をつくれ、と言われてつくったこともありますが、結局はやはり液体墨の方が便利だということになりました。

液体墨で良いとなると、書家の方は、作品の制作意図に合わせて墨色を選択されるので、液体でもっと黒い墨を造って欲しいとの声が出てきます。それに応えたのが「書芸呉竹　純黒」【墨跡8】です。同じ「書芸呉竹」という液体の油煙墨でも、かなり色が違っています【墨跡9】。液体墨でここまでできるようになると、どうしても固形の墨はどんどん先細りになっていかざるをえません。安価で、かつ磨る手間が要らないのですから、液体墨の方が良いということになる。墨屋としては複雑な心境です。ベストセラーの固形墨「天衣無縫」【墨跡5】が非常にいい墨色だということで、書家の方々からこれと同じ色の液体墨を造って欲しいと言われました。それで造ったのですが【墨跡10】、二つを比べてみると、濃い墨色は液体墨の方が生々しく、固形墨は「丸」い。同じ墨色というわけにはいきませんが、許容の範囲ということで使っていただいています。おかげで、ますます固形墨が売れなくなってしまいました。液体墨の色を固形墨に近づけようと追究をしていくと、固形墨の墨造りからどんどん遠ざかっていくような気がしています。

液体墨へのニーズが高まる一方、水墨画を描かれる方々は、このような古い墨【墨跡12】が欲しいとおっしゃる。これは１０００年ほど前の宋の時代の「李廷珪（りていけい）」が造った墨です。古い墨は、筆の走った線と滲みとがはっきりと分かれて、立体感が出ます。500年前の油煙墨の書【墨跡13】と現在の油煙墨【墨跡２】の書を比べると、現在のものは500年前のものほど鮮明には分かれていません。

横山大観（よこやまたいかん）は、500年を経た墨しか使わないという話を聞いたことがありますし、書画家の榊莫山（さかきばくざん）さんも古い墨をよく使っておられました。

こう言うと驚かれるかもしれませんが、先ほどの１０００年前の墨は、まだ「生きて」います。煤は永久不変ですが、膠が枯れてしまうと使えなくなる。大きな煤に小さな煤が吸い寄せられて凝集してしまい、全く滲みが出ません。そうなった墨は「死墨」とよばれます【墨跡14】。この死墨は清の時代ですから350年か400年くらいの前のもので、油煙墨です。今も生き続けている１０００年前の墨は松煙墨です。松煙でも、一番上等の煤を使い十分に練られて造られているので残ったのだろうと思います。

明代№２の墨屋と言われる方于魯（ほううろ）の墨「御墨（ぎょぼく）」で書いたものがあります【墨跡13】。造られてから500年は優に経っている墨ですが、生きています。明代の初期に一世を

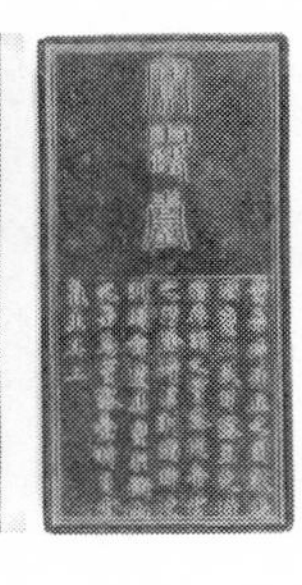

【図7】明　羅小華　墨

です。

風靡した「羅小華（らしょうか）」の墨【図7】が残っていますが、朽ちることなく、すばらしい墨

　良い墨には漆で上塗りされています。漆によって膠が朽ちることが緩やかになり、墨は死にません。呉竹の墨には、全く漆がかかっていません。明代の羅小華の墨の方が艶々しています。これには「刷り塗り」という独特の漆のかけ方がされています。漆の液を布に浸して刷り込んでいくわけです。3回、4回塗り重ねていくと、薄く薄く漆の層が貼り付けられたようになります。この羅小華の墨は非常に貴重な墨です。我ながらよく入手できたものだと思います。貴重なので磨ったことがありませんが、おそらく方于魯の「御墨」のような色が出てくると思います。

　中国と日本の墨では、第一に製造方法に大きな違いがあります。日本の墨は手で練りますが、中国では重い鉄の槌でドン、ドンと墨の玉を打っていきます。そうすると中身が稠密に詰まった墨になって、出来上がりは綺麗ですが、膠が寸断されて弱ってしまい、日光の当たるところへ置いておくと1時間もすれば、粉々に割れてしまうことがよくあります。

　もう一つの違いは、膠の質です。中国では山羊や鹿、あるいは魚から膠を採ります。魚の場合は鱗や浮き袋、頭を時間をかけて煮ます。いわゆる「煮こごり」をつくります。牛の膠に比べると、魚の場合は接着力が圧倒的に弱いので、墨が割れやすい原因になっています。なお、膠についてもう少し補足しますと、接着力の弱い魚の膠で墨を造ると、作品の表具をするときに墨が水に流れてしまいます。

　和紙に書かれた書の作品は、そのままだと皺だらけになってしまう。それで、いっ

【図8】曹素功製古隃麋

【図9】清代 御墨 御製耕織図墨

【図10】老抗水巌 端渓硯

たん水で濡らして、綺麗に刷毛ではいてまっすぐに伸ばし、その上からもう一枚和紙を貼って形を整えます。表具で流れない膠のブレンドが墨造りには大切な要素です。

「曹素功」という中国の墨屋さんの墨には、真珠の粒が入っています【図8】。最高級品を示しています。50、60年前に造られた墨だと思います。また、皇帝に献上された上等な墨も苦労して入手しました【図9】。

墨の持つ本来の墨色を発揮させるには、硯の材質が大切です。中国の硯では「端渓」（中国広東省肇慶市の南東）の硯が一番良質で、これがその端渓の硯です。【図10】その他に「羅紋」や「歙州」（南京の南200キロメートル）も有名です。端渓の中でも、「老坑」の「水巌」が最良とされています。一番古い時代の掘削坑で、地下水が流れているところの石ということですが、さすがにすごい硯で、墨が「すーっ」と吸い付くような感じがします。硯の善し悪しは、硯面に水を1、2滴垂らし、中指の平で手前から向こうに軽く押すように撫でると分かります。滑らかながらも、「クックッ」と引っかかりのあるものが良い硯です。この硯はまさにそのような感覚がありますが、こういう硯は滅多にお目にかかりません。

この端渓硯は、上海の「朶雲軒」という骨董屋で買ったものです。奥の部屋に唐代の石でできた良質な硯が並んでいました。広東省肇慶市の郊外に斧柯山という、山全体が端渓石でできている山があって、その山のどの部分から採れる石かによって、石の質が全く異なります。骨董屋に並んでいたのは、最初期に掘り出された石でつくられた硯だったのでしょう。これを大切に伝承してきた中国の人たちの文化意識は、相当高かったと思います。

【図11】春日大社 金巻墨 古梅園製

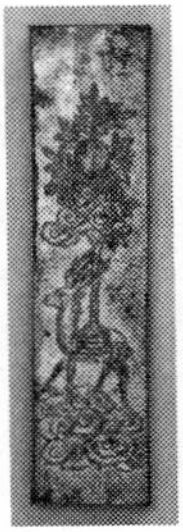

【図12】江戸時代 南都油煙（みやげ墨）

奈良の墨

さて、奈良の墨を見てみましょう。この墨は古梅園が春日大社に納めていた墨で、新しいものです。【図11】こちらは江戸時代に土産物として売られていた「南都油煙」です。【図12】土産物といっても金で巻いてあるので、それなりの値段はしていたのでしょうが、残念ながら磨ってみると、がさがさで荒っぽい。江戸時代のものなので300年弱しか経っていませんが、半分死にかけています。保管の問題よりも、おそらく質が悪いのでしょう。粗製濫造ですね。江戸時代の奈良の墨というのは、奈良土産の筆頭でした。値も手頃でかさばらないので、奈良詣には「南都油煙」を買って帰る。そういう墨なので上等とは思えません。

江戸時代には、奈良に対抗する墨が紀州（現・和歌山県海南市藤白）で造られました。もともとは松煙の生産地で、煤を奈良に供給していたのですが、紀州出身の徳川吉宗が紀州の経済を盛り立てようと墨造りを進めました。その墨を「藤白墨（ふじしろすみ）」といいます。吉宗が幕府御用墨として援助したことで一世を風靡し、独占的であった奈良の墨は窮地に立たされますが、なんとかナンバーワンの地位を保ち続けました。墨色を見てみると、非常に黒々としています。【墨跡15】【墨跡16】とはいえ、同じ藤白墨でもやはり煤の採り方によって色味に違いがでてくる。【墨跡15】は赤いけれど、がさついた変な墨色をしています。

ただ、奈良の墨も偉そうなことは言えない。大正2年（1913）から昭和10年（1935）くらいまでが奈良の墨の最隆盛期でしたが、大正2年の墨がこれです。【墨跡17】当時の墨は、半分死にかけています。これは昭和2年（1927）の墨【墨跡18】ですが、まだ100年も経っていないのに同様の状態です。

このような日本の墨と、350年前の清の油煙墨とを見比べてみると【墨跡19】、はるかに清の時代の墨が「生きて」いて、日本墨は「死に」かけています。逆なら納得できるのですが、これが墨の黄金時代の中国と当時の日本の墨の現実です。墨造りのやり方や原料、何もかもが違っています。もちろん、中国の墨がすべてこのような素晴らしい墨だったとは思いません。今日残っている墨は、ほどんどが宮廷に献上された極上の墨でしょう。それにしても、これだけの差を見せつけられると、我々はもっと勉強しないといけないと思います。

江戸時代にも、中国の墨造りの技術を学んだ人がいました。古梅園六代目の松井元泰（まついげんたい）は、わざわざ長崎から中国（明）へ渡り、墨造りを勉強して帰ってきました。それを受け継いだ七代目の元彙（げんい）は、「紅花墨（こうかぼく）」を造りました。表面は「ぴかぴか」光っていますが、重要なことは「紅（べに）」を入れたことです。抜群の墨色で、古梅園が一世を風靡する墨になりました。古梅園は真摯に中国（明）の墨を勉強されました。

墨の将来

これから奈良の墨はどうなっていくのか。今や固形墨は液体墨に取って代わられました。いつの日か「かつて奈良には、墨屋さんがあった」と言われかねないと危惧しています。

日本の文字がある限り、字を書くという所作は決してなくなりません。字を書く以上、綺麗に書きたいという気持ちもなくなるものではありません。それを芸術的に高めると「書道」ということですから、書道もなくなることはありません。だから、その道具である筆や墨も必ず残っていくでしょう。ただ、そのとき用いられる墨は、伝統的な固形の墨なのか、液体墨なのか、あるいはもっと新しい墨が生まれているかもしれない。液体墨はそのまま使える非常に便利なものですから、それに取って代わるものはまずないだろうと思うのですが、あるいはインスタントコーヒーのように、粉末の墨を袋から出して、さっと水で溶いて使う墨へのニーズが出てくるかもしれません。

中国では、漢字がどんどん変容して、簡易文字になってしまいました。漢字はもともと象形文字ですから、一つ一つに意味がありましたが、中国の今の漢字は、平仮名やカタカナのように意味を持たない文字に変わってしまいました。あの簡易文字は我々も全然読めませんね。日本と台湾では、漢字の文字文化は確実に残っていくでしょう。その文字文化とともに、墨も何らかの形で残っていくと思います。

墨の話をすると際限なく喋り続けてしまいます。これ位で終わりとします。ありがとうございました。

【ディスカッション】

（参加者）
綿谷　正之（元㈱呉竹会長、元学校法人白藤学園理事長）
岡本　彰夫（神主、奈良県立大学客員教授〔※「近世奈良を語る会」主査〕）
岩坂　七雄（奈良市教育委員会事務局教育部文化財課主幹）
浦西　勉（元龍谷大学文学部教授）
寺岡　伸悟（奈良女子大学大和・紀伊半島学研究所長）
山上　豊（奈良大学文学部非常勤講師）
中島　敬介（奈良県立大学ユーラシア研究センター特任准教授）

技術と人の問題

岡本：中国では文化大革命で伝統的な技術が否定されましたが、やはり墨職人もいなくなったのでしょうか。

綿谷：そうですね。古いもの一切が破壊されたようですから、墨職人もいなくなりました。「胡開文（こかいぶん）」を始め墨屋が集結していた中国安徽省屯渓（とんけい）が全滅してしまいました。文化大革命が終わり、国の施策によって「胡開文」と「曹素功」が合併し、国立の企業となりましたが、職人がいなくなってしまったため、残念ながら、今の墨は見よう見まねで造られているように思います。

かつては奈良の墨屋も中国まで技術を学びに行きましたが、一所懸命に勉強しても追いつかないほど立派な墨を造っていました。型入れもそうですが、彩色の出来栄えにも驚きます。これほど見事に彩色できる人は日本はいないでしょう。かつての中国の職人さんは、一人一人が、中国の伝統文化をしっかりと守る気持ちで仕事をしていたのでしょうね。

墨に限らず、中国の工芸品は、どうやってつくるのか想像もつかないものがいっぱいあります。象牙天球などは一塊の象牙から十数層の玉をくり抜いている。大きな球の中に小さな球が入っていて、全部が動く。精巧な彫りがなされた見事な造りです。それも一時期、彫れる職人がいなくなって、壊滅状態になりました。今はなんとか復活しているようですが、当時の技術と今のものでは比べものになりません。景徳鎮の焼物も同様です。景徳鎮の特殊工芸品に「薄胎(はくたい)」という焼物がありますが、その厚みは紙コップ並の薄さです。そういうものは、技術の伝承、集積があってのことですから、今はもうつくれないでしょうね。

中国の歴史は、ある意味で「破壊」を感じさせます。王朝が変わり、それにつれて民族も変わって、前時代に培われた文化や生活様式が大事にされなくなってしまいます。南京には、明の初代皇帝の朱元璋(しゅげんしょう)が都をつくったときの建物が破壊されて残っています。650年ほど前のものでしょうが、ぐちゃぐちゃに壊されて放置されています。文化大革命というのは、そのような中国の「破壊」の歴史の集大成のように映ります。

岡本：そうなると、今や日本の墨造りは、世界の最高レベルということですな。

綿谷：そう思いますね。韓国の墨造りはあまり良くないようですしね。ことに奈良には様々な工芸があり、世界に出したら驚かれるでしょう。指物師・坂本曲斎（さかもときょくさい）さんの木工芸なんて、世界で同じようにできる人は、まずいないでしょう。奈良の優れた技術はしっかり伝承されています。

ところが、その技術の伝承が危ぶまれています。奈良における伝承のかたちは、個人から個人です。京都のように組織という支え合う仕組みの中で、深く広く伝承されるということがありません。昔は、奈良でも墨の世界は煤屋、膠屋、木型職人、型入れ職人というような分業体制でやってきた。だから残ってきたのです。残念なことに、今やそのような伝統的な墨造りが非常に難しくなっています。筆も伝統工芸師と呼ばれている人が何人かおられますが、今や奈良の筆も広島の熊野でつくっている筆が大半ですから、果たして「奈良の筆」と言えるかどうか。正倉院の宝物をつくり上げてきた卓越した技術のうち、これから先、何が残っていくだろうかと寂しい思いがします。

「伝承」に関わる最大の問題は、それだけでは生活が成り立たないことです。伝統的な方法で固形の墨を造るのと液体墨を造るのとでは、先に申し上げたとおり、コスト面で比較にもならない。液体墨は、ほぼ完全に設備産業です。大きな容器に原料を「どばっ」と入れると、一度に何トンもの液体墨が出来る。固形墨がソフト産業なら、液体墨はハード産業というほど

【図13】呉竹100周年記念墨「寿」

全く違う分野の産業になっています。行政が補助金を出して、伝統技術の伝承を支援するのは重要ですが、民間に任せきりでは、たぶん技術は途絶えてしまうでしょう。もう一歩行政自体が文化の世界の中に踏み込んで、職人たちの生活を支えて技術を伝承させる仕組みをつくることが、今後は大事なことになると思います。

意匠と造形

綿谷：何年か前に正倉院展で正倉院の墨を見たときに、1300年前の墨はこういうものだったのか」と初めて納得しました。墨に縁のない人々は、「変わった形の墨だなあ」で終わるかもしれませんが、墨屋の目で見ると「どうしてこんな形の墨にしたんだろう」とか様々な見方をします。舟形の墨は、円柱状にした墨玉に文字を彫り込んだ木板を「ぎゅっ」と押しつけると、押しつけられた部分は横に挟み出るように広がり、舟形状の墨になります。また、2枚1組の皿状に削り込んだ木板に墨玉を挟み込むと、平たい皿形の墨が出来上がります。宋代の「當朝一品」という墨がそうです。今の墨のように木型に入れて墨を成型するようになったのは、明の時代からです。

木型の文字や図柄を彫るのも大変な仕事で、全て手で彫っています。呉竹では、優れた彫りをしてくれる「型師」を一人育てました。彼が彫った木型で造った墨が、この呉竹100年記念の墨です。【図13】「寿」いう字が100種類彫られています。墨の形を整えたり、精巧な文字や図柄を彫刻して墨の工芸価値を高めるのも、型師の技術なんですね。

中国清代につくられた「御製耕織図書」ですが、この墨には8×2センチメートルの墨の表面に、わずか2ミリメートルほどの文字がびっしりと彫り込まれています【図9（前出）】。この彫刻の技術は大したもので、まず日本ではつくれません。

一同：うわー、すごいですね。

【図14】韓国製墨 5.0丁型

膠と木型

綿谷：この墨は韓国のものですが（【図14】）、磨するとものすごく臭い。

浦西：膠の匂いですか？

綿谷：良い膠を使ってないので、乾燥途中で腐ってしまったんだと思います。

浦西：これはいつ頃の墨ですか？

綿谷：おそらく30年前くらいでしょう。韓国では墨を造っているところは、もうないのではないかと思います。

寺岡：書道はやっているようですけれども。

綿谷：墨は全て液体墨です。墨運堂（ぼくうんどう）さん（奈良市）が韓国に「韓国墨運堂」という工場をつくって、液体墨を造っておられます。韓国は墨運堂さんの墨ばかりです。

これが初めて奈良で造られた油煙墨で、「二諦坊古式」というものです(215頁参照)。朝鮮国の墨師である李さんの型を用いて造ったので、「李家烟(りかえん)」と書いてあります。形が「ぼてっ」としているのは、墨玉の水分を吸収しない鉄型だからです。水分を吸わないと型出し作業がはかどらず、仕上がりもあまり良くありません。木型だと墨玉の水分をある程度吸い取ってくれます。木型はナシの木を用います。私が墨の勉強のために墨造りをしたときに、「二諦坊古式」の墨の型を木型でつくってもらい、墨を造りました。

岡本：ナシの木ですか。

綿谷：はい。サクラやクスノキなども木型に使われたこともありましたが、つまるところ、目が詰まっていて硬く、長持ちし、加工や彫刻のしやすいナシの木が残りました。とにかく彫刻刀が入りやすい。そのくせに固くて、水分を含んでも変形しない。ただ、山の中に生えている天然のナシの木じゃないとだめです。飛騨高山の材木商に、ナシの木が出てきたら取って置いてもらう。「中ががらんどうかもしれませんが、大きな木です。300万円です。」というような連絡が入ると、ひとまず買っておく。中ががらんどうの木はいっぱいあるのですが、それでも20～30センチメートル程度の厚みの板は採れるので、そこだけを綺麗に剥ぎ取って、10年ほど乾燥させます。そうすると拍子木に使えるような乾燥した良い材になります。そうしてつくったナシの木の板は、「型倉」に何千と並べてあります。もう50年も置かれている木も含まれていると思います。

注1．天保7年（1837）、京都生まれの日本画家。国学や儒学、仏典を学び、勤皇派の志士と交わる。明治以後は神社の宮司を勤めた。絵は特に師につかず、大和絵や中期以降中国文人画の手法を学び、国内各地を旅行して独自の画境を形成した

鉄斎の墨

岡本：前に、富岡鉄斎（とみおかてっさい）（注1）が中国で造らせた墨が最高だと仰っていた、あの話をお聞かせ願えますでしょうか。

綿谷：富岡鉄斎は明治時代に水墨画の作品をずいぶんと遺された文人です。その作品は、美しい滲みを活かした作品が多い。これは墨と紙との絶妙な調和から生まれます。中国の紙は、太くて長い繊維から出来ていて、全然滲みが出ない厚い紙でした。和紙も楮（こうぞ）やミツマタを晒してつくっていますが、紙としては非常に強いが、滲みが出ない。中国で水墨画家の中から、滲みが出る紙が欲しい、墨色が綺麗に出る紙が欲しい、という声が大きくなってきました。そこで、中国安徽省の紙屋が、今まで使ったことのなかった竹を使って、薄口の紙をつくってみた。竹を細かくして水に晒し、細かい繊維だけを使い、若干のワラの繊維を加えて漉き、薄い紙にしたのです。そうすると、美しい滲みが出る紙が出来上がって、中国の紙の市場では、今までの紙に取って代わるほどの勢いで、一挙に普及していきました。富岡鉄斎は、その紙に飛びつき、独特の作風をつくり出しました。

　そうすると、その紙に合う墨を求めるようになって、造られたのが曹素功の「鉄斎墨（てっさいぼく）」なんです。これは紙にぴたっと合って、非常に美しい滲みを残します。今までの墨と何が違うのかというと、和墨は煤：膠を10：6の割合で作るところを、この墨は10：12の割合で造られています。中途半端

な濃さにすると「ぼてっ」とした墨色になってしまうという欠点があるのですが、濃・淡を上手く使いこなすと、綺麗な墨色が出ます。こうして、富岡鉄斎は曹素功で墨を造らせるようになりました。曹素功と胡開文のうちどちらに造らせるかを吟味した時期もあったようですが、最終的に曹素功に決めました。

岡本：それは油煙墨ですか？　松煙墨？

綿谷：油煙墨です。鉄斎墨を持ってきたら良かったですね。最高級の油煙の桐煙を使用しています。

岡本：それは「鉄斎墨」と書いてあるんですか？

綿谷：はい。鉄斎の揮毫で「鉄斎翁書画寶墨」と書いてあります。裏側には鉄斎が書いた花の絵が彫られています。鉄斎専用の墨でしたが、鉄斎の死後、一般に販売され、今でも造られています。

岡本：一日水浸けていてもふやけないというのは、その墨でしたっけ？

綿谷：いいえ。それは先ほどお話した、中国明代の「羅小華」という墨師の墨です。側面に「小華山人（しょうかさんじん）」と書いてあります。昔、金の値段と同じだと言われたくらいの墨です。実際には、一晩も水に浸かっていれば、水分を吸ってふやけてしまうでしょうが、使い物にならなくなることはないとされる墨です。日本の墨だと膠が水分を含んで、腫れたようになり、崩れます。羅小華の墨がどうしてそうならないのかは分かりません。

岡本：というのは、やはり膠がいいのでしょうか？

綿谷：そうだとは思いますが、それだけだとは言い切れないと思います。たぶん、表面を漆を刷り塗りしているからでしょうか。

墨の材料――油煙の煤

綿谷：黒い墨を造るために生まれたのが油煙ですが、ナノ単位の微粉の煤なので、墨玉を練っていると「ぶわっ」と舞って、そこら中真っ黒になる。けれども、体に悪いかいうと、そんなことはありません。不思議なことに、この煤の粉末を吸っていても肺は綺麗で、塵肺はありません。ただ、煤のアレルギーが出ることがあります。

岡本：煤のアレルギーがあるんですか。初めて聞きました。それは治しようがあるんですか？

綿谷：ありません。墨造りの現場から離れるしかない。

山上：基本的なことですみませんが、油煙の原料はもともと菜種の油ということでしたか。

綿谷：最初は胡麻の油でした。豊臣秀吉の時代に日明貿易で、菜種が初めて日本に入ってきました。それで一挙に菜種の油で油煙をつくるようになった。当時菜種が一番安かったんだと思います。それが現在まで続いていて、油煙の主な原料は菜種の油です。植物の油なら、どの油でも油煙はできます。胡麻、椿、桐の油でもつくられています。

桐の油は非常に綺麗な色が出ます。中国でも、鉄斎墨など桐の油で油煙をつくっていますが、桐の油は発火点が低くて恐い。すぐに火が出て、あっという間に広がってしまいすので、私どもは使っていません。これまで呉竹は5度ほど火事を出しています。古梅園さんも10度くらい火事になったらしい。煤が飛んでいって溜まっていって、それにぽっと火が点いても全然気が付かない。カイロの灰みたいに下の方でじわじわーっと燃えていって、その先に可燃性の物があると、「ボッ」と火が出る。火の気については最大限の注意をしないといけません。

岡本：油によって、墨色は全く異なるのですか。

綿谷：はい。椿の油のものは黒いです。桐は、それはそれは綺麗な澄み切った茶紫色です。最高の墨の色は「紫紺（しこん）」と言います。これは桐の墨の墨色です。

岡本：胡麻と菜種でも違いますか。

綿谷：菜種の方が透明感がありますね。胡麻はちょっと濁りがある。椿は黒いが赤味があります。みなさんが見ると、みんな同じような黒色に見えるかもしれませんが。例えば、これは青色の墨で、全然艶がない【墨跡9】。それに対して、この固形の油煙墨は艶がある【墨跡2】。粒子の大きさの違いです。松煙の墨【墨跡4】と油煙の墨【墨跡10】とを見比べていただきましたら、松煙の墨は非常におとなしい黒で、油煙の墨は黒々としています。写真ではわからないでしょうね。

岡本：写真ではわかりにくいですか。

綿谷：ええ。肉眼で見てわかりますね。

浦西：現在も松煙を採っているところはあるのでしょうか。

綿谷：和歌山県田辺市の大塔地区にあります。堀池雅夫という方が、脱サラをして一人で造っておられます。誰も守ってくれないから、松煙は自分で守ると言って始められました。ところが、最近では松煙の墨は全然売れない。鮮明な墨色が求められているからです。【墨跡8】と【墨跡11】とを比べるとわかりますように、松煙の墨は鮮明ではありません。最近の展覧会は、大きな作品が多いんです。そうすると、松煙墨で書いたものは、ぼけたような作品になってしまう。水墨画の世界には、まだ松煙も残っていますが、文字の世界にはほとんど残っていないのではないでしょうか。なお、奈良時代は和豆賀(京都府和束町)が松煙の産地でしたが、平安時代に入ると産地は、滋賀県近江八幡市の武佐(むさ)、兵庫県丹波市の柏原(かいばら)、播磨、淡路島、太宰府など各地に広がっていき、そこで墨造りが始まります。播磨では煤を租税として納めていたようです。

平城京の時代の墨

綿谷：平城京の図書寮(ずしょりょう)には墨師が4人いて、年間400丁の墨を造っていたという記録があります。おそらくあまり良質でない墨だとは思いますが、これでは足りず、朝鮮や中国から入ってくる墨なども使われていたのでしょうね。

身分の高い人たちは、【図4】のような墨を使っていたのではないかと思います。

平城宮跡から奈良時代の仕事机が出土しています。まだ石の硯はなく、大半は土器（かわらけ）の硯を使っていました。筆にしても、偉い人が竹筒の筆を使っていただけで、役人は木の枝に獣の毛を巻いて使うくらいのものだったと思います。今の面相筆（日本画で眉毛や鼻の輪郭など描くのに用いる、穂先が非常に細く長い絵筆）のような形でしょうか。位の高い人たちが使う、正倉院に残されているような筆であっても、見た目は太い筆ですが、獣の毛は節約されていて、筆の軸の真ん中に和紙を三角形に巻いて、その和紙の周りに毛を植え付けて留めていくというようなつくり方になっています。筆先の五ミリメートルくらいのところに墨をつけて書くくらいの筆だった。先のよくきく筆ではありますが、あれだけ綺麗な文字がよく書けたなと思いますね。

朱墨

岡本：朱墨のことをお聞かせ願いたいのですが。朱墨は奈良市の木下照僊堂（しょうせんどう）さんがやってはりますね。朱墨は、元々はあまり造ってなかったのでしょうか。

綿谷：朱が解禁されたのは明治5年（1872）くらいからで、それまでは高貴な方しか使えないという規制がありました。ですから、一般庶民の世界には朱墨というものはなかったのです。それが解禁されて、初めて木下照僊堂さんが朱墨を作り、広まっていきました。それ以前、役人たちが使う物は、宮廷で誰かが造っていたのでしょう。印を押すのも印肉があったわけではなく、天然の銀朱を粉末にして溶かし、それを筆で印に塗って押すというようなやり方だったと思います。今の印肉は艾に朱を染ませてつくっていますが、それを一般の人が使うようになったのは、明治以降です。それまで一般の人の印は、墨の黒色です。

岡本：朱墨屋さんは、全国でも珍しいわけですね。

綿谷：そうですね、奈良だと木下さんを含めて二軒。そのうちの一軒は私の自宅のすぐ近くにありましたが、今はもう店を閉めておられます。もう少し遡っていくと、数軒あったとは思いますが。先日、木下さんに会ったときに「朱はどう」と聞くと、「あきませんわ」って言ってました。朱で墨を造るというのは、これ厄介でしてねえ。

岡本：厄介なんですか。

綿谷：墨を造ることよりも遙かに厄介なんです。というのは、朱の粉末は「ぼそぼそ」なんですよ。

岡本：鉱物ですもんね。

綿谷：朱の粉末と膠を混ぜて玉にして木型に入れても、粉が荒いので、真ん中でぽろっと割れたり、形が崩れてしまうようなことが頻繁にある。だからといって、柔らかく練ってしまうと型出しが出来なくなる。その加減がものすごく難しいらしいです。木型に綺麗に入れてしまっても、へばりついて出せなくなってしまう。そのためか、朱墨は角が丸いぼてっとしたものが多いですね。

墨独特の匂い

岡本：奈良の墨屋さんは、膠をどこで調達して、どういうふうに進化させたんですか。

綿谷：膠は特別な匂いがしますすし、動物を扱うということで膠づくりは特殊な職業でした。その職業を担っていた人々が一つの集落をつくって、膠をつくっていました。産地としては、播磨地域ですが、奈良市では南部地域でつくられていました。精製段階の一番はじめのものが墨の原料になるのですが、それが最も臭うので、最後まで残った膠屋さんは、墨屋が使う膠をつくってくれなくなってしまいました。

〝Nゼラチン〟（大阪市）は、膠から精製して化粧品や薬、サプリメントの原料に至るまで、様々なものをつくっておられます。カメラのフィルムにも膠が薄く塗付されていますが、その膠を薄く引き延ばす技術を誇っていたのが〝Fフイルム〟（東京都）です。デジタルカメラの普及でフィルムがだめになり、〝Fフイルム〟は今ではその技術を活かして、多方面の商品展開をしています。

奈良の膠屋さんは大きな資本ではないので、臭いを処理する設備が整えられず、廃業に追い込まれました。今では、墨の膠のほとんどは播磨地域から供給してもらっています。日本画で使う透明度の高い膠で、「三千本（さんぜんぼん）」という長さ30センチメートルほどの棒状の膠がありますが、このような固形の膠は特別な膠屋でないとつくらなくなってしまい、多くは粉末の膠になってしまっています。

岡本：墨に香料を入れはるのは、臭い対策ですな。香料はどんなもん入れはるんですか？

綿谷：龍脳木（りゅうのう）というクスノキ科の植物です。インドネシアや東南アジアで採れる木です。この木を切り倒してそのまま放っておきますと、香料の油分が木の幹の真ん中の方に集まっていきます。松の木も同じで、この方法で松脂を採ることができます。真ん中に集まった油分を搾り採って精製すると、ナフタリンみたいな匂いのする結晶が出来上がってきます。龍脳の匂いは、タンスの中に入っているナフタリンとほぼ同じ匂いです。

ナフタリンは石油から採ったものなので、よく燃えます。煤も松脂に負けないくらい出るし、おまけに真っ黒です。これ【墨跡8】は、ナフタリンから採った煤で造った墨で書いたものです。

岡本：それが「カーボンブラック」ですか。

綿谷：ナフタリンから採った煤は、「改良煙」と呼んでいます。カーボンブラックは、石油を真空の空間に噴霧して、そこへ瞬間的に高温をかけてつくります。

「ボンッ」と爆発して、「ばらばら」落ちてくる。このカーボンブラックが一番たくさん使われてるのがタイヤです。摩擦に強いのでゴムに混ぜ込まれます。カーボン単体で、多く使われているのは印刷機のトナー、黒のペンキ、印刷用インキ。この3つが筆頭だと思います。昔は、松脂のカーボンが新聞の印刷インキにも使われていました。昔の新聞は鼻にツーンとくるような匂いがしましたでしょ。松脂の匂いです。松脂の匂いは煤になっても残ります。

岡本：墨にはカーボンブラックはお使いになりませんか？

綿谷：使います。習字で使う液体墨は、カーボンブラックを使っています。油煙を採っていては、とてもじゃないけど、採算がとれません。墨用のカーボンは〝M化学〟で採ってもらっています。日本ではただ一つのカーボンをつくる会社で、カーボンの世界的メーカーです。ドイツにも優秀なカーボン屋さんがありまして、青くて粒の大きな煤をつくっています。その煤で造った墨がこれです【墨跡6】。この煤は主に耐摩耗剤として使われるようです。煤やカーボンの使い道は、ずいぶん広がっています。

液体墨の特徴

中島：液体の墨は、固形の墨を磨り下ろしてボトルに詰めてるわけじゃないというお話でした。決定的な製法の違いは何ですか。

綿谷：原料はほぼ同じです。固形墨の方が固く練るので、水の量は少ない。もう一つは、煤は水より比重が大きいので、液体墨の場合はそのまま放置すると煤が沈降してしまいます。ですから、液体墨は沈降防止加工をおこないます。「ぽん」と置いて、1年間経ってもそのままの状態で使えるような墨を目指しました。開発当初は、煤が沈降し、墨が上澄み液みたいになってしまいました。カーボンの粒子をできるだけ細かくしようと研究をしました。煤には大きな粒から小さな粒まで混在していますから、沈降を防ぐには粒子を均一にしなければなりません。そのために人工的にその粒子を潰していきます。

どうやって潰すかといいますと、一つの方法は大きな器の中にパチンコ玉のようなステンレスボールを目いっぱいまで入れて、そこに粗練りした墨の液を放り込んで掻き混ぜるんです。すると、そのパチンコ玉の間を通っていく間に、カーボンの粒子が均一になります。もう一つの方法は、大口径の3本のロールを「ぴったり」とくっつけて回転させ、固練りした墨の玉を放り込んでいく。そうすると、ロールとロールの間を通るときに、墨の粒子が潰されてどんどん小さく均一になっていきます。カーボンは非常に固い。ロールの一番外側には超硬金属を厚さ約5ミリメートルで貼ってあるのですが、それが1年で約2ミリメートルも削られてしまいます。こういう工程で、ようやく液体墨が出来上がるのです。

ところが、煤の粒子を均一にすると、なぜか書いた文字の跡が「生々しく」

黒々と目に入ってきます【墨跡８】。一方、固形墨の方は「まったり」した黒さです。【墨跡５】

磨った墨の液を暑い時期に置いておくと、一日経ったら腐ってしまい、鼻が曲がるほどの臭気を発します。液体墨にも膠を使っているものも多くありますので、防腐剤を入れるのですが、防腐剤もまた墨色に影響を与えます。

中島：技術的には、粒子の荒い青味の出る液体墨もできるんですか？

綿谷：できます。ドイツから輸入している青味の強い煤をベースにして、他の煤をブレンドして墨の色を決めて、青味の出る液体墨ができます。

呉竹の固形墨だけでも、トータルすると900品目ぐらいはあります。それは、書道家の先生から墨色に対する要望がどんどん出てきて、その要望を受けて造っていきますと、どんどん種類が増えていきます。基本的にはカタログで商品紹介をしていますが、それ以外に少量つくる墨が山ほどある。それを受けないと、カタログの定番商品だけでは墨屋としてはやっていけません。

そのような、要望を受けて造る墨を「名入り墨」と呼んでいます。例えば岡本先生が「わしの使う墨、こんな墨色で、このくらいの大きさで造ってんか」とおっしゃる。そうしたら、「ほんならこれ、３０００円でどうですか。いくら造りましょうか」となる。岡本先生が「300丁造ってくれ」とおっしゃると、１年かけてつくり、納める。これで、先生がおられる限り、職人の仕事が賄えるようになります。呉竹オリジナルの墨だけでは、賄えません。墨は知る人ぞ知るの世界ですから、その世界で生きていくには、あの手この手の工夫がないと難しいです。

筆記具の中心だった筆や墨が、江戸末期頃鉛筆が入ってきてから凋落の道を辿りました。筆記具の世界で一番大きな変化をもたらしたのは、明治5年の「学制」によって、国民に教育の機会が開かれたことでした。朱墨も明治5年に解禁になりましたし、明治5年というのは日本において、書道の世界を始め、様々な世界の大きな転換期だったんだと思います。

奈良で墨が残ったのは、圧倒的な力を持っていた興福寺が、元々多くの造墨手を抱えて大量に墨を造っていたこと、さらに灯明に使うための胡麻油の売買権を一手に握っていたところに理由があるのでしょう。ここ奈良県立大学の近くの「油阪」という場所は、興福寺が経営する「油市（あぶらいち）」が立っていたところと言われ、桜井の荘園でつくらせた胡麻の油を供給していたことが由来になっているようです。興福寺があれほどの権力や財力を手にできたのは、油と墨とによるところが大きかったのではないでしょうか。

その後、織田信長が「楽市楽座」などにより、既得権を排除して自由な商売を促進したことで、初めて墨屋が誕生しました。それが古梅園さんです。創始者の松井道珍は、興福寺の元・堂衆（どうしゅ）で、味噌屋から一念発起して墨屋に衣替えしました。猿沢池の南の辺りの池之町（いけのちょう）でお店を始めて、何度かの火事を起こして、今のところへ移ったと聞いています。

奈良の墨

寺岡：奈良がずっと墨の生産地であり続けたことに疑問をもっていたのですが、今のお話で腑に落ちました。やはり中世の興福寺の力なんですね。

綿谷：はい。興福寺が絶大な力を持っていて、そこで墨を造り続けていたということが一番のポイントだと思います。

寺岡：今も国産墨の90何パーセントが奈良で生産されてますよね。もっと昔には、競合するような墨の産地はあったのでしょうか。

綿谷：先ほど申しましたように、興福寺で墨造りをしていた頃は、煤を採ってるところは墨の産地になっていて、いろんなところで墨を造っていました。九州の大宰府ではかなり大量に造っていたようですし、淡路島、滋賀県の武佐、丹波の柏原の墨なども有名でした。ところが、煤を採るために松の木を使い尽くして山が丸裸になると、墨造りをやめざるをえません。最後まで残ったのが、徳川吉宗に主導されて興った和歌山県の墨で、一時は一世を風靡したのですが、しかし墨造りのノウハウの蓄積がなかった。奈良の見よう見まねでやっていたのでしょう。結局は長続きせず、墨造りの中心は奈良に戻ってきました。

寺岡：奈良がずっと墨の産地でありえたのは、松煙墨でなく油煙墨を造る産地であったからということですか。

綿谷：そうだと思います。興福寺で油煙墨が発明されてから、墨は油煙墨が中心になり、「南都油煙」が墨の代名詞になりました。他の墨の産地は奈良の墨の品質に太刀打ちできなくなったのでしょう。

江戸時代になると、それぞれの墨屋が上納金を払って、官名をもらうようになります。例えば、松井古梅園は「松井和泉守」、森松壽堂(もりしょうじゅどう)(奈良市・松壽堂)は、「森若狭」となります。その官名で自分の店の墨をブランド化し、信用を得て商売が拡大していったことと思われます。

その頃だと思いますが、墨が春日大社に奉納されています。大きく立派な墨で、「福井備後」の官名をもった墨屋さんが奉納していました。立派な墨屋さんが出来てくると、きちんとした分業体制もつくられていきます。古梅園では販売に専念し、墨造りは膠屋・煤屋・木型屋・墨職人のそれぞれに発注して、出来上がった製品を引き取る、それを古梅園の名前で売り出す、こういう企業経営的な体系をとる墨屋が奈良にたくさん出てきて、奈良の墨が定着していきました。

寺岡：なるほど。

綿谷：それが江戸時代です。元禄の時代には、すでにこのような体制で墨造りをしてたように思います。公慶上人(こうけいしょうにん)が東大寺大仏殿の復興をするのが元禄の時代ですね。開眼供養をされるのに全国から何十万人という人が参拝に奈良へ来られました。そのときが奈良観光の始まりだと言われていますが、当時の奈良土産のトップが「南都油煙」でした。それによって全国的に奈良の墨が広がっていく。それだけのブランド力があったんだと思います。

綿谷：奈良で1000年続いているとされるものを挙げると、三輪素麺に筆に墨。古い歴史を持つ奈良でも、1000年続いているものは数えるほどしかない。その中で、一番繁盛したのは墨屋だったと思います。

岡本：奈良の古いものは、白と黒が多いね。奈良晒も墨も白と黒やし。

寺岡：甲冑も分業体制でやっていたかと思いますが、墨と違って日常的に買うものでもないですからね。

岡本：その甲冑で思い出しましたけど、「甲冑墨」(甲冑の姿を模った墨)を考えたのも、古梅園さんですな。

綿谷：そうです。あれは、すごいです。例えば鎧の「肩当」の一つ一つみんな木型で造るんですよ。胴も前の胴と後ろの胴と二つに分けて造って、手甲(てこう)も木型で一つ一つ造っていく。型入れから乾燥までの間に水分が抜けて、通常7割ほど縮まるのですが、大きな部分と小さな部分で収縮率が違う。大きな木型の墨は収縮が少なくて、小さな木型に入れた墨は収縮率が大きい。乾燥させて合わせると、合わないところがいっぱい出てきてしまう。木型を少し大きくしてみたり小さくしてみたり、何度も試行錯誤を重ねてようやく墨が出来て、組み立てて、やっと甲冑墨が完成するんです。古梅園当主の文化的遊び心に、当時の経済的余裕を感じます。

岡本：なるほどね、収縮率違いますか、大きいのと小さいのとでは。

綿谷：それを江戸時代に造っていたのですからね。あれは我々が真似しようと思ってもできません。

注2．携帯用筆記用具。墨壺に筆を入れる管をつけてある。墨壺には墨汁を染みこませた艾などを入れておく

さまざまな墨

岡本：懐中用の小さな墨もあるそうですな。

綿谷：墨の一番小さいのは「四分一（しぶいち）」と言って、本当に小さい墨です。指くらいの大きさで薄っぺらい墨ですよ。矢立（注2）と一緒に持ち歩きます。

岡本：携帯用の墨ですな。

綿谷：そうです。どこかで水を工面して水を垂らして磨る。そして矢立の墨壺の中に入れて持ち歩く。本当に小さな墨ですが、今はもうほとんど造っていません。一丁型の半分ほどの「半丁型」という墨は造っています。極上の墨で仮名をお書きになる書家の先生方が使われています。

岡本：仮名を書くときの墨は小さい。

綿谷：硯に一、二滴の水を落として、できるだけ濃く磨るんです。「とろみ」が出るくらいに磨ると、水を垂らして薄めます。濃い墨は粘ってしまうので、仮名の場合はどちらかと言うと薄めで伸びがいいようにして使います。墨は小さくても、それで十分なのです。だから、仮名の先生方は小さくても上等な墨をお求めになります。画仙紙に大きな仮名を書かれる先生方も薄墨を使っておられ、濃い墨で書く方は少数です。墨の伸びを考えると濃い墨ではうまくいきません。濃い墨で書きたい場合は、紙の表面を加工します。一番の手間のかかる加工方法は、厚い和紙の表面を猪の牙で磨いていきます。「つるっ」と光沢が出るまで磨くと、墨がよく滑るようになります。そ

んな紙は60センチメートル四方ほどで、1枚で1万円からします。子どもたちがみんな使いますので。

今、日本でよく使われている紙は半紙ですね。製紙工場が軒を並べています。愛媛県今治の川之江という町は、製紙工場が軒を並べています。

岡本：あの、旧伊予三島市（現在の四国中央市）の寒川いうところですね。

綿谷：あの辺りが半紙の産地です。書道用の画仙紙は、鳥取県の因州の紙、それから山梨県の甲州の紙が多く、越前の紙はどちらか言うと、日本画用、工芸用の紙が多いですね。越前の名産の紙は麻紙です、麻の繊維を漉いた紙で、ものすごく強い。日本画を描くときには、上に胡粉を塗って、その上に色をつけていくわけですが、それには下地の紙が強くなければ上手くいきません。例えば、薬師寺に玄奘三蔵、西域の絵を奉納された平山郁夫画伯。あの方は薄い麻紙を二重、三重に貼り合わせて、しっかりした紙をつくって、そこへ胡粉を塗ってデッサンされます。絵の具をかなり厚く塗られる。薬師寺の玄奘三蔵の絵は、ブルーの色が圧倒的に多いですが、そのブルーは宝石のラピスラズリの粉末なのだそうです。線を描くのは盛ってある絵の具のところを、ヘラのようなもので彫り込んでいかれるそうです。油絵と変わらないような描き方なんでしょうね。

固形化の理由

中島：これも初歩的な質問ですが、要するに墨ってインクですよね。液体のインクを一度固形化するというのは、墨以外では発想されなかった。煤だけでは色が出ないので、膠と混ぜて固形化せざるを得なかったということでしょうか。それとも固形化には別の理由があるのでしょうか。

綿谷：持ち運びのためだと思いますね。松煙がまだ出来ていなかった漢の初期の頃までは、炭素に漆を点じて使っていました。秦の時代になると、「石墨」という黒鉛の塊が使われるようになります。石墨は昔、よく乾電池の芯棒に入っていましたよね。柔らかくて蝋石のようで、磨れば粉末になっていく。そうすると綺麗な黒色が出ました。石墨を磨って粉にし、漆に混ぜて使っていました。それでは持ち運びができませんでした。それで、小豆大くらいの小さな固形状にして、袋に入れて持ち運ぶようにしたのです。平たな石の上に置き、磨り潰して水を落としたら、墨になるようにした。こういうところから、固形の墨が始まっています。

中島：移動する必要があるときに固形にせざるを得ないのはわかるのですが、日本に入ってきた後、お寺などでは移動する必要もなかったはずです。そういうときに墨に代わる、インクのような手法が入ってこなかったのかなと思うのですが。

綿谷：墨を磨って液状にして保存すると、膠が腐ってしまいます。そこで墨は使うときに磨りおろして液にし、固形で保存する、という考え方が定着していったと考えます。中国ではヨーロッパのインクという概念はなかったようです。

中島：すでに優れたシステムとして定着していたのでしょうね。

綿谷：インクは物を染めることから始まったものです。紙の上に書いてしまうと、1000年も経つと判読できないほど色褪せていく。ヨーロッパの文書などはそうなっています。染料は酸化して色褪せてしまう。ところが、煤は顔料で永久不変です。ヨーロッパのインクと中国の墨の根本的な違いは、染料と顔料の違いだと思います。

何年か前、東京でダ・ヴィンチ展に行きました。鏡映しで書いているので、鏡に映し直してやっと判読できるのですが、書いた跡が完全にセピア色に褪色してまっていて、間もなく色が消えてしまうだろうと心配になりました。

浦西：勉強させてもらいましたね。

岡本：何回聞かせてもらっても違う話が出てきますな。

「墨」利用の多様化

綿谷：本日お配りした資料は、保育学園の研究紀要に掲載したものなんです。保育士や幼稚園先生を育てる学校の研究紀要に、墨の話なんて出していいのかと思ったんですが、思い切って、今までまとめたものを少しだけ載せました。いずれ、もう少し詳しいものを出そうと思っています。文章を書くのが苦手なので、図版や写真をたくさん入れようと思っています。

浦西：膠というのは重要な素材ですね。
綿谷：ありとあらゆる世界で使われています。
浦西：とある膠屋さんでお話をお伺いしたとき、昔は墨屋さんへ膠を納めていたと仰っていました。最近は食用にすることが多くて、墨の方は減りましたという話でした。
岡本：宮中やお公家さんに好まれた御所人形の修理をするにも膠が要ります。膠が手に入らんさかい、上手いこと修理できんと。文化財の修復にも膠が必要ですしね。研究者が業者の方と一緒に開発してはったんですが、どうなったかな。
綿谷：上手く行っているとは聞きませんね。修復に使う膠で一番いいのは、魚の浮き袋だけでつくったものだそうです。それをつくっているところが韓国にあって、わざわざ買いに行っておられました。それと同じような膠をつくろうとされていたようですが、うまくいかなかった。古文書には虫食いなんかがあるでしょ。それを修理するには、虫食いの周りから細かい紙の繊維を真ん中の方にひっぱり出して、そして全く同じ紙質のものをもってきて、そこへぴたっと貼り付ける作業をするんです。そのときに使う膠というのが、そんな膠なんです。けれど、たくさん使うことはまずない。
岡本：綿谷さんも、取り組もうとされてませんでしたか。
綿谷：奈良で協力してくれるところを探しているという話が、呉竹にも来ました。これは面白いと思って調べてみますと、すでに京都でやられていた。

岡本：そうですか。

綿谷：チャンスだと思ってたんですけれど、うまくいきませんね。近ごろの筆記具のインキは、ほとんど水に流れなくなりました。インキが微粉末のカーボンからできているからです。筆記具に使える微粉末のカーボンがつくれませんでした。カーボンインキをサインペンに入れると、目詰まりしてペン先から出なかった。ところが、大阪の絵の具メーカーのS社が、細書きのデザインペンにカーボンインキを入れて発売しました。水に流れないことで大当たりしました。ピグメント（顔料）インキを使っているので、それに因んだ名前がつけられていました。他の会社もやり出して、今はペンで顔料インキというのは常識になってきました。

　今や筆記具の世界も、世界的に墨インキに変わりました。呉竹では、12色の顔料を上手くブレンドして150色の筆ペンをつくっています。それがデザインやラフスケッチなどに使われて、一時期、年間で1億本も売れました。

寺岡：150色もあるんですか？

綿谷：ドイツの筆記具メーカーに供給していました。今は「カラーブラッシュ」と言って、毛筆の穂先をつけたペンに100色のインキを入れて販売しています。

寺岡：それでも100色ですか。そんなに色数があるとは知らなかった。

岡本：外国でしか売ってないのですか。

綿谷：そもそもの発端がドイツの会社からのオーダーでした。会社に呼ばれて、筆ペンで何色できるかと訊かれました。そのときはまだ30色できるかできないかという体制だったのですが、100色できると答えました。すると、さっそく100色のサンプルをつくれと注文された。半年かけて実際の製造にこぎ着けました。世界中でヒットする、大ヒット商品になりました。

岡本：呉竹さんは、特殊な化学用の「墨」を出してはりますな。

綿谷：いろいろ出してますよ。まず、カーボンを使った融雪剤。きっかけは、奈良県のゴルフ場からの一斗缶の墨汁の注文でした。それで墨汁が融雪効果があると知って、研究を始めました。芝が枯れてしまわないように、いろいろ調査研究して売り出しました。ゴルフ場は雪が積もると商売にならないので、正月前になると関東のゴルフ場も何十缶単位で買いだめしてくれます。1缶(1.8リットル)が1万円。それを400倍に薄めて散水車で撒くと、1缶あればハーフコースがカバーできるそうです。安価で重宝だというので「どっ」と広がりました。ゴルフ場以外にも青森のりんご園が使ってくれています。一番下の枝が雪の重みで折れてしまうことが多く、木が傷んでしまいます。

岡本：墨汁でそこらあたり真っ黒けになりませんのか。

綿谷：400倍に薄めると、白い雪がちょっとグレーっぽくなるくらいです。ゴルフ場では靴が真っ黒になるのではないかと心配したのですが、全く汚れませんでした。

寺岡：携帯電話の電子回路の基板にも、呉竹さんの製品が使われていると聞きました。

綿谷：はい。マイクロコンデンサは一種の「抵抗」ですが、細い電線を巻いてつくると手間がかかることと、小さくならない。そこで伝導性カーボンと膠で液体墨を造り、フィルムに塗付します。電気が滞りなく流れる均一なフィルムであることが一番大事なところですが、カーボンと膠は「すーっ」と綺麗に伸びてくれるんです。2リットルの原液を高価で供給しています。コンデンサは小さいですから、量的にほんの少しです。

最近は筆ペンの技術が化粧品に応用されています。墨の講演で「マニキュアを塗るのに筆ペンがあったら便利じゃないですか」なんて言ったのを、化粧品メーカーの研究員が聞いて興味を持ってくれました。共同研究で商品開発をすすめました。無菌室で研究するなんて初めての経験でしたが、そこから生まれたのが、筆ペンの技術を応用したアイライナーです。ペン先を柔らかいスポンジ状にしてあって、インクにはカーボンを入れています。これがずいぶん売れまして、別の会社をつくろうかという話も出ています。

墨への愛慕

綿谷：墨を欲しい方がいらっしゃったら、いつでもお届けに上がります。

岡本：自分でつくりはった渾身の作があるんですって。

綿谷：呉竹を引退する前にね、2年間続けて半年ずつ現場へ入って、墨の勉強をもう一度やり直したんです。それで、呉竹を引退する前に職人と一緒に墨を造ったんですよ。その墨が段ボールに結構あるんです。「会長この墨どないしはりますねん」って言われてしまったので、家にみんな持って帰りました。

最後は、商売の自慢話みたいになって申し訳ありませんでした。

中島：本日は、長時間まことにありがとうございました。

一同：ありがとうございました。

《参考》

綿谷正之著

「墨の文化史　概説」『奈良保育学院研究紀要 別刷 第16号（2014年12月）』

「墨の不思議な魅力」『奈良保育学院研究紀要 別刷 第17号（2016年12月）』

『墨と生きる』京阪奈情報教育出版（2021年3月）

『墨に五影あり―墨の不思議な魅力』京阪奈情報教育出版（2022年10月）

※本稿は、『2017奈良県立大学ユーラシア研究センター「近世奈良を語る会」調査研究レポート』に掲載したものを補筆修正したうえで、当センターにおいて再編集したものです。

墨の歴史年表

中　国

年 代	時 代	墨の歴史	製墨家	書道家
B.C.2000	夏			
	B.C.2205-1766			
B.C.1500	商(殷)	甲骨文字		
	B.C.1766-1122			
	周	墨…木炭粉に漆を点して使う	墨の始まり	
	B.C.1122-770			
B.C.1000	春秋戦国	金石文(篆書－大篆)		
	B.C.770-221			
B.C.500		筆が発明される		孔子・老子・諸子百家
	秦	竹簡・木簡に筆が使われる		孫子の兵法
	B.C.221-206	文字　大篆から小篆に統一される		李斯
A.D.	前漢	墨―石墨が使われる―延安産の石墨		焚書坑儒
	B.C.206－A.D.8	文字　篆書から隷書へ		
		墨…墨丸(ぼくがん)が発明される	固形の墨の原型	
	新	墨丸を硯石に水をおとし磨墨具で潰して書す		
	A.D.8-24	隷書文字普及　墨の需要大きくなる		
	後漢			
	25-220	A.D.105 蔡倫　紙を発明		
		墨の原料に松煙の採取始まる		
		産地…扶風県の隃麋(ゆみ)・終南山(陝西省)	隃麋(ゆみ)…墨の代名詞	
	三国(魏・呉・蜀)	魏「韋仲将墨法」墨製法の最古の文献…墨造りの基礎ほぼ固まる	韋仲将(韋誕)＝初めての墨師	
	220-280			
	西晋			
	265-316			
	東晋	楷書・行書の形整う＝書芸文化開花	張金	王羲之「蘭亭の序」
	316-420			
	五胡十六国			
A.D.500	北魏	墨の産地…易水(河北省)に移る	張永	龍門石窟
	386-534	墨＝形の整った墨に…松煙墨		
	隋	印型墨現れる		
	581-618			
	唐	墨の形次第に大型化へ＝木型の使用始まる	李陽冰・祖敏・王君徳	太宗・玄宗
	618-907	玄宗皇帝　奈良朝廷に墨を贈る		欧陽詢・虞世南・褚遂良・孫過庭・顔真卿
		「華烟飛龍鳳皇極貞家墨」　開元四年	正倉院に保存	懐素
		「新羅武家上墨」「新羅楊家上墨」		
		李白　墨を詠う「酬張司馬贈墨歌」		
		唐末の乱世が墨の歴史上重要な時期		
	五代十国	墨の産地が易水(河北)から歙州(安徽)に移る		
	907-979	この地で製墨を家業とする墨師が生まれる	李氏＝李超・李廷珪	
		松煙の産地＝歙州・黟山・羅山・黄山	張氏＝張遇・張谷・張処厚	

年代	時代	墨の歴史	製墨家	書道家
A.D.1000	遼			
	916-1125			
	北宋	墨…油煙墨の墨造り始まる	潘谷・晁貫之	蘇軾(東坡)
	960-1127	蘇易簡「文房四譜」に油煙墨の記録あり		黄庭堅
		李孝美「墨譜」		
		伝　晁貫之「墨経」		
		沈括　石油を燃やして墨を造る	「常朝一品」	
	南宋	墨—木型に入れて造られる		
	1127-1279	油煙墨の製法確立される		
		油煙…麻子油・桐油・胡麻油から採る		
	元	元代墳墓より「龍紋牛舌墨」発掘	朱萬初	趙子昂
	1271-1368			
A.D.1500	明	中国製墨史上墨の黄金時代…油煙墨・松煙墨共	羅小華・汪中山・程君房・	祝允明・文徴明・董其
	1368-1662	に生産され、製墨技術が著しく発達して精巧な	方于魯・方瑞生・呉申伯・	昌・張瑞図・倪元璐・王
		芸術的価値のある墨が多く造られ、明墨として	曹仲魁	鐸
		後世に残されている		
		沈継孫「墨法集要」		
		程君房(程大約)「程氏墨苑」		
		方于魯「方氏墨譜」		
		宋応星「天工開物」		
		方瑞生「方氏墨海」		
	清	墨造りさらに精巧を極める		
	1664-1912	康熙・乾隆・嘉慶年間に御墨が数多く造られる	曹素功・汪近聖・汪節庵・	康熙帝・乾隆帝・金農・
		汪近聖「鑑古斎墨藪」	胡開文	鄭板橋・何紹基・趙之
				謙
		乾隆御墨		鄧石如・呉昌石
		嘉慶御墨		
		曹素功・胡開文中国主要都市に店を開き、二大	曹素功・胡開文	
	中華民国	墨屋として名をはせ、大いに繁栄する		
	1912-1949			
	中華人民共和国	文化大革命により、曹素功・胡開文が統合され、		
	1949～	国営墨廠となる。この頃から品質が大変悪くな		
		り、割れ、異物混入が多くなる		
		明・清代の名墨を倣し、倣古墨が出回る		

日　本

年代	時代	墨の歴史	製墨家	書道家
B.C.500	弥生時代 B.C.300-A.D.300			
A.D.				A.D.57 倭の奴国 漢 光武帝より金印を 授かる 「漢倭奴国王」 239 女王卑弥呼 魏 へ遣使
	大和朝廷 300-593	朝鮮半島(高句麗・百済・新羅)と交流盛ん 文字伝わる		538 仏教伝来
A.D.500	飛鳥時代 593-710	墨＝朝鮮半島を経て日本へ伝わる 610 推古天皇 18 年 高麗の僧 曇徴 墨の製 法をもたらす(日本書紀) 聖徳太子「法華義疏」を著す＝日本最古の書跡 墨造り始まる＝大宝律令に「仲務省に造墨手四 人を置き墨を造る」と記される	仲務省造墨手	593 聖徳太子摂政 607 小野妹子遣隋使 645 大化の改新 701 大宝律令
	奈良・天平時代 710-794	平城京遷都 天平文化の花開く(唐・朝鮮半島との交流で唐文 化を学ぶ) 紙は貴重品 記録は木簡が主体 写経生が膨大な量の写経を行う 平城京図書寮で墨造り盛んに行われる 「奉写一切経料墨紙筆用帳」に墨六拾う丁、五十 丁和豆賀、十丁播磨」の記載あり 原料の大半は新羅より輸入(松煙、膠) 筆＝鹿毛、兎毛を用いる 正倉院に筆・墨・硯・紙宝蔵され、現在に伝えられ る	図書寮造墨手	752 大仏開眼 聖武天皇・光明皇后 万葉集＝万葉仮名
	平安時代 794-1192	平安京遷都 初期に日本で膠の生産が始まる 「延喜式」に年貢として「丹波国、墨二百丁、掃墨 一石。播磨国、墨三百五十丁、掃墨二石。太宰 府、墨四百五十丁。武蔵国、膠五十斤。上野国、 膠十二斤。」と規定され、当時の墨の産地がうか がえる また、「延喜式 図書寮造墨式」に造墨手四人で 年間400丁を造ったこと、墨造りの方法が記さ れている 平安後期、墨の需要の高まりとともに、松煙の産 地で墨が造られる 紀州藤代墨(和歌山県海南 付近)近江武佐墨(滋賀県草津付近)が有名	図書寮造墨手	平安三筆(空海・橘逸 勢・嵯峨天皇) 仮名文字の完成(平安 仮名) 905「古今和歌集」 紀貫之・小野道風・藤 原佐理・藤原行成・藤 原俊成・西行 平安仮名の終焉
A.D.1000				

年代	時代	墨の歴史	製墨家	書道家
	鎌倉時代 1192-1333	奈良興福寺「春日版」（木版刷りの経典）に大墨の掃墨（松煙）が使われる		禅の書…道元・妙超・一休
		松煙の不足から油煙の採取が始まる（荏胡麻油）		
		奈良興福寺大乗院で油煙墨が造られる		
	室町時代 1333-1573	明徳・応永（1390-1428）の頃 奈良興福寺二諦坊で油煙墨（胡麻油）が量産される＝全国に奈良墨（南都油煙）が一躍有名となる	興福寺墨師	村田珠光 茶道を始める
A.D.1500		二諦坊造墨の型（金属製）今に残される		
	安土桃山時代 1573-1603	油煙－註綃ごくより日明貿易で菜種が伝来。油煙の原料は荏胡麻から菜種に変わってゆく		千利休
		天正五年（1577）松井堂珍 製墨業を始める	松井堂珍（古梅園始祖）	
		奈良の墨造り…興福寺から商家に移り、奈良固有の産業として花開く		
	江戸時代 1603-1868	江戸初-中期 宝永七年「諸事控 墨屋之覚」に、奈良町に 38 軒の墨屋の隆盛がしるされている。御用墨師に官名が授けられる		江戸三筆（近衛信伊・本阿弥光悦・松花堂昭乗）
		福井備後 春日大社へ10丁型の大墨を奉納（現存）。墨の生産技術大いに進歩する	森若狭・森丹後・大森佐渡・福井備後・松井和泉・堀井丹後・大黒屋但馬	
		貝原好古「和漢事始」（1697）で奈良墨（南都油煙）の始まりを記す		白隠・慈雲・良寛・仙厓
		古梅園六世 松井元泰「古梅園墨譜」を著す	松井元泰・松井元彙	松尾芭蕉
		古梅園七世 松井元彙「紅花墨（こうかぼく）」を開発。奈良墨を不動のものにする		市川米庵
		寛保年間（1741-1743）将軍吉宗の時 途絶えていた紀州藩藤代墨再興する（松煙墨）藤白墨と命名	藤代墨＝藤白墨 湯浅村 橋木治右衛門が再興した	貫名海屋
		藤白墨幕府御用墨となり急速に普及し、それにより奈良墨（油煙）が凋落する		
		幕末の頃、紀伊田辺が松煙の集積地となり、四軒の問屋が奈良に松煙を供給する	松煙問屋…新屋仁平（新仁商店）	
		幕末 奈良町奉行 川路聖謨 奈良墨の復興を促す		
		幕末には奈良の墨屋 18 軒となる		
		幕末の頃、長島孫四郎が伊勢白子（鈴鹿市）に奈良から墨職人を呼び寄せて製墨を始める		
	明治時代 1868-1912	明治元年（1868） 奈良墨屋 11 軒に減る		
		明治 3 年（1870） 長島製墨工場を白了に設立。以後伊勢白子の墨として現在に至る	伊勢白了墨	
		明治 2 年（1869） 御法度であった朱の民間使用が許され、朱肉、朱墨の需要が激増、明治 5 年（1872）木下新六が奈良で初めて朱墨を造る	朱墨－木下新六	巌谷一六、日下部鳴鶴、中林梧竹、富岡鉄斎
		明治 5 年（1872） 小学校で習字が正課に取り上げられ、一挙に墨の需要が高まる		

年代	時代	墨の歴史	製墨家	書道家
		明治16年(1883) 奈良製墨業組合が31名の参加で結成される 明治30年(1897) 奈良の墨屋26軒に増加、年間550万丁を生産する 明治30年頃、紀伊田辺で松煙問屋新屋仁平の実弟、鈴木梅仙が藤白墨の復活のために上質の松煙墨を造る 梅仙墨として書画家の間で有名になる 明治39年(1906) 墨汁が開発される 原材料の調達＝油煙…奈良 松煙…紀伊 膠…奈良・河内・播磨 香料…中国	紀州 鈴木梅仙	比田井天来、尾上柴舟、大沢雅休
	大正時代 1912-1926	大正時代から昭和の初期に個人家内工業であった墨屋が次第に企業化され、会社としての体裁を整えてゆく 大正10年頃から昭和12.3頃が奈良の墨が最盛期を迎える。製墨業者44軒、年間2.260万丁を生産する。		
	昭和時代 1926-1989	太平洋戦争の敗戦により昭和21年(1946)、連合軍総司令部(GHQ)は「道とつくものはすべて禁止」と布告、武道、茶道、華道とともに書道が学校教育から廃止される これにより奈良の墨屋は壊滅状態になり、廃業に次ぐ廃業で29軒に減る 昭和32年(1957) 書道復活運動が功を奏し、小中学校で書写として復活。これを機に「磨らずに使える墨、液体墨」が株式会社呉竹精昇堂の手により開発され、たちまちのうちに小中学生の習字に使う墨は液体墨に移行した 液体墨は子供の習字だけではなく、一般の書道愛好者、書家に普及、固形墨に変わらぬ液体墨が次々と開発された	書道用液体墨の開発	辻本史邑、上田桑鳩、手島右卿、西川寧、青山杉雨、村上三島、榊莫山
	平成時代 1989-2019	液体墨の普及拡大にともない、固形墨の需要は年々減少 の一途をたどり、減り、廃業につく情況で、現在14軒となる		

南都墨　二諦坊古式　　南都油煙墨の始まり

貝原好古　　和漢事始　（1697）
「中世南都興福寺二諦坊、持仏堂の灯（ともし）の烟（けむり）の屋宇（天蓋）にくすぼりたまるものを採りて、膠に和して墨をつくる。これ南都油煙の始まりといへり」

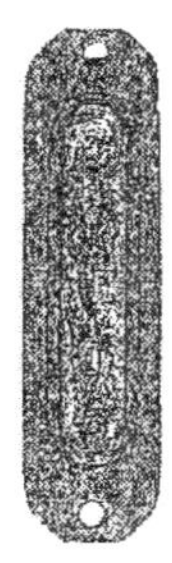
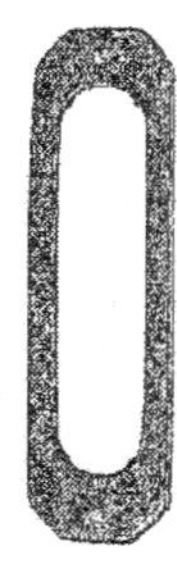

興福寺二諦坊で
使われた鉄製の
墨型（李家烟）
奈良宮武家に保存
されている

南都墨二諦坊古式　李家烟墨
長さ　二寸六分五厘
幅　　六分五厘
厚み　三分五厘

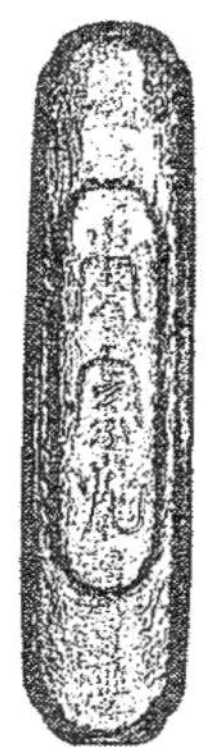
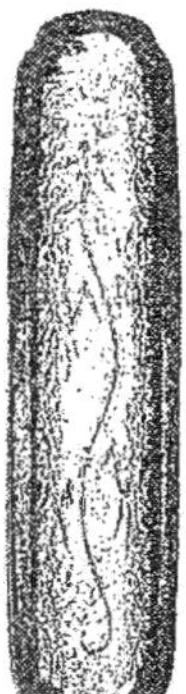

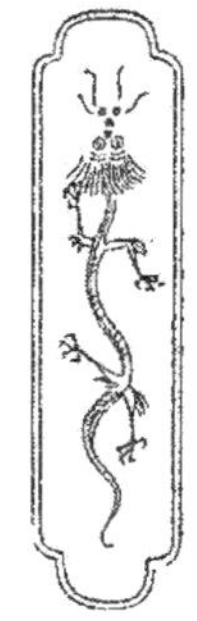

南都墨原始二諦坊古式

墨は文字の発達とともに生きてきた

文字の変遷と墨のかたち

①中国

時代	文字の変遷	墨の形	
商（殷）BC1766～1122）	甲骨文字（象形文字）	甲や動物の肩甲骨に文字を刻んで記した 消し炭の粉を漆で溶き刻んだ文字に刷り込んで見やすく、読みやすくした	
周（BC1122～770）	金石文（篆書） 刻むから書くへ 手になじむ丸みを帯びた文字へ変わってゆく	小枝などの木片を鋭くとがらせ、消し炭の粉を漆で溶いた液（墨）をつけて書いた 青銅器の技術が生み出され、そこには篆書で制作の所縁が刻まれた	
春秋戦国（BC770～221）	篆書（大篆）	筆が発明される 孔子をはじめとする諸子百家が哲学を木簡、竹簡に書き残す 石墨が採取され、消し炭にとってかわる 墨の文字が生まれる	
秦（BC221～206）	文字の統一 大篆から小篆へ	文字が統一されて爆発的に普及　記録や意思の表現になくてはならぬものとなる 墨は石墨の粉を漆で固めた小粒の固形（墨丸ぼくがん）になり、携帯できるようになる。	
前漢（BC206～AD6）	篆書からもっと書きやすい隷書へ	文字の普及によって墨、筆の需要は膨れ上がる一方 松の木を燃やしてすすが採れることで墨を造ることを発見、（隃麋　終南山 松のすす＝松煙＝松煙墨が生まれる 漆に代わって膠が発明され墨に使われ出す	

後漢（AD25～220）	隷書を速く書くために崩してかく行書、草書が生まれる 隷書は完成されるが、やがて使われなくなってゆく 	小粒（だいず大）の墨丸から大型のヘラ状の墨がつくられる 墨の数え方　丸から枚へ	
三国時代（220～280）		魏にはじめて墨師が現われる（韋仲将）墨づくりの記録を残す	
西晋（265～316）	楷書の完成 	墨師張金良質の墨づくり	
東晋（(316～420）	王羲之　書芸文化の開花 行書の完成 		

4.「奈良の筆」について

萬谷　歓峰

プロローグ

研究会のお話では、今一つ理解し切れなかった天平筆の「遊環」の作り方（本文253頁）。萬谷歓峰さんの桜井・三輪の工房で見せてもらった。最初は、旋盤一唸りの瞬間に唖然としただけ。2つめの製作で、ようやく輪を抜き落とす要領が分かった。だが削りカスに覆われて、手元は見えない。見えたところで修正は効きませんからと歓峰さんは笑った。この技能の持ち主に、工芸協会の人は「これは（伝統工芸には）無理です」と言い捨てて帰った。どこを見ていたのやら。まさに超絶技巧ですねとため息を漏らすと、いやいや旋盤のおかげですと首を振る。正倉院宝物の時代に旋盤はなかったと、今度は歓峰さんがため息をついた。僕らは1000年以上前の技術に、まだ追いつけていないのだと。

「まだ追いつけていない」

この言葉の背後には、いつか必ず追いついてみせるという、名人・歓峰の気概が控えている。遊環は、筆の機能とはまったく無縁だ。世間的には、付加的――あるいは無駄な――装飾だろう。収入にも名声にも結びつかない。これに価値を認めるヒトがいなければ、遊環づくりの「わざ」（コト）は絶え、遊環（モノ）は消滅する。技術の前に、萬谷歓峰の気概が引き継がれなければならない。国はあてにできない。見込みはあるのか。「奈良漆器」で「つらいでぇ」と呻吟した樽井禧酔さんは、歓峰さんに、こう言ったそうだ。

「不幸な人間を、増やしたらいかん」

後継者を不幸にさせるのは、伝統工芸産品なのか。それとも、工芸品に向き合う私たちの姿勢なのだろうか。

（中島敬介）

1．雅号「歓峰」へ――自主独立の筆づくり

はじめに

本名は萬谷雅史ですが、筆を作るときの雅号として、箱書きなどに岡本彰夫先生から戴いた「歓峰」を使わせていただいております。

もうかれこれ40～50年ほど、筆の分野でも軸（筆管）、つまり持ち手の部分を作る仕事をしています。父も筆管職人でしたから、10才くらいからごく自然に手伝いをし始め、中学を卒業する頃になると、一般の職人さんよりも、少しこましなものが作れるようになっていました。その後、長く父と一緒に仕事をしていましたが、やがて「自分の作ったものは、自分で売りたい」、いや「そうすべき時代ではないか」という気持ちが強くなって、現在は独立して、桜井の小さな店で自作の筆を販売しています。ともあれ、自分の作ったものが実際に売れていく、それを見るのは気持ちのいいものです。

独立後は何十年、何百年と残る品物も作るようになりました。特に東大寺や薬師寺、唐招提寺などの「開眼の儀」で使われる筆なども作らせてもらえるようになり、自分の責任というものも感じるようになってきています。東大寺と薬師寺の場合は、筆管の部分だけでしたが、唐招提寺のものは毛先から筆管まで、全て私1人で作りました。これだけは「歓峰の筆」と言わせてもらっても良いかなと自負しています。

「開眼の儀」の筆となると、大事にされて長く受け継がれて、残っていくものと喜んでいます。薬師寺では立派な桐箱に保管されているらしく、以前、東京の薬師

寺別院で公開されたとき、奈良漆器の樽井さんの息子さん（樽井宏幸氏）から、桐箱に入った筆を運ばされたと聞きました。「それ、俺が作った筆や」と言うと驚かれていました。それぐらい大事に残していただければ、私の作ったものも何百年か残るでしょう。ありがたいことです。正直言って、この種の仕事は儲けにはなりません。また、筆を作った人間が誰かなんて、ほとんどの人は関心がないから、世間的な評価も期待できません。ただ、唐招提寺の開眼の儀が文芸関係の本に載って、それを見たうちのお客さんがわざわざ買って持ってきてくれました。そこでは、唐招提寺の長老様が仏に魂を入れる儀式に使われたと紹介されていました。欲得抜きで名誉なことやと、ありがたく思っております。

私が独立した直接の契機は、後でも触れる「中国産筆」と関わっています。20年以上前の話ですが、中国の「斑竹（はんちく）」を手に入れるために、何度も湖南省に買い付けに行きました。当時は70～80万から100万本も作って売ってましたから、日本の竹だけではとうてい追いつきません。日本人が湖南省に行くこと自体が珍しい時代に、コンテナで買い付けしてたんです。

帰りに上海を経由して蘇州に入ったら、現地の筆屋さんが「竹がある」というので見に行くと、その筆屋さんが名刺の束を出してきた。「広島熊野、愛知豊橋」とか言いながら、日本の筆屋の名刺をトランプみたいに並べて見せよった。「この人が来た、この人も来た」と。もちろん奈良の業者もありました。それを見た瞬間、僕は「あ、やばい」と思いました。その当時は、まだ中国の筆はそれほど多く入ってきてなかったので、日本にいる間は、中国の「勢い」が分からなかった。年間100

万本作るような大量路線は、必ず行き詰まる。そう思うて「縮小しよう」と親父に相談しましたが、「この売れてる時期に、縮小なんてとんでもない」と。親父と対立することになっても、僕は自分の危機感を優先した。中国の勢いに勝つためには、「自分で作ったものを自分で売るしかない」と。今から考えると極論ですけど、そう思い込んだんです。結局、僕が家を出て弟が家業を継ぎました。

子どもの高校への通学のこともあって、大宇陀から桜井に出てたんですが、仕事がないし大変でした。まもなく、小さな店を始めましたが、得意先がないので売れない。近くのスーパーマーケットでアルバイトして食いつなぎました。岡本彰夫先生とお付き合いさせていただくようになったのも、ちょうどその頃です。

† † † †

岡本：苦労したはるねん、この人。それで、やっとうまいこと行き出したと思うたら、家焼けてねぇ。

萬谷：火事になって。

岡本：気の毒に。

萬谷：何にもないようになった。

岡本：今は、結構な暮らしぶりで。三輪さん（大神神社）の参道にお店があって、奥の工房で筆を作ってはる。通りを挟んだ向かい側にもお店を出さはって。それも立派な構えや。

萬谷：僕の場合は、浮き沈みが激しいんです。調子に乗ってたら、またそのうちにこけると思う。

岡本：いや、もう大丈夫。せんど（もう十分以上に）こけてはるさかい（笑）。

2. 家業としての筆管づくり

岡本：奈良筆が盛んなときは、筆管師の方はかなり多くおられましたの。

萬谷：いや、もともと奈良の筆のほとんどは、うちがやってました。県外では大阪の1、2軒が扱っていただけで、奈良県で筆軸の加工をしていたのは、うちくらいでしたね。ただ、郡山の博文堂さん（博文堂本舗（奈良県大和郡山市柳））は、自分のところで筆軸の職人さんを抱えておられました。最近また始めだしたと聞きましたので、復活してこられるんじゃないかと思っています。

岡本：主たるおとり引き先は、奈良のどこが多かったんですか。

萬谷：あかしやさん（株式会社あかしや（本社：奈良市南新町））が多かったと思います。なにしろ、奈良の筆の老舗、というより日本の筆の発祥ですから、取り扱いも多かった。叔父が父から独立するときに得意先分けをして、奈良は叔父の担当となりました。ただ、鈴木毛筆工業さん（奈良県奈良市紀寺町）だけは、僕が今も取引させてもらっています。

岡本：お父さんご自身は、筆管の仕事をどこで習わはったのですか。それと、奈良に筆管を作る職人さんは、どれほどいたのでしょうな。

＋＋＋＋

身内に1人、大阪で筆軸づくりの仕事をしていたようですが、それよりも、家の近所にネックレスの製造で轆轤を引いていた人がいて、そこに見習いに行って轆轤の技術を覚えた。

同じ時期に橋谷さんも見習いをされて、数珠屋さん（大宇陀）になった。橋谷さんは、もともと数珠屋さんではなく、見習い先のネックレスを売りに行ったところ、「数珠もできへんか」と言われた。それがきっかけで珠数屋になったと聞いています。うちの父は、筆軸づくりの身内から「轆轤が引けるなら、筆軸を作れへんか」ということで、筆軸屋になったのです。

筆管職人が少なかった（ほぼいなかった）のは、もともと筆の軸じたい、複雑な細工ものは少なく、ただ竹を切った端に毛を嵌めるだけの単純なもの（「両切り」）がほとんどだったからです。特殊な技術は必要なく、竹さえ切ってくれれば筆軸になった。つまり、「両切り」の時代は、ことさら筆管師が作らなくても、筆屋さんが下請けに竹を切らせれば事が足りたのです。

余談ですが、筆管は伝統工芸には入らないそうです。工芸協会からうちの方へ見に来られて、「これは無理です」と言って帰られました。私が頼んできてもらったわけでもなく、協会に入りたいといったわけでもない。勝手に見に来られて、勝手に「あかん」と言ってお帰りになりました。

なお、この「両切り」に対して、毛を嵌める特別なピースの付いたタイプの軸を

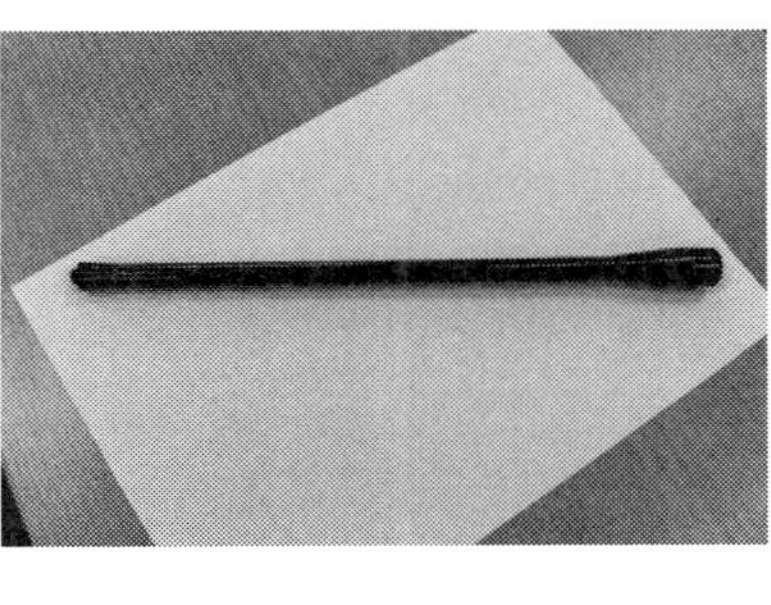
【図1】

「だるま軸」【図1】などと言いますが、登場してくるのは、それほど古くありません。戦後の、おそらく父が筆管を始めた昭和20〜30年代のことでしょう。もっとも、木を削り出して、一体的に「だるま」の形にした筆はそれ以前にもありましたが。だるま軸にする利点は、太い筆先でも細い軸に入れられるので、持ちやすくなることです。

筆管づくりそのものではありませんが、塗りを専らにする職人さんはいました。亡くなった奈良市押上の太田さんは、まっすぐな（「両切り」）筆管を朱塗りや根来塗りにされていました。また、筆に「字」を彫る「彫り師」の方も少なからずおられました。岡本先生がお持ちの岡橋三山（おかはしさんざん）（1888〜?。細刻師）のような字を彫れるような人は別にして、私の知っている範囲で一番巧い彫り師さんは、愛知県の豊橋にいた岩井さん（岩井芳文堂筆店）という方です。筆管に般若心経を彫って、まとまった本数（10本単位）が彫れると、毛先と一緒に風呂敷に包んでうちへ来られる。その筆管に水牛や象牙の飾りをつけると、毛を嵌めるなどの仕上げをして、そのまま京都へ売りに行く。お亡くなりになって、息子さんが跡を継いでおられますが、これほどの名人は見たことがありません。

奈良での手彫りでは、現在奈良市に田川さん（田川筆工房）がいらっしゃいます。娘さんも彫り師をされていると思います。また、初岡さんも彫っておられます。

なお、「彫り」については、今はほとんどレーザーを使いますので、手彫りの技術・技能の継続が心配です。手で彫る難しさの1つは、筆管の外と内との硬さの違いです。特に、中国の竹は皮が固い。随分、彫りにくかったようです。私は桧を素材に使うことが多いのですが、外（筆軸の表面）がカシューという樹脂を塗るので固い。中は柔らかいままなので、グサッと刃物が入ってしまう。きれいに彫るには、本当に良く切れる刃物とそれを自在に使う技術が必要になる。最近では、ほとんどのところがレーザーを持っています。

3．主要な筆の構成

(1) 筆管（筆軸）

一般に、量的には筆管には竹を使うことが多いのですが、私のところでは吉野産の桧で作るようになりました。重さも竹並に軽いし、曲がりも少なく、割れない。筆屋さんには好評で、竹よりも桧を選んでくれる人が増えてきました。ただ、売り始めた頃は、誰からも見向きもされなかった。

竹から桧への切り替え理由の一つは、山へ竹を切りに行く人が減ったことによる竹不足です。もう一つの理由は、サイズ（口径）の問題です。筆の口径は昔から尺貫法で何分何厘という言い方をし、例えば、細筆に使う軸は、だいたい2分3厘から5厘の間。それ以外の竹は、全部無駄になってしまう。桧のような木であれば、決まったサイズに全部丸めることができます。機械を使えば、自分のところで好きなように細工できる。作る側にとって都合が良いのです。

先に、毛先を嵌めるピースが別になった「だるま型」の利点として、握りやすさ・使いやすさを挙げましたが、このような作り手の合理性も、だるま型普及の要因だ

【図2】

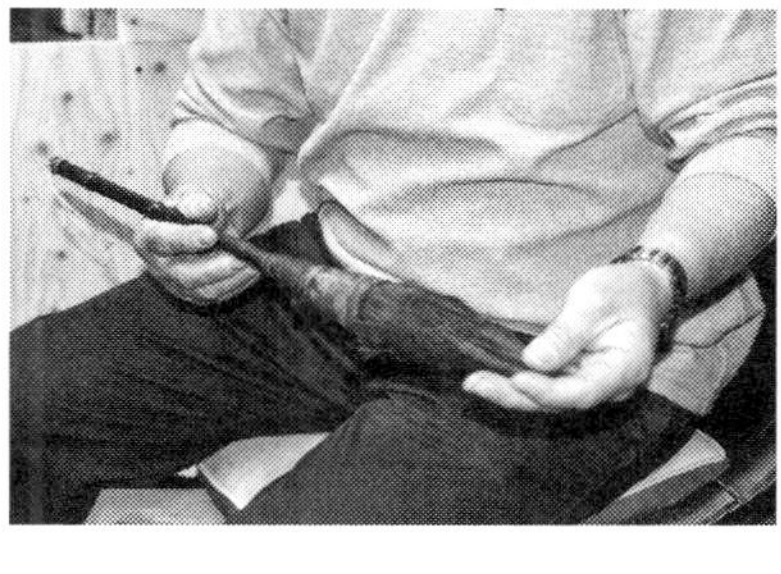

注1．竹を山から切り出し、カットして、長さ・太さを揃え漂白さらし及び皮ムキ

と思います。つまり、だるま型では筆先の太さが違っても、寸の短い方（軸と繋がる部分）で揃えれば良い。細筆の口径は先に述べたとおり2分3厘から5厘、中筆は3分くらい、3分6厘から4分が太筆、さらに大きいのは大筆（たいひつ）と呼ばれますが、「両切り」なら、筆先に合わせて無数の口径の軸を用意しなくてはなりません。

一方、寸の短いところで調整できる「だるま型」なら、数種類の規格だけで済みます。使い勝手も良く、作り手も合理的なので、「だるま型」の筆が増えていったのだと思います【図2】。

††††

岡本：もともと筆管の材料としての竹は、どこから仕入れてはりましたの。

萬谷：良い竹は、播州から買うてました。三田の女竹（めだけ）（細い竹）や矢竹（やだけ）（弓の矢にする固い竹）が最高です。三田に岡さんという原竹（げんちく）（注1）だけをする人がいて、僕が今まで仕事してきた中では、そこの竹が最高です。

岡本：それよりちょっと落ちるあたりのものとなると、どうなります。

萬谷：南部千代松商店（岡山県赤磐市稲蒔）の竹ですね。今も営業されていますが、もともとは竹輪の芯の竹を商っていたようです。中国の竹を入れたりもされています。

岡本：三田の良い竹の中でも、これが極上という特殊な竹はありましたか。呼び名というか、特別な業界用語のようなものも教えてください。

萬谷：節の長い矢竹が最高で、これは「長竹（ながたけ）」とは呼んでましたが、特別な名称はなかったですね。

岡本：節は長い方がよろしいの。

萬谷：長い筆管には、普通の竹では必ず節が入ってしまう。そのために節と節の間隔の長い、特別な竹が必要になります。

岡本：その「長竹」は、お高いのですか。

萬谷：高いです。うちが一番多く本数作ったときは、年間でだいたい70万～80万本卸しました。

岡本：その数では、奈良だけではないですな。

萬谷：全国です。新潟、東京、島根県から、もう、筆あるところ全部に卸しました。

†　†　†　†

筆管の素材は本来が多様で、特にうちは昔から、大量生産品は広島（熊野筆）に任せて、中級から高級品をメインにしてきましたから、紫檀や水牛で飾り付けしたものを多く作ってきました。父と叔父が一緒に仕事していましたから、それを見て育った私や従兄弟も同じような仕事ぶりです。自慢するようですが、今、象牙や水牛でそれなりの筆管を作れるのは、僕か従兄弟、あるいはせいぜい弟を入れて3人ぐらいのものだと思います。

私は父から引き継いだ技術で、今も筆軸を作らせてもらい、自分で売らせてもらっていますが、問屋さんが奈良の筆屋さん、例えば一心堂さん（株式会社一心堂〔奈良市上三条町〕）や文林堂さん（笹川文林堂〔奈良市角振町〕）や宝文堂さん（株式会社笹川宝文堂（奈良市林小路町）に入れている筆は、ほとんど（約7割〜8割方）県外のものです。国内では愛知県の豊橋か広島県の熊野ですが、豊橋や熊野から買っているからといって、日本の筆だとは限りません。国内の業者でも中国で作っているところは多い。あるいは中国からパーツを仕入れて、国内で組み立て、奈良に入ってくるものもあるでしょう。もちろん、奈良だけでなく全国に流通しているのでしょうが。

††††

岡本：私ね、萬谷さんという筆管師の方にお会いするまで、筆というものは、古くなったら焼いて燃やすものやと思い込んでましたね。捨てたら字が下手になると言われて、何本か溜めて「どんど」(注2)に持って行くことが多かった。20年ほど前まで筆の軸だけを考えたことがなかったんですが、萬谷さんとこの筆は、お願いしたら、毛先変えてくれはるんです。これが本来の筆のあり方やと思いましたな。

萬谷：何によらず、昔から残ってきているものというのは、それだけ大事にされてきたんでしょうね。毛先は、実際に使う部分ですから消耗品です。筆管がまだ使えるなら、傷んだりすり減ったりした毛先だけを交換したらいい。僕はそう考えとります。

岡本：それが20年前に初めてわかった。毛先は消耗品やけど、筆管は大事に使えば孫子、末代まで使える。せやからこそ良いもの作っとかなあかん、と言

注2．全国的に小正月に行われる火の祭事。左義長（さぎちょう）とも

うてはりましたな。

萬谷：うちの店で販売してる筆は、「僕が生きてる間は、毛先を交換します」という保証を付けて売ってます。自分が作ったものは、中の刳り方も含めて全部わかっていますから、毛先の交換なんて何でもないことです。他の人が作った筆は、ちょっと怖いところがあって、毛先を嵌めるところの刳りが凸凹しているとボンドが取り切れずに残るんです。

岡本：萬谷さんは、轆轤で刳らはるんですすな。

萬谷：水牛の素材でも1.5厘（0.7〜0.8㎜）の厚みになるぐらいまで刳りますから、手では無理ですね。轆轤を使います。

岡本：極薄で、なんぼくらいまで刳れますの。

萬谷：向こうが透けて見えるぐらい、ペラペラにできます。あまり薄くしすぎると弱くなりますが、逆にあんまり分厚いと、筆は毛先に墨が含まれるから余計に先が重くなって、バランスが悪くなる。へたくそな筆の加工は、毛先を嵌めるところだけ、ドリルで穴あけてある。比べると分かりますが、持った感じが全然違う。

岡本：中国産の筆は、そういうバランスの悪いのが多い。

萬谷：いやいや。中国の筆は随分よくなりましたよ。本当にびっくりするくらい技術が上がってきている。

岡本：実用的な面だけでなく、工芸品としての側面もありますな。

萬谷：はい。日本でも中国でも、昔の筆は凝った細工のしてあるものが多いです。

岡本：文房具飾りなんて言って、書院に筆を飾りますものね。
寺岡：筆の製造されていた歴史というのは分からないのでしょうか。
岩坂：町代(ちょうだい)の記録には「筆職」という語がちょくちょく出てきますが、具体的なことは書かれていない。その流通経路なんかはわかりません。
岡本：値段もわからんのやね。
寺岡：ボールペンも鉛筆も何もない、筆しかない時代で、みんな使ってたはずなのに、わからない。
岩坂：例えば、興福寺なら中村雅眞(なかむらがしん)さんのお家、神社なら大宮さんのお家とか、そういうところなら記録が残っているかもしれませんが。川路聖謨(かわじとしあきら)の日記にも、墨の話は有名ですけど、奈良の筆も使っていると出てきます。
萬谷：基本的に、消耗品やからでしょうね。箸の文化は残っていても、昔の箸は残っていない。それと同じやと思いますけどね。一方で「矢立て」は、結構昔のものが残っています。だけど、中の筆はほとんど残っていません。正倉院御物クラスのものは別ですけど。
寺岡：職人さん以外に、問屋レベルの名前は出てこないのですか。
岩坂：それも、あまり見たことありませんね。
岡本：春日大社の石灯籠なんかを見ると、筆屋の「春日講」はありましたな。筆屋仲間ですな。
岩坂：寛文の家職状[注3]には出てきたりしていますが、それも職人さんなのか筆屋の名前なのか、わからないところがあります。

注3．寛文十年の「奈良町北方二十五町家職御改帳」（奈良県立図書情報館所蔵）

岡本：安彦勘吾（あびこひであき）先生の『奈良の筆と墨』が、筆のことについてまとめた唯一の本やないですかね。

岩坂：ええ、そうですね。墨についてはある程度書けたけど、筆は書きにくかったたっておっしゃってました。やっぱりよくわからなかったようです。

中島：筆の穂先は確かに消耗品でしょうけど、筆管ってそう傷まないからまだまだ使えそう。再利用はされなかったのですか。

萬谷：蒔絵を施したりしたものは、先は交換して使ったりしますが、そうでない普通の筆管は使わないですね。そこらの竹切ってでも出来たものですから。筆ごと廃棄してると思います。筆塚があって、焚いたりはしたでしょうね。

寺岡：正倉院は別格として、神社やお寺に古い筆が実際残ってたりしないのですか。

岡本：残ってないですな。墨は残っていて、江戸の初期に墨屋が奉納した貞享期（１６８４―１６８８）の大きな墨がヒビも入らずに残っていて、びっくりしたことがある。

寺岡：筆の奉納は、記録に載ってないのですか。

岡本：見たことないなあ。筆は日常品なんやろうね、ことさらに記録されることがないから、日常のことが１番わかりにくい。

岩坂：たぶん院主のお家とか、神社の社家クラスの記録にはないでしょうね。あるとすれば、もっと末端のところの領収書や請求書の控えぐらいは、大福帳（だいふくちょう）を隅々まで探すと出てくるかもしれません。

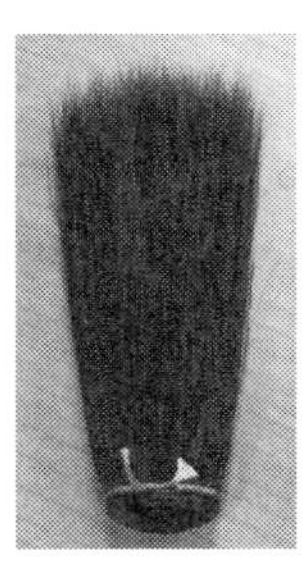
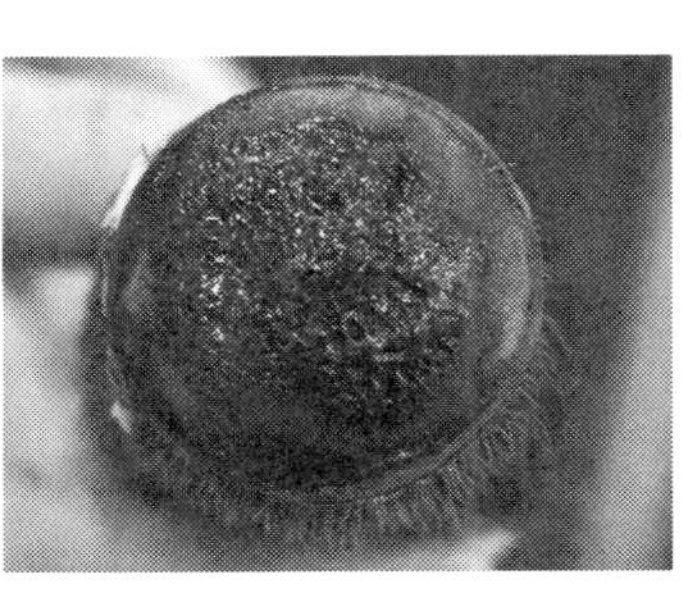
【図3】

寺岡：これだけ社寺があって、筆も大量に使われたでしょうにねえ。だからこそ「奈良筆」も成立したわけでしょうに。

萬谷：せやねん、奈良の筆は、神社仏閣によって守られてきていると思います。

(2) 毛先

私は筆管の職人ですから、筆の毛先を語る資格はないのですが、最近は両方をセットでつくることが多くなってきています。若い頃から、毛先を作る職人さんの仕事をよく見せていただいたおかげだと思います。

私が知っている範囲で、毛先がどのように作られるかをお話ししますと、まず根元をきっちりと括って、束ねた底の部分に鏝（こて）を押しつけて焼きます。焼くとそこが膠（にかわ）になって、カチカチに固くなる。そのとき、もの凄い煙が出ます。焼きながら、もう一度糸で締め直す。そうすると、もう毛先が抜けることはありません【図3】。今までの中国で作られた筆は、そこのところが「甘い」ので、中国の筆は洗いすぎると、ごそっと毛が抜けることが多かった。特に太い筆の場合は、墨をつけても全部洗わず、根元のあたりは固めて使わないと毛が抜けてしまいました。今は、かなり日本の技術が中国に入ったせいか、そういうことは少なくなってきています。

5～6年前に私が手に入れた、中国で束ねた筆は、鏝で焼かれていませんでした。この状態で中国から入ってきていたのを買っていました。こういうのを買い入れてどうするかというと、バラして毛先を「原料」として使うのです。

私は毛先の職人ではないのですが、特殊なものをたまに頼まれることがある。筆屋の職人さんは、1本、2本のものをなかなか作ってくれません。で、私が頼まれるのですが、そういうときに中国の筆を「原料」にして、その毛先を他の毛と組み合わせて筆先を作ったりします。

毛先には、羊毛（山羊）や馬毛、イタチやタヌキの毛などさまざまな種類のものを使いますが、今はもうほとんど中国頼みです。馬毛でも日本産のものは「内地天尾（あまお）」と言ってものすごく腰があり、中国の毛とは全然違う。タヌキの毛も日本ダヌキのものが、とても良かった。

しかし、いまは「整毛」（毛を固めて、抜いて、束ねる）の技術を持った人がいなくなっています。以前は菟田野に1人、整毛の「名人」がおられたのですが、1年半か2年くらい前でしたか、廃業されて後継者もおられない。そもそも、日本ダヌキの毛が手に入りにくい。うちも原料として多少持っていたのですが、最近広島の人に全部差し上げたので、全く手持ちはありません。

タヌキの毛に限らず、毛先の原料が、全体として日本では手に入りにくい。極端に言えば、本当に全部が国産でできている筆は、日本には存在しないと考えた方が良いでしょう。

現在、筆の生産量は「熊野筆」（広島県安芸郡熊野町）が一番多いのですが、その広島では、毛先の製造はすべてが分業になっていて、原料を調達する人は調達だけ、組み上げるだけの人、締めるだけの人、仕上げだけの人と細かく分かれています。1人で全部できる人は、ほとんどいません。また、太物師という太い筆を作る人、細物師というイタチの毛で細い仮名書きの筆を作る人とは、完全に別個です。

†
†
†
†

岡本：たいていの動物の「毛」は毛先に使われるのですな。

萬谷：以前、持っていた筆の毛は、それは山馬（さんば）と言って、ベトナムの大鹿のたてがみで作ったものでした。今はワシントン条約で規制されて、手に入らない。ベトナムの大鹿のしっぽで作った筆は奈良の鈴木さん（鈴木毛筆工業）に作ってもろうて、今も持っていますが、これは硬いです。この原料はうちにしかなかったはずです。あと、毛皮にするシルバーフォックスの毛などは、珍筆の原料になります。変わったものとしては、ニホンザルの毛とかがあります。

岡本：猿の毛ってどうですの、硬い。

萬谷：猿は柔らかいです。

岡本：あ、柔らかいんですか。猿のどこの毛を使いますの。

萬谷：背中か、首のところですね。どの毛にしても、おなかの方の毛は柔らか過ぎて使えません。だから、たてがみからしっぽの毛がほとんどです。熊の毛は油抜きしても、墨がはじかれて入らないくらいで、あんまり良くない。

岡本：猫の毛はどうですの。

萬谷：猫の毛は、玉毛と言われて細ものには良いです。

岡本：ああ、玉毛ですね。昔は浮世絵（春画）を描くのに使うとか聞きましたな。

萬谷：毛の先に、墨が玉になって溜まるんですよ。それで玉毛と言うのですが。

岡本：背筋の、首筋の毛ですな。

萬谷：タヌキも、捕る人もいなくなって、原料そのものがなくなった。中国ダヌキではやっぱり、先が弱いんですわ。日本のタヌキが一番いい。

岡本：タヌキと来ると、次はキツネですが、キツネの毛ってありませんの。

萬谷：いや、銀狐がシルバーフォックスですから、キツネの毛の筆もあります。ただ、ちょっと軟らかすぎる。毛皮との絡みで言うと、貂（テン）の毛の筆もあります。黒貂（くろてん）と黄貂（きてん）があって、黄貂の毛は高価です。普通サイズの黄貂の筆が20万円くらいします。

岡本：鹿の巻き毛の筆が、奈良の土産として幕末ぐらいから出てきますな。毛先を捩って、書きにくい筆やけど。

萬谷：ほんまに良いものは、そうでもないんですけどね。今、売られているほとんどが中国製です。ある業者が中国へ持ち出して、現地で作ったのを売り始めてから、評判が悪くなった。値段の安い方が売れて、鹿の毛の筆全体の評判が落ちた。

岡本：本来は、書きやすい筆ですか。

萬谷：ちゃんとしたものは、そこそこ書きやすいですよ。

岡本：毛先が捩ってあるので、書きにくいかのかと思ってたけど。

萬谷：あれね、うわべだけひねってあるだけで、中の毛はそのままなんです。外だけをひねってあるんです。

岡本：ああ、そうですか。

萬谷：うちでもやってましたよ。毛先の職人さんは、ほんまに毛先だけしかしないので、軸を作る側が完成品にしていました。軸の職人が減ってきているので、仕上げができにくくなっているのです。

岡本：赤ちゃんの毛で筆つくることがありますな。

萬谷：うちでも作りますが、どれだけ小さな筆になっても、その子の髪の毛だけで作ります。

岡本：初めて切った毛でないと筆に毛にならんのですな。一生に一回だけ。一番先っぽの毛を切って送ると、筆にして、名前を入れて返送してくれはる。二回目からは、先が刈られているので使えない。始めて生えてきた毛やないといかんのですな。

萬谷：刈ってあったら先がなくなるので。まあ一回刈ったくらいなら大丈夫ですが、子どもさんの初めての髪はきれいですよ、先が透けて。

岩坂：あ、そういうことですか。切ってないから。ああなるほど。

岡本：赤ちゃんの毛で筆を作ると言うと、なんか人非人か残虐行為でもするように思われて。散髪するだけやのに。

4. 日本の筆業界

岡本：最初の方で、年間70～80万から100万本ほど卸していた言うてはりましたけど、それほど全国に筆屋さんがあったのですね。

萬谷：はい。ただ、少なくはなってきていますね。一時、新潟に2軒あった老舗が廃業したことが、筆屋の間で大きなニュースになりました。一つは中越地震で自社ビルが損害受けて廃業、もう一軒は社長が急死されて。松江毛筆という島根県のお店もなくなりました。

岡本：東京にも大きな筆屋がありましたか。

萬谷：名古屋が本店の玉泉堂（ぎょくせんどう）、かつて東京に店舗ありましたが、今はなくなっています。

岡本：京都には鳩居堂（きゅうきょどう）がありますな。

萬谷：京都は、他にも香雪軒（こうせつけん）や龍枝堂（りゅうしどう）が大きな筆屋さんです。

岡本：一口に筆屋と言っても、自分のところで作っているところと、口入れ屋みたいに集めてきて問屋に売っているところの2種類あるわけですな。京都あたりでは、自分ところで作っているのですか。

萬谷：京都は、職人さんがまだ10人ほどいると思います。鳩居堂さんも何人か抱えています。ただ、それだけでは追いつかないので、仕入れもされている。

† † † †

筆づくりには、たくさんの工程があります。苦手や不得手なところのある人では、遺伝みたいに、それがまた受け継がれていきます。ですから、全工程をこなせる人が監督さんになって、教えながら作っていくと、本当に良い筆ができると思います。奈良の職人さんは別にして、個人では、先に触れた玉泉堂の、お父さんの時代から専属だった人で、今は岐阜に住んでおられます。お店が潰れると専属の職人さんは大変ですよ。売掛金はもちろんとれなくなりますが、もっと恐いのは仕事がなくなることです。専属だったから、玉泉堂さん以外との付き合いがない。他へ売りに行くことができないから、仕事が全くなくなってしまうのです。素晴らしい細筆をつくる技術を持った人なので、私はあちこち紹介して、忙しく仕事をしてもらっています。良い筆は残したいですからね。

いま、奈良には9人の伝統工芸士さんがいらっしゃいますが、仲介する人がいていたら、もっと職人さんが多く残ったかもしれません。私はお節介でやっているところもありますが、良い筆先が作られていくと、回り回って私の作った筆軸も売れていくわけで、筆先がなくなれば、私の筆軸のもって行き場もなくなる。筆職人さんの売り先を広げるのは、自分のため、筆づくり全体のためでもあるのです。

†　†　†　†

岡本：奈良の伝統工芸士さん9人だけですものな。

萬谷：中国産に対抗する以前に国内で苦戦しています。筆を製造する人数は、愛知県の豊橋に多いんですが、もともと技術は奈良のものです。奈良の筆づくり職人の技術が豊橋に行った。

岡本：ほお。豊橋の職人さんは奈良の技術を習うたんですか。そういう地域は他にもありますの。

萬谷：直接出向いて教えたわけやないですけど、広島の熊野の技術は奈良から持ち帰られたものです。豊橋の職人さんも奈良に随分いてはりました。奈良筆の伝統工芸士として認定を受けた人が豊橋に戻るとき、認定書を返上したという話も聞いています。たぶん、愛知の豊橋と奈良とは、昔から筆屋同士の交流があったんでしょうね。老舗の問屋さんである笠屋町の鈴木さんのところは、昔からずっと毛先は全部豊橋で作って、それをうちの筆管に付けて、博文堂や一心堂、文林堂も、宝文堂などに売ってはる。

岡本：筆もハイブリッドなんやね。業種での守備範囲みたいなものもありますの。

萬谷：ええ、もちろんあります。

††††

僕はそれまで軸屋としてやってきていましたから、独立して、初めて筆を完成品にして販売に回ったとき、大事（おおごと）になりました。鳩居堂に行って営業しただけで、すぐ翌日に、広島から電話がかかってきました。「萬谷さん、筆売りに行ったんやて」と。こういう情報って早いのです。もう25年くらい前の話ですが、自分で作ったものは自分で売ろう、問屋さんを通さなくても、直接販売店に卸そうと思って。そしたら即、「なんということするのか」という非難の電話です。「筆職人が筆売りに行って何が悪い」と言い返しましたけど、結局東京で六、七軒の筆屋さんを回って、置いてもらえたのは鳩居堂さんだけ。

††††

中島：自分の筆を自分で売るのも簡単じゃなかったんですね。

萬谷：僕らみたいに、自由に筆を作って販売しようとする職人さんはいませんでした。みんな、どこかの筆屋の専属職人なわけですから、職人が表に出て筆を売るようなことは御法度で、できなかった。そんなことしたら、馘首ですよ。「勝手なことするなら、仕事やらへん」と。うちも元々、名古屋の玉泉堂の専属やったんです。そのときに、このままでは中国に押されて「仕事がなくなる」と思うたのが、最初に言った独立の直接のきっかけです。当時の玉泉堂の社長さんが、うちの筆を中国へ送って、コピーを大量に作らせた。しかし、粗悪な筆しかできへんかったので、うちにきれいに修理してくれと言うてきた。たまたま親父が病気で入院してた時なんで、僕が聞いたわけです。そんな勝手な注文があるかと思ったけど、このままでは遠からず仕事は全部中国にいってしまうと危機感も持った。一軒の問屋さんの専属では、例えば、玉泉堂の専属だったうちは100万円ほどの収入でした。年間1千万ほどでは、職人を育てることもできん。そう強く思いましたねえ。

中島：独立するって、大変なことだったんですね。

萬谷：危機感はもちろん大きかったけど、自分が腕に自信が持てるようになると、やっぱり誰でも「何か」したくなりますやん。余計なことしたくなるんですよ。先が見えているようなことは、面白くなくなってくる。当時、何万本、何十万本も動かそうと思うたら、筆管づくりなんて、できなかった。営業と仕入れに走り回っていた。従業人10人くらいいたから、とにかく売らん

注4．写経用の細筆

といかん。それで、売り上げを増やし続けて、バブル期の最高時には年商1億円を超えたこともありました。僕は見本作るだけ。全然面白うなかった。今は楽しいです。あんまり儲からへんけど。楽しくて仕方がない。

5．中国産の筆

岡本：中国製の筆も良くなってきている。それでも中国産の写巻（しゃかん）(注4)やなんか、50円くらいで買えるでしょ。そういう安いのが大量に入ってくる。安いのに使い勝手が良い。それで使ってしまうのですが、ただ長持ちしませんな。日本の細筆は、やっぱり長持ちします。

萬谷：良いものは、長持ちしますね。うち（三輪の参道のお店）は、元日から店を開けてますが、その日に毎年同じ人が買いに来はるんです。「三輪さんにお参りに来たら、正月に筆買うねん」と言って。聞くと、去年の筆はまだまだ使えるらしい。商売から言うと、あんまり長持ちする筆作ったらあきませんね（笑）。

岡本：売ることだけ考えたら、そうなりますな。

萬谷：中国の筆は、すぐにダメになるから、次々に売れる。これ、大事なことのようにも思います。自動車でも丈夫で長持ちものばかりでは、修理屋が潰れる。修理の技術もなくなってしまう。

岡本：早うに悪なることで、新陳代謝が図られているということですな。

萬谷：昨年、奈良の筆を売りに、北京へ行きました。
岡本：筆の逆上陸やね。
萬谷：そのとき、中国の人から「真似するな」と、えらい難癖つけられて。

† † † †

昨年（2015年）、日本の筆を中国で売ろうということになって、北京でプロモーションしました。そのとき、私の「天平筆」も出していたのですが、ある中国の人が「お前は中国の真似をした。俺の作品をコピーした」と、もの凄い剣幕で文句をつけてきた。スマホに入った写真を見せて、「これが俺の作品である。お前はこれをコピーした」と。その人も筆管の職人さんだったわけです。それで「はは～ん」と気づいた。どこかの日本の業者（可能性の高いのは奈良の業者）が、私の作った筆を中国へ持ってきていたんだなと。それで、通訳を通してこう言い返しました。「この筆の見本を持ってきた人間がいるはずだ。日本人だろう。この筆は奈良の正倉院にしかない筆だ。私はその文献を元に作った。中国に現物があるはずない。あんたは誰かが持ってきた見本を元に作ったのだろう。その見本を作ったのは私だから、そっくりなのは当たり前だ。コピーしたのはあんたの方だ」と。それで中国の人も「よくわかった」と言って帰っていきました。
結局、誰が見本を中国に持ち込んだのかは分からずじまいでしたが、奈良の筆屋さんだけではなく、広島の熊野の筆屋さんでも、私らが作った筆管を中国へ持って行って、コピーさせているのは事実です。私の作った「天平筆」も、現物が中国に渡っていた。誰かが持ち込んだのです。コピーさせる目的以外には考えられません。事実、北京の会場にコピーをつくった中国の筆管師が現れたのですから。「天平筆」は一般受けするものではありませんから、私は大量につくっていない。しかし、コピーさせようとした人は、1本や2本と考えてはいないでしょう。少なくとも何百本の単位で作らせたはずです。そのうち、中国産の「天平筆」が世に溢れることになるでしょう。その兆しは既にあって、昨年の正倉院展の時に、ある業者が中国で作ってものを持ち込んでいたようです。

こういうことは珍しくはないし、止められるものでもない。ショックを受けたのは、コピーできるだけの中国の技術力です。日本で「天平筆」のコピーをつくれる職人が何人いるか、従兄と弟を除けば、ほぼゼロでしょう。中国筆は安いけど質は悪い、技術の劣悪と侮っていたらとんでもないことになると思います。すでに奈良の筆あるいは日本の筆のレベルよりも、中国の方がはるかに高いのかもしれません。

† † † †

岡本：お持ちいただいたこれも、中国製ですな。

萬谷：中国製です。良い出来栄えです。この仮名筆も中国製です。中国は仮名の文化じゃないので、仮名筆が中国にあるわけがない。日本の業者の誰かが、日本から仮名筆を中国へ持ち込んだわけです。中国では使い途がないから、日本で売るためにです。

岡本：確かに、良い筆やねぇ。

萬谷：昔に比べると、値段は上がってきていますね。うちの仕入れで、だいたい300円くらいですかね。今まではね、150円とか100円以下で入るものもありました。以前、一緒に仕事をしていた日本の筆屋さんは、だいたい60円で買った筆に1000円の定価つけて、半額で販売していました。恐ろしい商売です。

岡本：しかし、これ中国製でも良い筆やねえ。

萬谷：僕は中国の筆でも、良いものは評価しています。名古屋に魁盛堂という筆の老舗があるんですが、そこの中国筆を取り仕切っている人と20年来付き合っています。中国の人ですが日本語が流ちょうで、去年の北京もその人と一緒でした。中国の状況も見られて勉強になりました。次の年も誘われたんですが、行けなかった。日本の筆が売れると期待して30社ほど行ったらしい。全然、売れへんかったそうです。

岡本：萬谷さんが見たら、日本の筆と中国の筆は、すぐに違いがわかりますか。

萬谷：最近わかりませんね。それだけ出来がよくなってきている。

岡本：もともと中国も筆の質は良かった。文化大革命で職人がいなくなっただけで。

萬谷：もともと中国の筆は優れていたと思います。書家の今井凌雪先生のところにお伺いしたときに見せていただいたのですが、今井先生の筆は、ほぼすべて中国の筆でした。中国の職人に、直接発注して作らせたとおっしゃっていました。2竿の和筆筒いっぱいに筆が入っていて、それぞれ作られた場所や職人がメモされていて、この職人は巧かったと言うような話をされていました。良い原料があったときに、100本とか200本まとめて作らせていたそうです。先生は「こういうふうにせんと、良い筆が残らん。その職人がいなくなったら、あるいは原料がなくなったら、それまで」と。

今井先生に、私の作った筆の評点を付けていただきたくて、手紙とともにお送りしたのが、お宅に出入りするきっかけでした。そのとき、こういうことをおっしゃいました。「萬谷さん、この筆を僕が『良い』と言うと売値が高くなってしまう。筆屋に卸さず自分で売ると言うのであれば、この筆は良い筆だと評価する」と。ある業者が、先生が「良い」と言った筆を倍の値段で売ったことがあって、それ以後どんなに良い筆でも口にすることはされなくなったそうです。その筆は、「大観書畫筆」と「奇秀(きしゅう)」という、台湾の筆です。今井先生は独特の書体でしたから、誰にとっても「良い」筆とは言えないのですが、それを業者が勝手に(台湾でなく)中国で作ってきて、高い値段にしたらしい。今井先生は「みんなに安い値段で良い筆を使って欲しいからね」とも言われまして、それ以来、その筆は1500円のまま、うちの店だけで売らせてもらっています。

岡本：それは細筆ですの。

萬谷：細筆です。今井先生は、業者が自分の評価を利用して値段を上げて売ったことに、随分、怒ってはりました。大観書畫筆や奇秀は、いまでも、今井先生の「雪心会」の生徒さんがうちに買いにこられますが、もう置いてません。台湾から中国製に変わってから、うちは取り扱いせんようになった。

その会社は中国筆の取扱量が圧倒的に多いので、良い筆も少なくない。良い硯も扱っていて、僕もよく買いにいきました。余談ですけど、日本に入ってくる端渓の硯は、良いものがなくなりました。名古屋の魁盛堂も、良い硯はみな中国へ売ったらしい。中国の方が高く売れるんですて。奈良の「書遊さん」も、一時随分売ってはりましたね。

中島：筆って、基本的に漢字文化圏のものですよね。中国の筆はともかくとして、韓国はどうなってるんですか。今も作っているのでしょうか。

萬谷：よくわかりませんが、全く作られていないわけではないと思います。

中島：ハングルによって駆逐されたというわけではないのですね。

萬谷：最近は知りませんが、前には韓国の筆が入ってきていたようです。ただ、韓国の筆は独特でしてね。水牛の筆管が多かったと思いますが、毛を束ねるのやなしに、ブラシみたいに穴に注してある。（※今年（2023）正月に韓国の方が筆軸がほしいと来られました。韓国にも職人がおられるとのことです。）

岡本：ブラシ式ですね。

萬谷：実物を見たこともあります。まだ残っているかどうかわかりませんが。そう考えると、日本は残ってる方やね。職人の消えていくスピードは、ひょっとすると中国の方が早いかもしれん。ただ、中国は広いからね、びっくりするぐらい職人がいるのと違うやろか。寝ずに働いているようには見えないのに、できあがってくる。

岡本：いつ作ってるのかと思うね。

萬谷：本当に。ただ、日本から持ち込んだ筆をコピーできるのは、それだけの技術があるということですわ。それだけの技術がずっと伝えられてきたということは、事実として認めんとね。

6．奈良の筆

岡本：さて、奈良の筆の特徴というと、まず何が挙げられますか。

萬谷：奈良の筆は、製作過程が、たとえば熊野筆などとは違います。見た目は同じように映りますが、熊野筆は「盆混ぜ」と言って、奈良の筆とは少し違っています。

岡本：熊野筆は「盆混ぜ」。奈良の筆の場合は、何と呼ばれていますの。その話をしてもらえますか。

萬谷：私は「毛」の方の職人ではないので、詳しいことは話せませんけど。毛先を作るのには、「盆混ぜ」方式と「練り混ぜ」方式とがあります。広島（熊野）の「盆混ぜ」方式では、まず木灰を使って、アク（脂）を抜くために毛を揉みます。それをそのまま「芯毛」と混ぜていきます。奈良の場合は後者の「練り混ぜ」で、これは毛を全て布海苔（ふのり）で湿らせて、並べていき、道具を使って返していく間に重ねて混ぜていくやり方です。「こねこね」しながら、何回も何回も、調子を見て毛先を作りだしていく。これが多分、奈良筆の特徴やと思います。ただ、そういうことが今もどれだけやられているのか、最近あまり筆屋の職人さんと会っていないのでわかりません。

筆の毛先は、一様の毛ではできません。中の毛と外の毛は全く違います。外の毛は「化粧上毛」と言って、ほとんどが飾りです。中の毛は、先の良い毛だけを使います。真ん中に入れて、毛先を「しっかり」させる、ちょっと硬めの毛を「芯毛」と言いますが、奈良の場合「鹿の毛」を使うこともあります。

毛先を水に濡らすと、先のない硬い毛だけが立ち上がってきます。特に細筆などの場合は邪魔になる。これを「はんさし」という道具を使って、1本、1本丁寧に抜いていきます。「さらえ」と呼ぶ作業です。上下が逆で毛先に固い方が行く「逆毛」もあります。これも全部抜いていく。私は、毛先は専門の職人さんに作ってもらうことが多いのですが、筆管に毛をはめて仕上げるときには、必ず布海苔(または合成糊)で固めて、糸でしごき、櫛通(くしどおし)をします。そのとき「逆毛」があれば、その場で抜きます。最終段階でチェックしないと、製品に必ず残ってしまいます。数多く出す筆まではできていませんが、主要な筆については、内職やパートの人に任せず、自分でこまめに抜いています。

岡本：奈良の筆屋で、外国(中国)で作らせといて、「奈良筆」として入れたのがおるらしいね。それからですかねえ、奈良に良い職人さんが少なくなったのは。

毛先は、昔は膠でしたが、今は接着剤を塗ってしっかりと筆管に止めます。

萬谷：そうですね、仕事が減りますから、生活が成り立ちません。それに「奈良筆」

の定義がはっきりしなくなってますでしょ。全国的な知名度も高くない。「奈良筆」よりも、熊野の化粧筆の方がよく知られている。奈良の大手の筆屋さんも化粧筆を扱っておられますが、そのほとんどは中国で作られているようです。中国の筆を販売しようが、どこで作ってこようが、商売上の問題は特にないと思います。ただ、それを「奈良筆」として売るとなると、話は別でしょうね。

岩坂：萬谷さんの感覚で言うと、これまでの「奈良筆」の最盛期はいつ頃だとお考えですか。

萬谷：うちの売り上げで言うと、30年程前ですかねえ。作った分だけ売れました。せやけど、長続きはしませんでした。せいぜい5～6年で終わりました。実は、もうその頃から熊野筆に勢いがついてきていました。全国に営業に回ってましたね。奈良筆を販売する会社は、やっぱり少ないです。職人も少ない。なのに販売量は日本一でした。生産が少ないのに販売は多かった。つまり、熊野の筆や豊橋の筆が随分入ってきていたんです。

寺岡：大和のお茶が宇治茶になって流通した、その逆パターンですね。

萬谷：ええ。豊橋の筆は、豊橋筆としてはあんまり販売していない。職人さんは多いんですけどね。東京や奈良や京都で売られている。

岡本：京都は自前で作れそうなもんですけどな。

萬谷：京都は、もともと太い筆を作る人が少なかった。細筆や友禅の筆作ったりするのが多かった。だから、細筆が圧倒的に多いんです。

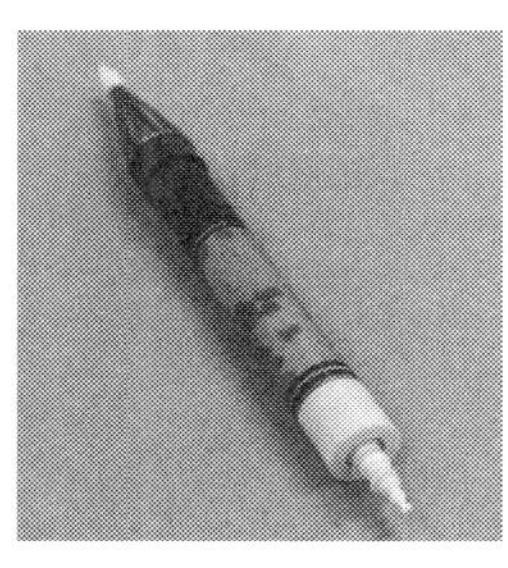

【図4】

【図5】

岡本：なるほど、絵筆が多いわけか。

7．正倉院御物の筆―「天平筆」―

岡本：今日は「雲平筆」持って来てはりませんが、滋賀県の高島の「雲平筆」という、下に金網を巻く筆があるのですが、この人、そういうのも出来はります。あの金網巻くのは、雲平筆独特のもんですか。

萬谷：そうですね、無形文化財（人間国宝）の方は亡くなりましたね。後継者の方がやってはります。この前高島まで行ったので、お店覗くと、うちの作った筆もたくさん並んでました。

岡本：というように、この人はなんでも作らはります。このあたりで正倉院の筆の話、してもうたらどうですやろ。

萬谷：これ【図4】が、ちょうど10年前に奈良国立博物館に出展した筆です。国博で、岡本先生一番ご存じの時に出陳した物なんですけど、これがいわゆる、この部分【図5】が1本象牙から刳り抜いた「遊環」です。

岡本：輪が踊ってますな。嵌めたのではなくて、削り出してある。正倉院御物に、この遊環の筆がありますな。これが、萬谷さんの妙技です。

萬谷：轆轤で刳り抜くんです【図6】。以前、NHKの「美の壺」が作るところを撮影したいと来ましてね、撮ろうとした瞬間に終わってしまった。「もっとゆっくりやってくれ」と言われたんですが、ゆっくりやると、熱を持って割

【図6】

れるんですよ。一気にやらないといけない。

寺岡：どうするのか、イメージできないんですよね。

萬谷：簡単なんですよ。ただ、手先を鍛えないとできない。指がちょっとでもぶれたら、もう終わりです。針あるいは鉛筆みたいな道具を使って、一方を固定したまま回転させる。最後の浮かす瞬間は、刃物の角度を調整して削ります。切れるほんの瞬間まで一緒に回っていた輪の部分が、最後にポロンと抜けるんです。

中島：想像しにくいですね。

寺岡：イメージできません。

萬谷：刳り抜く部分に針を2本、上からと下から斜めに入れていくと、自然と角度が出ます。問題は「均一さ」です。上下の厚さが違うと最後が「合わない」ので、パチンといきます。

岩坂：その「刃物」は、どこで調達するんですか。

萬谷：全部、自作です。轆轤で使う道具は、みんな自分で作っています。どこにも売っていませんから。

寺岡：自分で作られる道具は、金属製ですか。

萬谷：ええ、鋼ですね。鉄工所が使うような分厚い鉄引き鋸も使いますが、カッターやプレスが使われだして、なくなってきている。刃物やヤスリ、鋸が少なくなって。昔は「目立て屋」さんが古いヤスリから刃物を作ったりしてくれた。今は目立てする人がおらへんでしょう。大和高田市に1人だけ、僕の鋸、目立てしてくれる人がいるんです。戸倉さんという、30、40代の人で、この人は上手です。全国から注文が殺到しています。技術のある人のところへは、仕事が行く。仕事と技術の関係は難しいですね。仕事がなくなって技術が廃れるのと、技術が失われて仕事がなくなるのと両方ありますね。奈良の筆も、両面あるかもしれませんね。技術レベルが落ちたら、筆自体が自然に消滅していくかもしれん。

† † † †

最近の一般的な筆は、プラスティックのキャップがあって、被せて置いておくでしょう。「共鞘」と言って、昔は竹製で先に籐を詰めて、空気が抜けるようになっていたので、そうでもなかったのですが、今キャップをして長い間そのままにしておくと、蒸れて毛が腐ってしまう。正倉院の筆(「天平筆」)を見ると、やはり同じようにキャップはあるのですが、先が空いている。昔の中国の筆もこういうキャップを嵌めているのが多い。毛を腐らせない工夫がしてあるんです。昔から伝わってきたものには、それなりの工夫と手入れが必要なんです。

筆に良くない、もう一つのものは墨汁です。墨は墨汁でなく、摺ったものを使って下さいといつも言っています。墨汁には墨液が入っているので、そのままにしておくとカチンカチンに固まってしまう。たまに、うちで買った良い筆が使えなくなったと持ち込まれることがあって、そういうときは洗ってあげます。いったん墨液を溶かして、新たに布海苔で固め直す。「そんなことしてたら、新しい筆が売れへん」

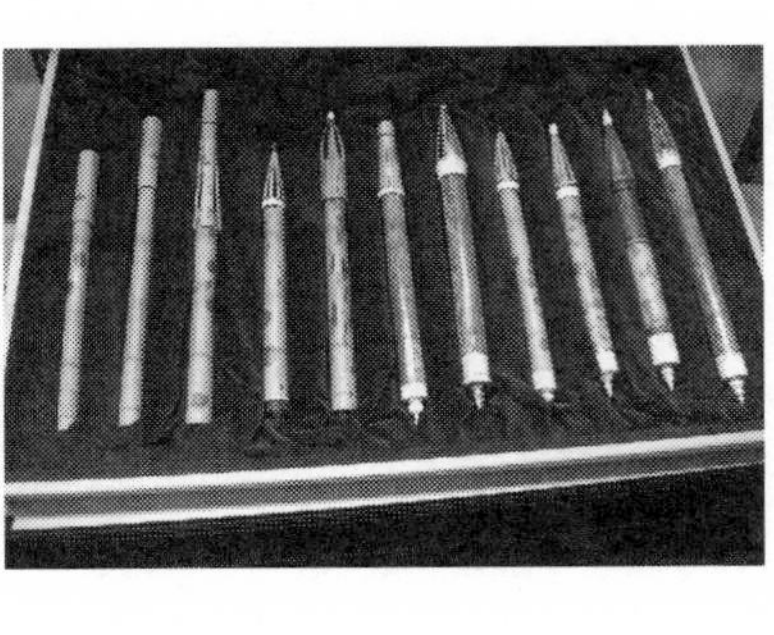

【図7】

と言われることもありますが、5～6万する筆は10年なら10年使えるように作ってあるので、手入れすれば元通りになる。筆管が10年保っても、毛先がすぐボロボロになるようではいかんわけです。私は、最低でも10年持てるような筆を作らないかんと思っています。その際、絶対に手を抜けないのが、毛先と筆管の接合部分です。下手な仕事になると、ここが直にポロンととれる。

††††

岡本：正倉院の筆の話にもどりますが、あれ、「雀頭」と言いますでしょ。あの作り方を前にお聞きしたんですが、もう一度お話し願えませんか。

萬谷：「命毛（いのちげ）」とか「芯毛（しんげ）」と言うのですが、まず中央の芯にする毛を作って、その上に和紙を巻いていく。その上にまた毛を重ねて、和紙を巻いていって、毛先の形にしていくんです。正倉院御物の写真を見ると、毛先が残っているものもありますが、ボロボロになっている。でも、紙は比較的きれいに残っている。毛は朽ちてしまっても、紙は残るんですよ。

岡本：バンテージ巻くようなものですが、書きやすくなるとは思えませんな。

萬谷：いや、字を書くのに使うのは紙が巻かれていない「先の部分」だけです。紙の巻いてあるところは使えません。これ以上折れない（書く部分が下りていかない）ように、紙が巻いてあるのです。

岡本：折れんように紙が巻いてあるの。その論法でいくと、太い、大きな字は書けへんね。

【図8】

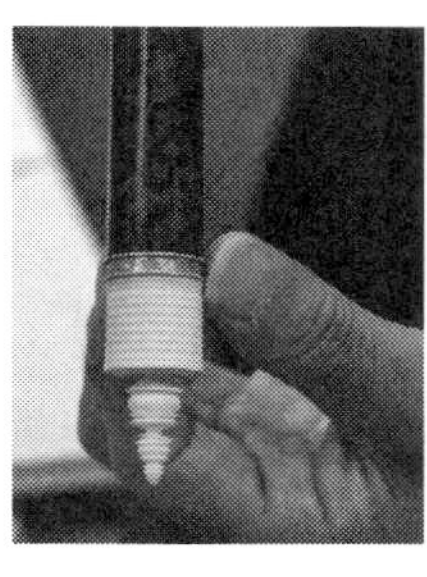

萬谷：書けません。ほとんどは経文用でしょうね。

浦西：正倉院の筆先の毛は何の毛ですか。

萬谷：狸の毛です。鹿の毛も入っていたと思います。

岡本：貂の毛もありますか。

萬谷：正倉院の筆には多分使われてなかったと思います。

岡本：萬谷さんは正倉院の筆、17種類を復元して、奈良博へ納めはりました【図7】。

萬谷：いや、今回も5本だけ作らせてもらいましたが、未納です。最後の1本が未完成で、現在(2016年時点)金細工をしてもらっています。大津市の小林様に注文しており、仕上がれば納める予定です。

岡本：正倉院筆は。沈香とかの香木を使ってるんですな。

萬谷：はい。今や手に入りにくい材料ですね。持つと香りが手に残るようになっています。

岡本：なるほどね。

萬谷：一番出来が良いと思ったのを日本伝統工芸展に出品したんですが、見事に落ちました。

岡本：価値が分かってないのと違う?

萬谷：いや、やっぱり「名前」が必要なんやと思います。

中島：正倉院筆というのは、元々舶来品なんですか。

萬谷：はい。多分中国から来たもんです。

中島：明治になって写しが作られるまで、日本では作られなかったのですか。

萬谷：作られてないでしょうね。明治になって、勝木平造(かつきへいぞう)さんが作った分以外は、僕は目にしてないです【図8】。

中島：平城京の時代は、その写経に使ったとおっしゃいましたよね。国分寺かなんかがいっぱい出来ましたが、そのときには一緒に伝わってないのでしょうか。

萬谷：正倉院の御物でしか見たことがありません。

中島：そうですか、特別の筆なんですね。そのタイプのものは、正倉院御物と、それを写したものしかない。

萬谷：「正倉院の筆」は、特別の筆です。明治以前に、これを作ったという記録はない。明治になって、勝木平造さんが正倉院の宝物を修復したときに4、5本作ったという記録があって、うち2本は皇室に献上され、1本は西武の堤さんのところにあると聞いたことがあります。広島の熊野にある「筆の里工房」にも1本残っています。私が見ると、ちょっとレベルが低いもののように見えますが(注5)。

　私が持っている(従兄弟の所有ですが)レベルのものは、おそらく一般には出回らない。去年(2015年)、国立博物館へ持って行って見せると、「どこで盗んできた」と言われました。「重文級やから手放したらあかんで」とも言われました。

　勝木平造さんは、奈良の人でなく、東京の人なのですが、これらの筆を勝木平造さんが1人で作ったとは思えません。毛先、筆管、象牙の細工、

注5．日本近代を代表する筆匠、二代勝木平造が正倉院に伝存する「天平筆」を模したもの。本筆は、明治14年(1881)の第二回内国勧業博覧会に出品され、有功二等賞を受賞した4本のうちの1本と思われる。二本は宮内省買上となったという。(筆の里工房HP収蔵品解説より、広島県安芸郡熊野町)

金具がありますから、おそらく、何人かの職人によって作られたものです。1人だけでは絶対にできない。僕は金具の部分だけを専門家にお願いすることにしています。滋賀県の人で、伊勢神宮の金具を作った方です。銀細工ぐらいなら、やれないこともありませんが、金は高額なので失敗すると困ったことになる。

どうぞ、勝木平造さんの「天平筆」をご覧になって下さい。このレベルのものはね、絶対に現物を手にした人しか作れません。たまたま勝木平造さんが残してくれた筆が私の方に回ってきたので、似たものが作れた。その縁で言えば、私は「後継者」のような立場だと思うので、今回も5本ほど作ります。それを手に入れて、後々、誰かがまた作ってくれるかもしれないと期待しています。

岡本：これが勝木平造さん模写の「天平筆」ですか。なかなかのもんですな。

萬谷：これは、ものすごい作品です。正倉院の本に載っているもの、それそのものです。実に緻密にできています。これにもやはり「遊環」が入って、金の彫金が施されています。100年以上経って、バラバラに分解されていたのを、従兄弟が組み立てました。

岡本：明治初年に、御物の模写したときのものの5本のうちの1本ですな。

萬谷：そうです、そのときの分です。これと同じようなものを、僕は今年作りますが、この「遊環」を勝木平造さんは100年前に作っている。すごい技術です。でも本物の御物は1200～1300年前ですよね、いや、もっと前かも

【図9】

【図10】

しれませんが。当時、どういうふうにして削ったのか、ほんと驚きですよ。

岡本：モーターあらしませんしな。

萬谷：昔の轆轤を1台持ってるんですが、足で踏むんです【図9】。右足で踏むときと左足で踏むときでは、回転が逆になる。モーターと違うから、延々と回り続けない。2～3回転したら、また2～3回転戻してやらないとあかんのですよ。だから、右足で踏んで回転させて刃物を当てて削り、今度は刃物を離して左足で踏んで戻す。戻ったら、右足で踏んで削り、左足で戻す。この繰り返しです。たぶん、そういうふうにして刳り抜いたんだと思います。

岡本：それ、若いとき使うてはった轆轤ですの。

萬谷：いえいえ、2～3年前から練習しまして、ようやくネジが切れるようになりました。

岡本：ああ、今まで出来んかったネジが切れた、と言うてはりましたね。

萬谷：更紗(サラサ)の復元している京都の鈴木時代裂研究所とのコラボ商品ですが、「天平筆」の形をしたボールペンを作ったんです【図10】。キャップが鹿角でできていてネジ式なんですけど、このネジが足踏み式の轆轤やないと切れない。

寺岡：モーターでは切れないのですか。

萬谷：回りすぎて切りすぎてしまうんです。モーターはすぐに止められないので、必要な幅以上に切ってしまう。そうすると、パリッと折れてしまう。手で回してネジを切るタップ・ダイスというのもありますが、鹿角みたいに柔らかい素材だと、真っ直ぐに切れない。足踏みの轆轤が最適なんです。

寺岡：足踏み轆轤って、今も残っているんですか。

萬谷：万年筆の製造でも使っているところがあるそうです。

浦西：奈良では、60年代まで木地師の人（吉野町宮滝の辻本さん）が足踏み轆轤でお盆とか、お椀を作っておられましたね。一般には、手で横回転させて轆轤を回すのが多いんですけど、足踏み式は紀州の木地師の系統と言われています。

萬谷：僕の場合は、大阪の印材屋に知り合いがいて、そこが廃業するときに貰いました。

浦西：数珠には轆轤を使うと聞いてましたけど、筆にも使うんですね。

萬谷：うちは、ずっと轆轤を使ってます。大きさの違うものを3台くらい常に置いてます。

中島：今、「遊環」を作れるのは、萬谷さんだけですか。

萬谷：いやいや、こんなん誰でも出来ます。そんな難しいものと違います。

岡本：いや、できるとは思えまへんな。

萬谷：従兄弟は簡単にやります。僕と従兄弟はできます。確かに、それ以外は僕のまわりにはおらんですね。だいたい、轆轤でものを削ること自体が少なくなって、全部旋盤ですから。「遊環」ほど薄くなると、旋盤のように固定した刃物では絶対に作れません。

中島：時間がかかるのですか。
萬谷：3秒ほどです。
岡本：一瞬の技術やね。それと前に聞きましたけど、象牙は削りやすく、鹿の角は先端の粘り気のあるとこやないと遊環できないんですね。
萬谷：そうです。稠密なところやないとできません。
岡本：1番削りやすいのが象牙ですか。
萬谷：そうです。合成樹脂では、熱持って溶けてしまう。象牙が1番削りやすい。象牙はすごく加工が楽な素材。かなり薄くしても割れない。強くて粘り気がある。ただ、熱と乾燥には弱い。
岡本：象牙も竹も弱いですな。
萬谷：前に百貨店で展覧会したとき、「萬谷さん、なんかプチンプチン音がしてますよ」って画廊の人が言うんで見てみると、片っ端から竹が割れてる。売れた商品は、納品までに竹を交換するしかない。ただ、この斑竹は伐採禁止になって貴重品です。去年、北京にいったときに、1本が1万円でした。聞き間違いかと思うほど、高い値段になっている。
浦西：だいたいみんな轆轤で刳るわけですか。
萬谷：轆轤です。
寺岡：硬い素材でも削れるんですか。
萬谷：硬いものの方が細工は楽です。ただ、結構力が要りますよ。指だけで抑えるので、長年やっていると指が伸びなくなって、指の間に力こぶができてしまいました。

岡本：そういう凄い技術でつくった萬谷さんの「天平筆」のボールペン、よろしいで。他所いって、この「天平筆」出して、ボールペンで書いたら大受けします。

萬谷：これだけの竹は、もうないです。100年くらい経たないと、これだけの模様に色がでてこない。

岡本：中国の斑竹ですか。

萬谷：これは、湖南省の斑竹です。非常にきれいな竹です。

岡本：それと、今は煤竹も集めるのが、なかなかの苦労やそうですな。

萬谷：昔の屋根にある煤竹、皮剥いて磨くときれいになります。100年、200年経つと、枯れてきて軽くなる。

浦西：煤の油も入りますしね。

岡本：楽器の笙を作ってる人に煤竹の話聞いたら、塩気が上がらんとあかんらしいね。下で煮炊きして、醤油の湯気が上がらんと、ええ煤竹にならん。燻べただけではだめで、ちゃんと生活してないとあかんらしいですな。

萬谷：僕もそう聞きました。

8. 奈良の筆の復興に向けて——「奈良古筆」の創造——

みなさん、この1年で筆に触れられたのは何回ぐらいでしょうか。日本では全体として、筆の需要が落ちています。全国一を誇る熊野の筆屋さんあたりでも、販売に大変苦労されています。最大の理由の一つは、やはり書道人口の減少です。人口減少傾向に加えて趣味が多様になって、お年寄りもそれほど書に親しむことはなくなり、若い人はほとんどネットで用が済むので、字を書くこと自体が少なくなった。まして筆を持つ機会など、ほとんどないような状況です。将来も筆の需要が拡大するとは思えません。現在は熊野の筆屋さんは何十軒とありますが、ここ10年以内に半減するような気がします。社会の趨勢として仕方がないのかもしれません。

一方で、中国製もかなり値段が上がってきていて、もしかすると、産地が国内に回帰するかもしれません。最近も、中国の筆を扱ってきた業者が私のところに大量の注文をしてきましたが、残念ながら、今は筆よりも香合や矢立を作る方に時間をとられるようになり、お受けできませんでした。これは私のところに限らず、筆の産地に共通する流れではないかと思います。コストの安いときにほとんどすべて中国へ発注した結果、国内では筆だけを作っているようなところは少なくなってきています。国内に生産のニーズができても、これに応えられるキャパシティが残っているかどうか、これも悩ましいところです。

† † † †

中島：奈良漆器も赤膚焼も、後継者に頭を痛めておられましたが、奈良の筆の人材はどうでしょう。

萬谷：これまで、すごいなと思うくらいの技術を持った職人さんは何人もいたはありましたけど、仕事はそこそこにして、人付き合いを上手にする人は、金儲けもうまかった。僕は今、どこにも所属してない。一時奈良の毛筆組合にも誘われたけど、気が乗らなかった。そういうお付き合いをしておいたら、例えば、後継者育成資金なんかが使えたかもしれんなと思うようなこともあります、ただ、樽井さん（奈良漆器づくりの樽井禧酔氏、春日大塗師職預）曰く、「不幸な人間作ったらあかん」と。確かに儲かりもせんようなこと教えたら、その人は不幸になりますわな。だけど、儲かる儲からんは別として、こんなん作ってたらね、1日あっという間ですよ。余計なことも考えへんし。「天平筆」のボールペンを1ヶ月、何本かセットで作ったんですけど、その1ヶ月間、他のことは何もしなかった。まあ、したくてもできないです。そのセットが売れたら、ひと月は暮らしていける。そういう仕事です。この筆軸を、もっといいものにして、広めることで、若い人の中に、そういう生活を気に入る人も出てくるかもしれんと思っています。

岡本：奈良の筆の将来が不安ですな。

萬谷：今でも、奈良で「これがほんまもんの奈良筆です」と言って売られている筆はないですからね。みなさんは奈良で売られてるから奈良筆と思うてはりますけど、ほとんど奈良では作られていない。筆屋さんに「どれが奈良筆ですの」と聞いてみたくなるほどです。「奈良筆」の看板出すのであれば、中国や豊橋や熊野のものとは一緒に並べないぐらいのことは必要ですよね。そういうお店が出来たら、面白いと思いますね。

中島：「奈良筆」というのはブランド名称と考えて良いのですか。

萬谷：「奈良筆」は伝統工芸として認定されたときの名称ですね。普通の人が見ると、どれが奈良筆で、どれが熊野筆かは、たぶん見分けがつかないでしょうね。

中島：なるほど、いま「奈良筆」として重要視されているのは、産地や技法よりも、作り手が誰か（伝統工芸認定資格者）と言うことになっているのですね。萬谷さんは、毛先も自分で作ることがあるとおっしゃっていましたが、奈良の筆の製造は、どちらの方向に向かうとお考えですか。分業化の方に向かっていくのか、それとも全部一貫して製造するという方向に向かっていくのでしょうか。

萬谷：どちらかというと分業に向かうでしょうね。さらに悲観的に見ると、「解体」の方向でしょうね。いや、すでにバラバラになっているように思います。「奈良筆」を売っている人も、何をもってそれを奈良筆と呼んでいるのか、分かっていない人も多い。もちろん、職人の方は別ですが。ただ、奈良筆の伝統工芸士さんは9名しかおられない。9人で「奈良筆」を全部作ってはるとは思えません。逆に、9人だけで「奈良筆」の伝統を残していくこともしんどいでしょう。

「残すべき伝統」とは何かという問題もあります。例えば、書家の先生からの注文で、毛先や毛組み（使用する毛の種類、部位、量の比率）、それに軸も変えていくことが多い。先に言ったように、原料となる毛がなくなっていることもありますが、それ以前にそもそも「昔ながらの奈良筆」なんてないんだと思います。ただ、奈良の筆独自の伝統的な製法は「ある（あった）」はずですので、これは大事に残していきたいですね。

中島：奈良で一貫して、伝統的な製法と素材で完結的に作ることは、やろうと思えばできるのですか。

萬谷：どうでしょうね。今まで考えたことはなかったですが、ちょっとできるかどうか、検討してみますわ。毛先の職人さんと僕らが組んで、本物の奈良筆というのを、ここ半年か1年の間に検討してみます。そういうのをブランド化していかないと、奈良の筆が消えていきかねない。

岡本：きちんと展開せんといかんね。これまた「奈良筆」にしたらもめるさかい、「奈良古筆」という名称で一回、ちょっと復元を進めてみるというのはどうですやろ。

萬谷：「奈良古筆」、良いですね。ぜひやってみたいです。

《ディスカッション参加者》

萬谷　歓峰（筆管師）

岡本　彰夫（神主、奈良県立大学客員教授〈※「近世奈良を語る会」主査〉）

岩坂　七雄（奈良市教育委員会事務局教育部文化財課主幹）

浦西　勉　（元龍谷大学文学部教授）

寺岡　伸悟（奈良女子大学大和・紀伊半島学研究所長）

中島　敬介（奈良県立大学ユーラシア研究センター特任准教授）

※本稿は、『２０１６奈良県立大学ユーラシア研究センター「近世奈良を語る会」調査研究レポート』に掲載したものを補筆修正したうえで、当センターにおいて再編集したものです。

（資料）奈良の筆と墨

奈良の筆と墨

新羅柳家上墨

序

筆と墨は、古来、紙・硯とともに文房四宝と称せられ、日常の筆録にはもとより書画の創作にも欠くことのできない要具として大切にされてまいりました。

この筆と墨は、わが奈良市が誇る伝統産業であり、筆の方は昭和五十二年に通産省から伝統工芸品の指定を受けています。ところが、その歴史について語った書物は、ほとんど見あたりません。

このたび安彦勘吾先生にお願いして、奈良の筆と墨の歴史を一冊にまとめてもらうことになりました。史料が乏しく殊の外ご苦労をおかけしたようですが、おかげでここに発刊の運びとなり、まことにうれしく存じます。本書は、奈良の筆と墨についての基本的文献の一つとなるでありましょう。

市民のみなさんが、本書によって奈良の筆と墨についての理解を深められ、伝統産業の発展に役立てていただければ幸いです。

昭和五十八年十二月

奈良市長　木山　弘

目次

はじめに

筆・墨・硯・紙をあわせて文房四宝という。いずれも文房＝書斎に不可欠な品である。これに愛玩の意味も加わって、中国の宋以後に使われるようになった語である。筆にしろ、墨にしても、つくられるところは別で、一体になることによって、はじめて筆記の用をなし、有用の美を発揮する。四宝または四侯・四友といわれる所以であろう。

その文房四宝の二品までが、古くからの奈良の名産である。

日本では古来「書は人なり」という考え方が生きてきた。それは筆や墨の扱い方から、文字をかく精神にまでおよんで説かれてきたものであった。芭蕉のよんだ「露凍てて筆に汲てす清水哉」には、墨を筆にふくませる緊張感がみなぎっているし、毛筆でフランス語をかいた詩人ポール・クロデールは「墨凝れる金！」とうたった。いずれも、書にたいするするどい感覚を表している。

しかしながら、今日では筆墨を座右から遠ざけて、新しい文房具のボールペンなどが、日常生活にはばをきかしている。筆墨に接するのは、慶弔のときとか、年賀状をかくときが、せいぜいという人も多い。したがって、習字も書芸の一分野になって、筆や墨は日常のくらしから消えつつある。

こんななかでも、いまは手しごとへの回帰といわれるからには、伝統的工芸の明日をみつめるためにも、奈良の筆・墨のあゆみを追ってみることにしたい。

＝筆＝

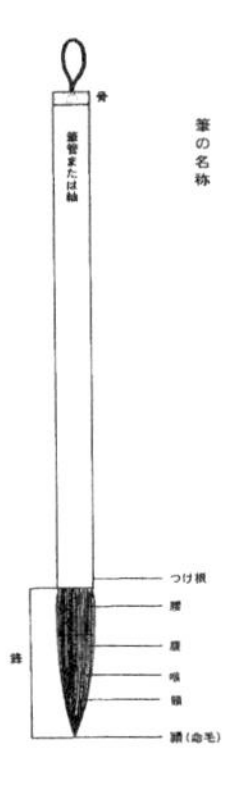

筆の名称

一　筆の伝来

筆のおこりと伝来　漢の引筆の『博物志』に「蒙恬造﹅筆」とあり、始皇帝に重用された秦の武将蒙恬（もうてん）が筆祖とされている。

しかしながら、殷墟（いんきょ）では甲骨文字を刻んだ獣骨を発見している。漢字の原形といわれるこの文字は書くのではなく、いわば「画（かく）」のであった。それにしても、多量の甲骨器の中に墨書文字もあったと伝えられる。おそらく甲骨文字自体、いきなり青銅様のもので刻んだのではないだろう。原字は毛筆に似たもので書いたと考えられる。

昭和五年（一九三〇）中国の甘粛省のエルチナ河（弱水）の流入湖ソコノール＝索果湖のあたりの漢代遺跡から一本の毛筆が発見された。ついで、ウイグル自治区のカンコンノール＝居延湖付近で毛筆墨書の木簡が発見されたので、これらの地域の筆を一般に「居延筆」とよんでいる。昭和七年（一九三二）には朝鮮半島北部の平壌の漢代楽浪郡址で「楽浪太守掾王光之印」と刻字した木印を掘り出したが、このとき榧本杜人氏（のち奈良国立文化財研究所平城発掘調査部長）は毛筆の毫を発見している。竹管の方はなく、毫（長さ二・九糎 直径〇・四糎）のみで、穂首から〇・四糎のところに糸で堅く結んだあとが残っていたという。楽浪筆と称している。

昭和二十九年（一九五四）、中国の湖南省長沙市の南、在家公山で戦国時代一五号墓（楚墓の一）が発掘された。このとき副葬品のうちに竹筒があり、筒の中に一本の毛細筆（管は一八・五糎、径〇・四糎、毫の長さ二・五糎）がみられた。筆管の先きは縁裂（ふちざき）にして、穂先をはさみ、細い絹糸で巻きしめ、漆とじにしてあったという。長沙筆とよぶ。

昭和四十七年（一九七二）に発見された馬王堆の発掘は有名である。軑侯夫人とされる女体ミイラの発見が人びとを驚かしたのであった。その漢墓の副葬品のうちの布帛に筆書文字が残っていた。馬王堆帛書とよばれ、精巧な毛筆でないと書けないと解説されている。

つぎつぎに中国で筆の発掘がみられることから、毛筆はかなりひろがっていたとみてよいだろう。さて、漢字がわが国に伝来したのは『記紀』によると、応神天皇のときというから、五世紀のはじめとなる。ところが、わが国と中国との交渉は、このときよりも早いとされている。渡来人にともなって、筆は日本に入ってきたと想定される。

奈良時代の筆と産地　『正倉院棚別目録』（昭和二十六年刊 宮内庁書陵部）によると、中倉階下の中棚に、一九本の筆が伝えられている（次頁の表）。これらの筆は、今日一般にいわれる雀頭筆だったようである。というのは筆の穂の部分は失われて、紙で巻いた芯部を残しているのみだが、いわゆる巻筆と考えられるからである。

このうち、天平宝物筆とよばれる一本は、仮斑竹（げ）の軸で五六・六糎の大筆、軸に次の墨書がみられる。

文治元年八月廿八日　開眼
　　　　　　　　　法皇用之
　　　　　　　　　　天平筆

（昭和五十三年刊『正倉院宝物銘文集成』松嶋順正）

文治元年（一一八五）八月二十八日は東大寺大仏の落慶供養の日、後白河法皇が、この筆を使って開眼したというのである。天平勝宝四年（七五二）四月九日の大仏開眼のときに使われた筆だというから、四三二年目に再び使われたことになる。

それにしても、出土品ではなしに、伝世品として、今日、正倉院に保存されていることは大へんすばらしい。

なお、平城宮跡からも、筆軸

正倉院宝物の筆

◦天平宝物筆
◦未造了沈香木画筆管
◦筆　　　17

号	管	帽	管頭	毫
1	梅羅竹　金荘		牙	
2	沈香　斑竹　樺纏	斑竹　牙 紫檀　銀荘		
3	斑竹　銀荘		牙	
4	斑竹	斑竹　紫檀荘	牙	存
5	斑竹　牙荘		紫檀	存
6	斑竹　銀荘	斑竹　牙　銀荘	牙	存
7	豹文竹	篠竹　樺纏		
8	斑竹	斑竹		
9	斑竹	篠竹　樺纏		存
10	斑竹	煤竹		存
11～13	斑竹	篠竹		存
14・15	仮斑竹	仮斑竹		
16	仮斑竹	篠竹		
17	篠竹	篠竹		存

注　未造了…未完成　沈香（じんこう）…香木　梅羅竹（ばいら）…梅の花びらのようにみえる斑竹
金荘（きんかざり）…軸のはしに金の環飾り　牙（げ）…象牙の細工の飾り　樺纏（かばまき）…樺を巻いたもの　帽…さや

正倉院宝物筆　（正倉院宝物）

が墨とともに発見されている（四二頁参照）。

奈良時代には仏教経典を書写する事業がさかんであった。『正倉院文書』によると、天平のはじめ、その組織は写経司と称したが、天平十三年（七四一）ごろからは写経所と改められ、国家機関となった。もちろん各寺院専属の写経所もあり、たとえば東大寺・石山寺などでの書写も知られている。今日、各所の写経生で、名まえのわかっている人たちは七〇〇名をこえるのであるから、写経の量は大へんなものであった。写経は一般には墨書であるが、金銀泥を用いたものも残っている。

その写経所で、具体的な筆の扱いをみると、次のとおりであった。『延喜式十三図書』には「凡兎毛筆一管写真行書一百五十張注二百張……鹿毛筆一管、界六百張」とある。写経のばあい本文を写書するのが兎毛の筆である。今日、正倉院展で私たちは陳列されたお経をみるとき、穂先きのそろった弾力ある筆あとを感じる。この兎毛筆一本で一五〇枚を書写する規定なのである。しかし、じっさいは二〇〇から三〇〇枚も書いたようである。鹿毛筆については「界六百張」とある。写経料紙に引く罫線のことで淡墨である。界師という線引き専門の人がいて扱った。この線はまことに精密というか、

正確そのものである。それに色は淡いから、写真版にはあらわれてこないほどである。鹿毛筆一本で約六〇〇枚の界線を引くことになっている。狸毛筆も使われた。これは題簽（だいせん）用の筆である。書く人を題師といい、年功者つまり先任経師のしごとであった。狸毛筆一本で一〇〇巻ほどの題を書いたようだ。

次に筆の値だんである。天平宝字三年（七五九）六月二十八日の『正倉院文書』には「四百文菟毛筆十管直管別卌文」「十文題料狸毛筆一管直十文」「二文堺料鹿毛筆一管直二文」とある。天平宝字六年（七六二）二月五日には「六百卌文菟毛筆廿管管別卅二文」「十文鹿毛十管直管別一文」とみえる。天平宝字のころだけでも筆の値だんは鹿毛筆一～三文、兎毛筆三二～五〇文、狸毛筆一〇～二〇文と

「延喜式」にみられる筆の割り当て一覧

官司	本数	官司	本数
神祇官	1	主税寮	1
斎宮寮	3	兵部省	2
勅旨所	5	隼人司	1
内侍所	4	刑部省	2
太政官	15	囚獄司	1
左弁官	20	大蔵省	8
右弁官	12	大炊寮	2
中務省	12	主殿寮	2
内　記	10	掃部寮	2
監　物	3	典楽寮	2
主　鈴	1	正親司	1
典　鑰	2	内膳司	2
中宮職	2	造酒司	1
大舎人寮	1	采女司	1
図書寮	1	主水司	1
内蔵寮	1	弾正台	1
縫殿寮	1	左右京職	1
陰陽寮	1	東西市司	1
内匠寮	2	勘解由使	16
式部省	3	斎院司	2
大学寮	1	左右近衛府	2
治部省	2	左右衛門府	1
雅楽寮	1	左右兵衛府	1
玄蕃寮	1	左右馬寮	1
諸陵寮	1	兵庫寮	4
僧綱所	1	春宮坊	4
民部省	1	内教坊	2
主計寮	2		

いうぐあいであった。

さて、写経生が使った筆は官給品で、請求書を出して新筆を受け、廃筆は返却するというきまりであった。なお、『延喜式』によると前頁の表にみるとおり、諸官庁に筆は官給されたが、その本数はまちまちといってよい。

写経所では筆工が筆をつくったり、筆の修理・再生に従事してまかなっていたのである。再び『延喜式十三図書』によるが、「凡造ν筆、長功日兎毛十一管、狸毛上同、鹿毛卅管、中功日兎毛十管、鹿毛廿五管、短功日兎毛八管、鹿毛廿管」とある。長功日とは一年中で日のながい季節のことで、短功日は冬のころの筆の生産量を規定したのであった。この定めは図書寮だけではなしに写経所でも守られていたのだろう。不足分は貢進される筆を配給して補充した。宝亀五年（七七四）の図書寮の解では、武蔵・上野・下野・伊賀・紀伊・美濃・越前・丹後・伯耆・出雲・長門・周防の一二国から筆を貢進した記録もある。『同書』では国名と本数を示した分もみられる。

国名	管
伊勢国	100
尾張国	100
参河国	150
遠江国	1,000
駿河国	100
甲斐国	20
相模国	100
武蔵国	100
上総国	100
下総国	100
常陸国	300
近江国	200
美濃国	150
信濃国	130
上野国	100
下野国	100
陸奥国	100
越前国	50
但馬国	80
因幡国	80
伯耆国	80
出雲国	50
播磨国	130
美作国	60
備前国	100
阿波国	80
伊予国	100
太宰府	1,120（兎毛・鹿毛各560）
計	4,890

これによると、実に約五千本が中央の官庁用に集まってきたわけである。

二　筆づくりの進歩

空海の筆　空海（七七四〜八三五）は三筆（空海のほか嵯峨天皇・橘逸勢）の一人として有名である。空海は渡唐して、中国のすぐれた製筆を学んで帰り、筆をつくって、嵯峨天皇と皇太子に献上した。『性霊集』にその上申文が載っている。

奉献筆表一首

狸毛筆四管（真書一　行書一　草書一　写書一）

右伏奉昨日進上、且教筆生坂井名清川、造得奉進、空海於海西、所聴見如此、其中大小長短、強柔斉尖者、随字勢麁細、捻取捨而已、篇毛之法、纏紙之要、染墨蔵用、並皆伝授訖、空海自家、試看新作者、不減唐家、但恐星好各別、不允聖愛、自外八分小書之様、蹋書臨書之式、雖未見作、得具足口授耳、謹付清川奉進、不宣謹進

弘仁三年六月七日　　沙門空海進

春宮献筆啓一首

狸毛筆

右伏奉今月十五日令旨、郎教筆生槻本小泉、且造得奉進、良工先利其刀、能書必用好筆、刻鏤随用改刀、臨池遂字変筆、字有篆隷八分之異、真行藁之別、臨写殊規、大小非一、対物随事、其体衆多、卒然不能捻造、伏願鑒察要用者、且付村国益満、謹随状進

謹進

風信帖（空海筆）

これにもとづいて、司馬遼太郎氏は、その著『空海の風景』で、次のように書いている。

翌弘仁三年六月七日、空海は嵯峨の請いによって、狸毛の筆を作って献上した。真書用のもの一本、行書用のもの一本、草書用のもの一本、写書（写経）用のもの一本、計四本である。このあと皇太子からも請われたので、おなじく調整して献じた。このときに添えた空海の文章（啓）に、

「良工ハ先ズソノ力ヲ利クシ、能書ハ必ズ好筆ヲ用フ」とあり、さらに、文字によって筆を変えねばならぬ、文字には篆書・隷書、それに真・行・草・藁の筆を変えねばならぬ、として、書における筆の重要さを説いている。瑣末なことのようだが、このことは、空海の論じたり行じ（ぎょう）たりすることが、つねに卒意に出ず、何事につけても体系をもっていることをよくあらわしている。

体系だけでなく、道具まで自分で製作するという徹底ぶりは、かれの思想者としての体質がどういうものかをよくあらわしているといえるであろう。この狸毛の筆の製作は、むろんかれ自身が手仕事をして毛をそろえ紙をまいたのではないが、筆生（ふでや）の坂名井清川という者に方法を教え、製作を監督しつつつくらせた。そのことも、上表文に空海は明記している。皇太子に献じた筆のばあいは、おなじく筆生の槻本小泉に教えてつくらせた。このことも啓に書いている。多芸といってしまえばそれまでだが、こういう作業もまた、かれの密教思想とどうやら無

で書いたので、整わない字形について、いいわけをしたのであろう。では、平常、かれはどんな筆を使っていたのであろうか。具体的に、これを知る史料はないが、強いておもんぱかると、空海以来の長鋒筆と考えられる。世尊寺流は長鋒筆の普及のなかで、発展していったのではなかろうか。

書道史のうえからは藤原忠通（一〇九七〜一一六四）が能書家として有名である。はじめて春日の若宮祭を奉仕したかれであるが、大ぶりな字形で、力を内にひそめた粘りのある書が巧みであった。政界を退隠後は法性寺殿（ほっしょうじ）とよばれたことから、かれの書風を世に法性寺流という。しかしながら、後世にまで大きな影響を残した能書家は伏見天皇の第六皇子尊円法親王（一二九八〜一三五六）である。世尊寺流に元・宋の書風を入れた円熟流麗な書法は、尊円流とよばれ、青蓮院（しょうれんいん）流とも粟田口流ともいわれた。

入木抄

尊円法親王は筆のことを「入木抄（じゅぼくしょう）」で、次のようにのべている。

御筆事

御手習にもよき筆宜候也、御筆手本の筆に相違し候へば、字形も似ず候、御手本に相応の御筆可ㇾ宜候也、凡筆を用る事、料紙による也、折紙には卯毛、只の紙には鹿毛にて候也、檀紙には冬毛、杉原には夏毛、絹には夏毛、布には木筆也、木筆は皺木にて作る也、上古はおほく夏毛を一切に用候、昔の夏毛は殊勝に候ひき、当世は夏わろく成て、さきもそろはず、徒物にて候、仍杉原の外は只兎毛を通用宜候也、大方筆のけもわろく、筆人も又不作の間、当世は吉筆曽て候はず候なり

料紙によって、筆をえらぶことを教え、いまは夏毛のよいものがなくなってしまったし、良筆づくりの人もおらないと嘆いている。そんなことから、杉原紙を使わないときは、兎毛筆がよいとしている。その書風からいって、尊円法親王も、長鋒筆を使っていたであろう。尊円流＝青蓮院流は、やがて朝廷や幕府の公式文書に用いられ、江戸時代にはお家流として大衆化する。

鎌倉時代、こうした和様書道にたいし、一部では禅僧によって、もたらされた中国の書風もおこなわれた。雄大峻抜の気概にあふれたこの書法は、やわらかい筆にはなじまない。剛毛の筆が好まれたにちがいないが、はたして日本でつくられたであろうか。宋代以降、中国では無芯の筆がふえ、毛筆といえば無芯筆を意味するようになるが、どうしてか日本にはその直接の影響がみられず、無芯筆のあらわれるのは、やっと江戸時代になってからである。

『大乗院寺社雑事記』によると、室町時代の中ごろ「筆結」とよばれる筆づくりの手工業者のいたことが知られる。筆についての記事を摘記すると、次のとおりである。

長禄三年（一四五九）九月十八日　筆結栄来、筆二十官（管）進之、蚚足五百文給之了

寛正二年（一四六一）正月九日　九内堂前之筆ユキ筆十官（管）進之

文明七年（一四七五）二月十九日　筆八十巻（管）、四百文

筆結「七十一番職人歌合」

筆師「人倫訓蒙図彙」

延徳三年（一四九一）六月二十三日　自松殿中将方筆結参申、二十管進之、五十疋下行

明応四年（一四九五）二月一日　筆結両所四十官（管）持参、扇一本給之

『実隆公記』では、次のように筆工となる。

永正三年（一五〇六）十一月十九日甲午　庭訓往来立筆、筆工来之間、毫令結之

大永八年（享禄元一五二八）三月四日丙子　召筆工、筆鹿毛三十管令結之

ついでながら筆一本の値だんは五文から二五文ということである。

京都文化は、うちつづく戦乱のなかで、地方に赴く文化人によって伝播したが、奈良も例外ではなかった。とうぜん、京都の文化と同種の文物が栄えたといってよい。世は戦国の群雄割拠のなか、書風の統一もないまま、それぞれが「お家流」を主張し、五〇余流をかぞえるほどであったという。そんななかでで、筆形のことはさだかではない。

寛永の三筆

本阿弥光悦（一五五八〜一六三七）・近衛信尹（のぶただ）（一五六五〜一六一四）・松花堂昭乗（一五八四〜一六三九）の三人を「寛永の三筆」とよぶ。光悦は多彩な才能をもったが、京都洛北鷹ヶ峰に住まいし、工匠たちをよびあつめた。それだけに光悦は自分の好みに凝る人であったようだし、自分用の筆は光悦村に住んだ筆屋の妙喜に狸毛の柔和なものを中鋒に、鋒穎に鹿毛を包み入れるよう注文したと伝え、豊艶自在な運筆の妙を発揮している。近衛信尹は左大臣・関白に累進ののち、晩年には薙髪して三藐院（さんみゃくいん）と号した。かれの書風はすでに形式化し弱々しい和様に活を入れたと評される。近衛の家伝の正筆とは黒色の剛毛を用いて長鋒にし、鋒穎は腰強く尖ったものとした。近衛流筆あるいは三藐院筆という。力強い豪放な筆法、しかも品位十分とされるのもうなづける。

松花堂昭乗は奈良一乗院門跡の坊官中沼左京の弟。京都石清水の社僧で、滝本坊に住んだ。書は大師流の上代様を好み、ここから一派を開いたという。おだやかな形の美しい書といわれるが、かれの筆は青毛の強毛を用い、大師流筆よりもやや長鋒であったようだ。日本の伝統的な和筆に柔毛を加えてみたり、剛毛を包みこんだり、能書家は各人様に工夫をつみかさねていた。そして、それらはいつしか、ずいぶん長鋒になっていた。

水筆の出現

筆づくりにたずさわる人を、筆結・筆工とよんだことはすでにみたが、『御湯どのゝ上の日記』の慶長十三年（一六〇八）十月二十五日のところには「ふでや」とみえ、『熙房卿記』の明暦元年（一六五五）三月十五日には「筆師藤原正吉任出雲掾」、万治二年（一六五九）八月十二日に「筆結藤原市清任播磨掾」とある。さらに『本朝武林師系禄図鑑』は御筆師として、江戸の筆師五人をあげ、京都のばあいは『花洛羽津根』に筆司として六人の名をあげ

筆師「人倫訓蒙図彙」

ている。それに『熙房卿記』にもあるように、筆師のなかには出雲掾・播摩掾などの官名を朝廷から許されるほどの名人もあらわれていた。このことは『屠竜工随筆（とりょうこうずいひつ）』に次のように説明されている。

職人の受領は、そのかみ山名、細川が輩、京中を軍の場に定て、合戦、数年に及びければ、朝廷の衰微以の外にして（中略）花もみぢの御道も、何となく騒々しげなる頃、流石に王化にふくする者ありて、己が家々にて作る酒饋菓餅の類、或は筆墨翫器迄も、その職人について献じける。その心ばへを叡感あって、下国の掾目などを下されしが、流例に成たりしと云

『雍州府志』の土産　筆」の項には

筆工小法師、造大筆小筆、献禁裏院中、其外河原町、京極南等為巧手、凡造筆謂結筆、其造之者称筆結、多以福守為氏、相伝弘法大師入唐帰朝日、誘中華筆工福氏人来、今称福者、其裔也、本朝筆道、専宗青蓮之家風、故其筆法称御家様、其所用之筆謂御家様

とみえ、京都には朝廷へ筆を献上する筆匠がいて、青蓮院のお家流の筆、つまり、「御家様筆」をつくっていたといい、『京羽二重』には京都の筆屋二八があげられている。『摂陽群談』には「安立町筆　同郡（住吉郡）安立町にあり、筆工数十宇、軒を竝て作之、諸国に送る雑筆なり」とある。すでに、このころには全国的に寺子屋がふえてきたことでもあるし、筆の需要が伸び活況を呈していたことがうかがえる。

同書にはまた、「（湯山）筆　同所筆工の所造なり、入浴の旅客、一度求之、宜を以って諸国に送る、多は皆夏毛にて製之」とみえる。いわゆる有馬筆のことで、温泉湯治客のみやげにもなったのである。

さて、今日のような無芯筆があらわれるのは江戸時代も元禄期になってからである。細井広沢（一六五八〜一七三五）の努力研究の結果、新しい毛組みの筆が生まれたのであった。広沢は儒学者として知られるが、武芸はもとより、歌・絵などの諸芸にも秀で、書を北島雪山に学んで、筆種字様の著述も多い。『奇勝堂筆譜』『観鵞百譚』『紫薇字様』などが代表的なものとされている。

「師、筆を割く事、百枝に及ぶ」とのべたのは広沢の弟子松下烏石であった（『暇々日記』）。筆形の改良のため、いろいろな筆をつくり、また、こわしたというのである。芯なし筆にすると、鋒穎が弱くなったり、筆毛がまとまりにくかったりする。これでは困るので、広沢は苦心のすえ、強弱の毛を組みあわせて、まぜ込み、糊で固める方法をとって問題を解決した。穂の糊をおとせば、好みに応じた水墨をふくませることができるから、人びとは水筆とよんだ。今日の「毛組み」「まぜあわせ」の工夫の結果であるが、かれは「ねり合せ」という。苦心の事情は『思貽斎管城二譜』に述べているが、長くなるので、ここでは省略する。

ところが、この「広沢筆」は急速に普及しなかった。『江戸沿革私記』（塚原蓼洲著）が、

米斎先生蔵筆譜

寺子屋に流派多し、謂ゆる溝口流・御家流・大橋流・持明院流・花形流なり、此うち溝口を以て其主たるものとす、用筆は初に太筆、次に椎の実、次に半真、夫より勝盛と云を用う、水筆の如きは唐様筆を卑みて、其使用を禁ずること、仏徒の耶蘇の十字架を見る如し

と書いているような、ありさまであった。水筆が愛用されるまでには、まだ、かなりの年月を必要としたのである。その証拠の一つとして『槐記』の一節をあげておこう。享保十二年（一七二七）五月のところに、能書家で知られた近衛家煕（いえひろ）（一六六七〜一七三六）は、水筆の説明を求められて、次のように答えているのである。「（水筆と申すのは）五雑俎（中国の明の随筆雑誌）に出ているシンナシ筆のことなり、無芯筆・有芯筆とよんだら通りがよい。芯のある筆は墨に染めて使うが、芯のない画筆類は水に洗うようにして使うから水筆というのだ」と。つまり水筆を画筆の類とみなしているわけで、書の筆としては、水筆は迎えられなかったのである。

三　奈良筆の発展

奈良町の筆匠　平安遷都後、寺社のまちとして、やがて商工業の発達もみた奈良では、筆墨の需要が多かったとおもわれる。奈良の筆匠の名を知ることができる古いものは寛文十年（一六七〇）の「奈良町北方弐十五町家職御改帳」（奈良県立奈良図書館藤田文庫）である。

中筋町　次良兵衛　東向南町　作右衛門　花芝町　庄兵衛　角振町　福政藤兵衛

の四人があげられ、ほかに下三条町に筆結の太兵衛が一人いたとある。貞享四年（一六八七）に板行された『奈良曝』によると、「能書手習子取付」として、一〇人の師匠をあげているが、筆屋としては、三条町北がわ寺岡太兵衛、北半田東町南がわ大北半兵衛の二人しかのせていない。宝永年間（一七〇四〜一七一〇）「総年寄徳田勘兵衛諸事控帳」（藤田文庫）にも「下三条町寺田太兵衛、北半田東町大北半兵衛の名があるが、寺田は寺岡の誤記であろう。いずれにしてもこれらの人たちは、筆職の親方格の人たちで筆づくりに従う人たちは町内各所に在住していたであろう。

商業活動が活発になるにともなって、読み・書き・そろばんへの要求が高まるにつれ、筆墨の需要が大きくなるのはことわるまでもない。それに江戸時代の中ごろから、社寺詣でをかねて奈良を訪れる人がふえるにつれ、筆は墨とセットで、恰好のみやげものにもなった。奈良筆の名が、いつからあらわれるかわからないが、墨とならんで筆も、しだいに特産品としての地位をかためていったものとみてよいであろう。なお、後年の史料になるが、「井上町中年代記」（井上町有、奈良市指定文化財）の文化二年（一八〇五）の条によると、井上町には、中辻町から北へ向って西側一〇軒目に「筆墨商売」、東側一三軒目に「筆職並硯墨筆商売」、一六軒目に「筆職」が各一軒あったことが知られる。

ところで、当時、奈良では、細井が始めたという水筆はまだつくられていなかったらしい。藤田祥光氏の昭和十二年（一九三七）ごろの聞書「本朝筆」によると、金具師祐森半斎氏が、

我祖は筒井順慶の一族にして、慶長年間、奈良に移住し、西新屋町にて代々筆を製す、元禄時代に造る看板は、

梨地青貝螺鈿を嵌し、御筆司長兵衛とあり、子孫藤助は鹿の巻筆を発明す

と語り、阪新屋町筆平、鈴木平祐氏（慶応四年正月生）はこういっていたという。

奈良筆は紙を以て、筆の真を造りしものを植ふるもの、即ち天平筆に均しきものなり、明治十五、六年頃より、東京の高木水筆に倣ひ、爾来、水筆と捌筆を製す

我祖は春日御廊承仕にして、文化五年生、松屋平助初めて筆を製す、即ち我祖父なり、旧幕時代の筆の上手は、林小路町円証寺の南側に住せし左留（初代水谷嘉六の養父）、左の手にて筆を製す、故に左留と称せらる、嘉六（当時市総）と称し、職人なりしか上手なれば左留の養子となる

奈良筆は長らく、天平筆に似た巻筆で、水筆・捌筆をつくるようになるのは明治も十五、六年になってからという。それに水筆と捌筆と別にしてのべているわけだが、水筆は固筆（かためふで）といい、巻筆ではなく、穂首全体を穂型に糊で固めた筆のことで、筆司は仕上筆ともいう。捌筆の方は糊固めしないで、さばいた筆をさしていう。どうやら奈良の人たちが巻筆製造から離れてゆくのは江戸や京都よりも遅れ、明治を迎えてからのことになる。

川路聖謨と奈良筆　幕末の奈良奉行川路聖謨（一八〇一〜一八六八）の奈良在任中のくわしい日記は『寧府記事』の名で知られている。かれは、いわゆる「筆まめ」な人であったから、筆墨のことについて、いろいろと筆を走らせている。

聖謨は筆を大切にする人であった。愛用の筆は七、八年にもおよび、「指のあたる所、筆くぼみた

りけレ」ほどだったといい、それほど長持ちさせるためには、使用後は必ず墨を洗い流しておくと筆も長寿であるというている。到来の筆もあったりして、たくさんの筆を所持することになったらしい。「筆筥を出しみるに大小合而二百本ばかりあり、わが一生涯はあるへしとて、おさと笑ふ也」というほどであった。

嘉永元年（一八四八）正月に、「静晨堂の手際、唐筆にまされり、近頃文筆のみちひらけ、少も唐土に可減とはみえぬ也」と書き、墨は唐墨にまけても、「筆はかゝる筆工あれは、唐よりも丁寧にする故、一段よきかことし」と、奈良の静晨堂の筆を称揚している。また、

このほと頻にふて（筆）をためし（試）みるに、きのふ（昨日）長崎より来れる筆にて書たると、静晨堂の筆とくらへ（比）みるに長崎のかた拙く、静晨堂のかた上工にて、よくさき（先）のきく也、され共、其先のきく故に却而品のよからぬ所あり、唐人の文筆おとろ（驚）く也　（嘉永二年三月二十日）

とも述べている。

さらに、かれは筆の値だんを計算して、次のように書いている。

大坂へ序ある故に紙羊毫の中字かき（書）あらはかひ（買）来れとし、買せたるに壱本百八十文也、古梅園にて入念にて、いはすれは（結）三匁とる也、新右衛門之所よりくるゝ（呉）静晨堂の筆なとは五匁ッヽもするなるへし、いかなれは、から（唐）は諸色のやす（安）きこと如斯なるや、われ唐筆をこのみ（好）て遣ふなれ共、不自由故に、この日記など記す筆は、近頃古梅園より買、七分五厘ツヽ也、さしてよ（良）からす、さてよくきる（切）ゝ也、から（唐）のふて（筆）も七分七厘ツヽにては買は全而よ

ろし、其上十本かけの寿あり、されは差引てみると、から(唐)の筆はたとへ(例)は古梅園の筆にて百字拾文ならは、唐筆にては百字二文か三文にあたる也、至極の下直のもの也、筆工の下手なるにあらす、毛のよからぬ也

（嘉永二年四月二十五日）

唐筆を好んだ川路も、唐筆は奈良の町で購入しにくいので、日記などには古梅園製のものを使っていた。しかし、この筆は毛がよくないせいか、切れてしまう。同じ値だんなら唐筆の方が、まとめて買うと、いくらか安くなるので、これがよいというのである。

川路は江戸から筆を送らせたり、大坂からの便を得て、筆を買ったりしている。ところが、せっかく江戸からとりよせた筆が、「京大坂よりの仕込もの也」、あるいは「上方より参るふで(筆)にて、船間(注 ふなま＝品不足のこと)也」と聞かされて、「江戸筆也とてほこ(誇)り居たるに案外のことゝ」とおどろき、上方(かみがた)の筆が「直段壱本に付、廿文にて八文下直也」と書いている。

筆定とその弟子たち

今日、奈良の筆商の家伝によると、幕末すでに店をかまえていたとするところが多いが、筆商であったか、筆職であったか、その区別はあいまいである。出入りの筆職をもつ筆商はあっても、いまのような卸問屋的な店は、まだなかったものとみられる。幕末、奈良の筆職として、第一人者の名をほしいままにしているのは川勝亀蔵（一八一八〜九五）である。かれの父は定七といい、寛政のころ（一七八九〜一八〇〇）には北天満町で筆づくりをはじめていたという。亀蔵は若いとき京都の筆師のもとで修業、早くから妙手のほまれが高かったと伝える。奈良へ戻って父のあとを継ぎ、

西新屋町に移って、筆定を名のった。かれは小柄ながら頑健、侠客肌の人物で、酒・博奕を退け、割下駄を好んで、いつもその音をひびかせていたという。

安政のころ（一八五四〜五九）、大乗院の家司と侠客との出入りをおさめ、大乗院から川勝姓を得たが、そのころから、亀蔵は家に二、三人の食客をかかえこれに筆づくりを教えたりした。

明治十年内国勧業博覧会
　　堺県管下大和国添上郡奈良
　　　　川勝　亀蔵
褒状
筆
穎鋒及ひ筆管各精工にして価大に昂からす勧業之意に適ふ者とす
右之事項に因て褒賞あらんことを申請す
　　　　主任　菅　蒼圃
　　審査官列座　川上　寛
　　　　同　朝日　升
　審査部長従五位　町田久成
　　審査官長　前島　密
右審査官之薦告を領し之を褒賞す
明治十年十一月廿日
　　内務卿従三位　大久保利通殿

明治五年（一八七二）、奈良の町で二九戸が焼失する大火があった。そのあと、消防制度の必要が叫ばれたが、多額の費用のために実現しないままになっていた。ようやく三年後、消防組織ができたとき、亀蔵は自ら頭取になって、小頭以下を指名した。奈良町の消防組頭の創始者ということから、毎年の若草山焼きの日、かれの霊をまつる行事が続いていた。

かれは、奈良人形一刀彫で著名な森川杜園との親交があつく、あるとき「杜園の彫刻は永久に残るが、自分のつくった筆は消えてなくなる」と嘆息したと伝える。

明治十年（一八七七）の第一回内国博覧会は東京上野で開催された。出品八万四、三五三点、褒賞受賞者は五、〇九六人にのぼったが、このうち奈良人で受賞したのは筆定＝川勝亀蔵と森川杜園の二人であった。共に喜びあったことであろうか。

ところで、筆定の弟子の系譜は次のようになる。

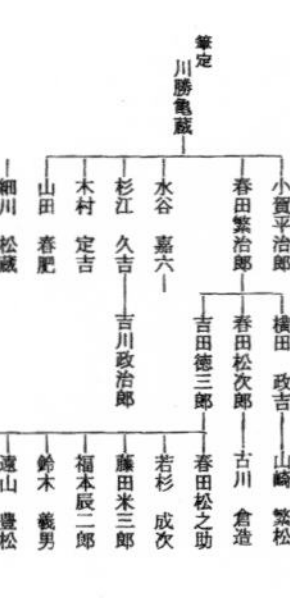

筆定 川勝亀蔵
- 小賀平治郎
- 春田繁治郎
  - 横田　政吉 ― 山崎　繁松
  - 春田松次郎 ― 古川　倉造
  - 吉田徳三郎
    - 春田松之助
    - 若杉　成次
    - 藤田米三郎
    - 福本辰二郎
    - 鈴木　義男
    - 遠山　豊松
    - 吉田　暢夫
- 水谷　嘉六 ―
- 杉江　久吉 ― 吉川政治郎
- 木村　定吉
- 山田　春肥
- 細川　松蔵

『奈良繁昌記』（明治三十二年刊 西田誠三著）によると、小賀平治郎（陰陽町）・吉田徳三郎（花園町）・内野滝三（毘沙門町）の三人を名筆づくりの「三幅対」にあげている。その二人までが、筆定の技(わざ)をうけついでいたのである。

日ごと、台のうえに毛をならべ、ねり合せ、工夫を重ねて、名筆をつくり出す。名匠にはいろいろ

嶋田筆製造所「大和名勝豪商案内記」

とエピソードが伝えられている。ここでは紙数のつごうで割愛する。

筆の問屋

明治元年（一八六八）の「金札出入名前帳」（藤田文庫）にみえる筆問屋は餅飯殿町の筆屋嘉六（六円）をはじめとして、油留木町の筆吉（五円）、南新町の筆新（三円）、阪新屋町の筆嘉（三円）、新町の筆万（三円）、阪新屋町の筆平（二円）、城戸町の筆常（二円）の七軒である。しかし筆問屋はほかにもあったはずで、たとえば筆宗（餅飯殿町）、吉川翠好堂（勝南町）などもそうである。

「大和名勝豪商案内記」（明治十七年 川崎源太郎）には三条通り札場之辻　嶋田常次郎筆製造所の店舗絵があり、看板には「東京筆取次製筆所」とある。さらに「奈良清常堂製筆目表」つまり値だん表が「品種精良価低廉但壱対ニ付」として示されている（次頁の表）。同書によると、十輪院町に製筆所森山善平がいたこともわかる。ところが、前掲のいわゆる「豪商案内記」は、すべての業者を示したものではない。したがって、奈良まちで活躍した人

森山製筆所「大和名勝豪商案内記」

たちは、ほかにもあった。中筋町の広尾長兵衛の松栄堂もその一つである。寛政年間(一七八九〜一八〇〇)から筆づくりをはじめ、しだいに販路を拡張して、明治二十五年(一八九二)には京都祇園町に支店を開くほどになった。中筋町の製造本場のほか、支場を北魚屋町に設け、職人二八人を使いその監督に加藤政次郎を招いている。五代目長兵衛のときのことで、一か年の生産は八三万九、五〇〇本(一万七四円)

筆価格表

嶋田水筆	大 小	2銭 2厘5毛	小文筆月証書	1銭
仝　上等	大 小	2銭 7厘5毛	白黒五雲筆	2銭
白黒寸方千言		1銭 7厘5毛	崩雲蟬翼	1銭 7厘5毛
黒軸不換金		2銭5毛	イ印真書	2銭
白黒不換金		2銭	ロ印真書	3銭
交毛菱湖水筆		2銭5厘	ハ印真書	2銭 2厘5毛
白黒五妙筆		3銭	小形嶋田真書	2銭
上品綿裏鉄		3銭5厘	大形　仝	3銭
極天嶋田一品筆		大4銭5	金不損真書	2銭 2厘5毛
厘小大由之		4銭5厘	道風真書	2銭
小文筆		3銭	清常堂真書	2銭
小形紙羊毫		5銭5厘	狸毛中字崩雲蟬翼	15銭
大形　仝		8銭	光り毛中字	15銭
上等　仝		10銭		

に及んだという。

餅飯殿町の章穂堂水谷嘉六の先祖は、古く今井町(現橿原市)の出身で、家伝によると、その遠祖は郡山の殿様との縁があるとか。大坂の筆匠のもとで修業をつみ、やがて独立、奈良の林小路町の円証寺の南隣りに住み、筆づくりに励むが、この人は左手を器用に使って名筆をつくりだした。それがため通称左留とよばれていた。安政のころ(一八五四〜五九)左留は、すでに筆づくりの名手になっていた弟子の市松を養嗣子にしている。

あかしや看板

その後、火災にあい、明治間近なころ餅飯殿町に移ったが、明治になって市松は水谷嘉六と改め、数人の筆工を使い、店商いを盛況にしていた。さきにあげた「金札出入名前帳」の筆屋の項では文字どおり筆頭になっていた。明治十二年(一八七九)ごろには奈良の筆屋総代にあげられる。それから三、四年後初代嘉六は、常吉(安政四年生)に相続させて二代嘉六とし、自らは嘉七と改名する。

二代目は早くから製筆に巧みであったが、名人筆定にも教えをうけ、明治二十四年(一八九一)には椿井町に製筆工場を設け、筆定を職長に招聘して、製筆業界の名声を高めた。

全国的に名を知られるようになった筆屋嘉六は巌谷一六(一八三四〜一九〇五、元老院議員、貴族院議員、書家としても著名)から章穂堂の堂号をもらったという。しかしながら、先祖が兵庫県明石ともつながりがあったことから、はじめ漢字で「明石屋」としていたが、「あかしや」と書くことが多くなり、今日もそれでとおしている。

餅飯殿町の花月堂三橋音次郎(文久三年生)も筆問屋であった。高市郡高殿村(現橿原市)の出身で、父の弥助時代から、良筆をえらんで売るので信用を得ていたが、とりわけ高野山の各坊の愛顧を受けていた。音次郎は奈良筆を各地で売ったが、明治二十年(一八八七)ごろ餅飯殿町に進出し、筆卸商をはじめた。かれは商略にとみ、奈良筆のほか、やがて摂津有馬の筆もとりよせて、三橋花月堂製として販売した。そのころ名声のあった高木水筆なども、かれは出入りの筆工に模造させたが、さらには大阪の「奴」捌筆が好評な売れ行きと知り、これをまねたことから登録商標違反を問われるなどのこともあった。そこで東京の筆匠伊谷三次郎の意見で、憲法発布記念のため「憲法」印の筆の発売にふみきった。ところが、どうしたことか「憲法」と登録したはずが「憲保」となってしまった。それでも筆の穂のすぐ下に印をつけて売り出した。というのは筆軸の上の方に印をつけると矢立てに入れるとき、切りとって無印になるから考慮したというのである。この憲保筆がよく売れたようだ。一日千対(一対は二本)は北海道そのほかに販売され、明治三十五年(一九〇二)には花月堂の製筆工は七〇余人にのぼり、出入りの筆工もあわせると二〇〇人ほどになったといわれる。音次郎は筆師ではなく、商人であった。筆をえらぶ眼力はたしかで、かれの撰択した筆はよく売れたという。そして商人であるだけに出入りの筆工にも、相当の利益を与えるように注意したようだ。「共存共栄」ということを、つねにいい、他の問屋よりも高く、かれは買い入れるので、しぜん、筆定の弟子の白眉とされた小賀平治郎のほか吉田徳三郎・木村定吉らも花月堂の筆づくりに参加したようだ。巧みな商法で奈良筆の販路拡大に力

をつくしたといえよう。

陰陽町の文海堂吉川才蔵家は先祖代々、南都暦を大和一円ほかに販売していた。この権益は明治になって失われたので、筆卸売商をはじめた。営業方針はきわめて堅実で、筆工にたいしても情味厚く同町に住む小賀平治郎・鳴川町の名手古川倉造らの製筆を、岡山県を中心に販売していた。昭和御大典には「天上無窮」「聖寿万歳」の二対を献上、宮内大臣から嘉賞され、昭和十年(一九三五)旧満州国皇帝の来寧のとき、東大寺から献上した天平筆は文海堂扱いで、古川倉造作であった。

南半田西町の辰巳堂河合甚吉家は明治初期には、筆の行商をはじめていたが、二代甚吉(明治十三年生)は奈良筆をあつめて卸売りをした。すでに全国的に得意先を得ていたことから、全国の毛筆を奈良の筆師の人たちの参考に供するなど、奈良筆の向上のために努力をつづけた。のち毛筆同業組長におされたが、同じ問屋に一〇年以上、納筆するものを表彰するなど、奈良の筆界に尽力した。

角振新屋町の翠好堂福岡万次郎家は明治のはじめ、柳町の吉川翠好堂の製筆を行商した。この吉川は筆定の門人杉江久吉の弟子で、良筆をつくることで知られていた。福岡はこの良筆販売で信用を得たのである。やがて角振新屋町に進出、そのころ新書筆(細字用の筆、細筆であるから穂首はほとんどの場合、一種類の毛か、せいぜい二種類で使いやすくするため二重筆管が多い)の名人であった内野滝三の製筆を主とした筆卸業になり、吉川家の堂名をゆずりうけた。

筆業界の推移

奈良で発行されたはじめての新聞『日新記聞』(旬刊の小冊子)の明治五年(一八七二)九月二十日号に、次の投書がのせてある。「奈良の地たる、四方運輸の便あるにあらず、

土産品の名品あるにもあらず、ただ往古より布晒、筆墨にて生活の基本となせしが、近年布晒大いに衰え、筆墨も従前とは比べものにならぬ……たのむところは春日、大仏の諸勝のみ」と観光にすがって、生きようとする気持があらわれている。

筆墨の需要も衰えたなかで、明治五年（一八七二）の学制発布で、習字（書き方）は小学校の正課にとりあげられた。この習字教育がすすむとともに筆の需要が高まることにはなるものの、急速に生産が伸びたとはおもわれない。

奈良筆の名声を支えてきたのは筆匠のもとに弟子入りした人たちが、やがて独立、また門弟を育てるという流れであった。筆づくりの職人は出入りの問屋をきめていたから、その問屋からの注文の筆を納めたのである。問屋は筆職に必要量を注文して、販売するというぐあいで、組合を組織するほどのことはなかったままに過ぎていた。ようやく、明治二十年代のころになって、奈良筆販売の業者一四人が集まって「奈良毫筆協和会」が設立されたのである。これは業者間の親睦団体であったから、明治四十年（一九〇七）正月、協和会を母体に、新しく奈良毛筆組合が発足した。組合の事業は、組合員の親睦のほか、原材料の共同仕入れ、頼母子講方式による相互金融をおこなうなど製造・販売業者の共栄をはかるとしている。

明治三十五年（一九〇二）夏、新営の奈良商品陳列所で、第一回全国毫筆品評会が開かれた。この品評会の出品は三府一六県にわたり、出品人員は四七一人、うち奈良県一二二人、大阪府一〇三人、愛

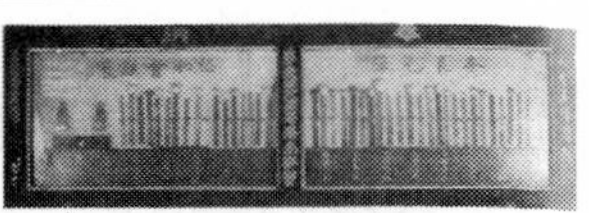

第壱回全国毫筆品評会記念の扁額

知県八七人、広島県五六人である。うち奈良県三六六点、大阪府三〇六点、愛知県二六一点、広島県一六七点とつづく。

会の運営は会長に奈良市長李田登太をすえ、顧問に古梅園主の松井元淳（のち、奈良市長）を迎え、審査員は奈良・大阪・広島・京都・名古屋から各一人が出ているほか、運営の役員は地元奈良勢でしめている。ほかに評議員一四人、奨励委員八四人、さらに奈良県庁から三人、市役所から二人、陳列所から二人の事務処理の人たちが参加するというそのころとしては大へんな催物であったことがわかる。

褒賞授与式は奈良倶楽部で、寺原長輝奈良県知事を迎えておこなわれた。品評会の一等賞は五人中、奈良県一人、中字筆で木村定吉が入賞、二等賞は一五人中、奈良は三人、平野正・田中奈良造（いずれも水筆）・林万吉（真書）で、三等賞は三〇人中、七人が奈良で、村田嘉蔵・森岡安次郎・吉田徳三郎・吉村富蔵（いずれも水筆）・加藤政次郎・浅井捨吉（いずれも真書）・山田周吉（画筆）が賞に入っている。奈良筆の名誉にかけての品評会であったが、入賞が案外に少ないのは品評会の役員に奈良勢が多く加わっていたこと、出品数は他府県を圧していたものの開催地としての遠慮があったのだろうか。それにしても二週間の大会を奈良で開催したが、入場者はどれほどであったろうか。まず盛況裡に終了したようだ。この品評会を記念して、奈良毛筆協和会は一六人の

筆を扁額に納めて、市内の菅原町の菅原天神社の拝殿に掲額した。

明治から昭和のはじめのころまで、筆の行商に出る人は「ポテ」（「ポテコ」「ポテヤ」ともいう、竹かごに和紙をはって、墨や漆を塗って防水・防湿の役目をさせた入れもの）二個に仕入れた筆を入れ、担い出かけていった。

戦時下の毛筆業界

昭和十二年（一九三七）の夏、中国との不幸な戦争がはじまると、軍需生産の拡充はあっても、製筆原料の確保などはとうてい考えられないままにおかれた。筆の主要原料であった中国毛の輸入は閉ざされ、良筆の製造は止まってしまった。それに筆匠のもとで製筆の研究にたずさわっていた弟子たちは、兵士となって出征するもの、大都市の工場へ徴用されるなどで、毛筆業界も荒廃していった。

ちょうど、戦いがはじまった年の奈良毫筆製造同盟会人名表によると八八人が加盟している（原料屋二、軸屋一をふくむ）。翌十三年（一九三八）の奈良毛筆組合人名では二四人（同盟会に加入している原料屋・軸屋をふくむ）であった。明治三十五年（一九〇二）ごろ奈良筆に従事するいわゆる筆師は四〇〇余人を考えられるのにくらべて激減である。それも、統制経済の強化で、転廃業者がふえていくばかりであった。

戦後の毛筆業界

太平洋戦争が終わって、戦後の復興のなか、日本の民主化がすすめられる。昭和二十二年（一九四七）教育基本法・学校教育法の制定があったが、新しい教育課程のなかで、習字教育の復活はなかなかのことであった。ようやく二十六年（一九五一）になって、毛筆習字は各学校で必要と認めた場合、第四学年以上において国語学習の一部として認められることになった。

いっぽう、筆記具については、すでに昭和はじめには万年筆が普及していたが、まだまだ高級品であった。戦後になって、万年筆の一般品はずいぶん手ごろな値だんとなり、たやすく人びとに使われるようになってきた。そんなときに新しい筆記具にボールペン、マジックなどがあらわれた。小学校の正課から書道が、はずされたせいもあり、新しい筆記具の出現にともない、毛筆業界は大へんな痛手となっていた。業界ではたびたび習字の復活を文部省や国会へ陳情・請願をしたようだ。この間、町の書道塾が各地で、さかんになってきていた。文部省は昭和三十三年（一九五八）の改訂で、習字は（書き方）国語科の一部として正課となった。業界はようやく息をふきかえす思いであった。

奈良毛筆協同組合が設立登記されたのは昭和二十五年（一九五〇）二月四日のことである。戦後の中小企業協同組合法の施行（昭和二十四年六月）にともなっての発足であった。理事長一、専務理事一、理事三、監事二の役員をおき、組合員をおき、組合員には次の人たちが加入している。

卸売部門

(株)あかしや　水谷嘉六　(株)博文堂木舗　草可しずえ　(株)文宝堂　幸田晃彦
一心堂(株)　小島正己　信永堂　喜殿忠明　松林堂　弓場宮一
鈴木毛筆工業(株)　鈴木一男　宝文堂　笹川博雄　辰己堂　河合忠一
(株)梅松園　山野藤由　文林堂　笹川一雄　盛文堂　森岡　巌
庄進堂　上田　明　(株)古梅園　松井元祥　翠好堂　福岡正祐

新花月堂（株）　三橋延好　長田商店　長田之宏　関隆文堂　関道有樹
長山堂　太田健司

製造部門
初岡　勝晴　加藤　房江　苅谷　正二　田川　欽造　辻　真市　太田　十郎
大藤喜代一　奥田　春男　窪田　一郎　松岡　滋善　藤井　孝一　樫木　勝二
秋吉　新吾　白井　允　鈴木　一二　鈴木　健二　鈴木　一朗　長田　寿郎

組合は組合員の分賦金のほか、国・県・市から伝産補助金若干でまかなっている。事業報告書（昭和五十六年度）によると、会議（役員会・組合総会など）五回、展覧会への出展（全国の物産展七回のほか県商工観光館へ常展）、組合員への貸付事業（商工中金から転貸六名）、文殊会、日本学書展などへの寄付行為のほか、筆まつり、伝統産業後継者育成事業（後述）をおこなっている。

筆塚

筆塚と筆まつり

『広辞苑』によると、筆塚とは使い古した筆の供養のために、「筆を地に埋めて築いた塚、退筆塚」とある。筆塚の起源は中国の六朝の陳のころ僧智永（王羲之の七世の孫）が、使った筆を供養したことからという。筆にたいして感謝の意をあらわすという気持は、ちょうど針供養として塚をつくる思いとおなじである。それだけに筆塚は全国に数多くある。たとえば高見沢領一郎氏の「筆塚に関する研究」（信州大学教育学部紀要№18〜№22）によると、長野県内に一、二六九を数えるという。筆塚を広義に解釈して彰徳碑までふくんでである。

戦後になってつくられた筆魂碑でよく知られたものは、東京椿山荘（昭和三十三年）、尾道市の西国寺内の遺筆塚（昭和五十年）広島県熊野町の筆祖頌徳碑（昭和二十二年）、筆塚（昭和四十年）などのほか広島県川尻町の筆塚（昭和四十六年、台座をふくめ一六㍍）などがある。奈良市のばあい、菅原町の菅原天神の境内に「筆塚」がある。

（表）筆塚　（裏）大正五年四月設之

高さ二㍍余の筆のかたちをした花崗岩の碑である。建立者の名まえなどはわかっていない。建立当初のころの碑前での行事を知っている人もない。

ところが、数年まえから、奈良の毛筆協同組合が中心となって、筆まつりの行事をおこなうようになった。組合は蒙恬祭として菅原天神に祭事を捧げ、あと筆塚のまえで、ゴマをたく。参詣者は持参した古い筆を火に投じ組合が用意した新しい筆を受ける。三月二十五日の午後一時からはじまるこの筆まつりはちょうど、学校が春休みであることから、小・中学生そして父兄らで、平常はひっそりとした神社も、売店がならび、にぎやかな一日をすごすのである。奈良筆を改めて、見なおしてもらう意味あいとともに、観光行事としてようやく定着するようになってきている。

伝産法と後継者問題

「伝統的工芸品の振興に関する法律」（昭和四十九年五月二十五日、法律第五七号）が制定された動機は、およそ次のようなことからであった。社会のしくみが昔とは大きく違ってきたため、自然の原材料の入手が困難になったこと、地味な手しごとを継ぐ若者たちがきわめて少ないこと、そうしたことの悪条件から、価格が高くなり、安定した需要が見込めなくなった——いわば危機感が、われわれ日本人の各層にひろがりはじめたことを反映したからであったといってよいだろう。

いろいろな筆

この伝産法（略称）をもとに翌年七月には、全国の伝統的工芸品業界の総意により、「伝統的工芸品産業振興協会」（東京都港区南青山）が設立された。

伝統的工芸品（通産大臣指定）とは、次の要件が必要である。

1　主として日常生活に用いられるもの
2　主要工程が手づくりであること
3　技術・技法の基本が江戸時代以前に確立していること
4　主要原材料が、江戸時代以前にも使われていたこと（すでに入手困難な場合はさしつかえない）
5　一定の地域内に約一〇企業が、三〇人くらいの人が従事し、いわゆる産地をつくっていること

以上の条件を満たしているばあい、それぞれの産地組合から、都道府県を通じて通商省に指定の申請をし、審議会に諮ったうえで「伝統的工芸品」の指定をうけるのである。

奈良筆のばあいは、第八次指定（昭和五十二年十月十四日）である。熊野筆（第二次指定、昭和五十年五月十日）・豊橋筆（第六次指定、昭和五十一年十二月十五日）が早く指定をうけたのにたいし、ちょっとばかり遅れた。はじめ、そんな指定をいまさら受けても……という気持と、複雑な手続きをしてまでも……ということがあったことは否めない。奈良筆の名誉のためにもと、ひといきして申請したのであった。

通産大臣指定伝統工芸品

伝統マーク
図案化した「伝」の下は赤丸

伝統工芸品の指定をうけた奈良筆は「伝統マーク」のシールを筆軸に貼付することを許され、つくり手の誇りと責任をあらわすことができる。ところが実際には、大きな工芸品はまずまずとしても、筆軸にこのシールをはると筆名と堂園号名の彫りが、隠れたり、筆軸全体の配置が崩れることになる。またそれ以上に、一本ずつ貼ることの手数は大へんなもので、あまり喜ばれていないのが実状といえよう。

なお、奈良筆の「伝統工芸士」の称号をうけた人は次の六人である。

藤井　孝一　奥田　春男　大藤喜代一
白井　允　田川　欽三　鈴木　一朗

伝産協会は指定工芸品産地の技術者で、実務経験二〇年以上で、各産地ごとに実技試験と知識試験をおこない、高度の伝統的技術と識見をもつと、協会の中央委員が認定した人たちに贈るものである。

いまから約半世紀まえの昭和七年（一九三二）添上郡月ヶ瀬村では農閑期の副業として毛筆の伝習を考えた。折からの農山村不況のなか、県は嘱託講師に中村芳松を委嘱して、約一か年半のあいだ、村民男女二〇人に製筆法を伝授したことがあった。講師の派遣は引きつづいたから、その成果は一時的には月ヶ瀬村の副業収入にはなったものの（昭和十三年、月ヶ瀬村は中村芳松に感謝状を出している）戦争はこの事業を発展させないまま

に終わらせた。

戦後になって、奈良市の平清水町の開拓村へ引揚げた人たちに毛筆組合が技術指導をしたことがある。しかし、この事業も筆をつくる人びとが育たないままに消えた。ちかごろでは毛筆協同組合が、伝統産業後継者育成事業という立場で、たとえば昭和五十五年度の下半期に延一一五日間、参加人員五六八人を、研修時間延三四五時間をあてて研修をおこなっている。講師は「伝統的工芸士」の人たちの奉仕によるもので、受研者は二十三歳から四十八歳までの一一人（男子三女子九）ではじまったが、基本の最終まで達成した人は四人（男子一女子三）である。

筆づくり

ところで、広島県の熊野町では「姉も妹も筆つくる」（熊野小唄）というほどであるから、全国の毛筆生産の七〇㌫のシェアーを占めている。したがって、各地からの注文に応じきれない奈良の筆屋は、一般品に限って、この熊野へ製品を依頼することがある。しかし、奈良の毛筆の真価は決してゆらぐものではない。

＝墨＝

10挺型
ながさ17㌢
150㌘

8挺型
ながさ15㌢
120㌘

5挺型
ながさ14㌢
75㌘

3挺型
ながさ12㌢
45㌘

2挺型
ながさ11㌢
30㌘

1挺型
ながさ7㌢
15㌘

墨の標準実物寸法と重さ

一　墨の伝来

墨のはじまりと伝来

紀元前四千年以上まえの新石器時代のころの中国の発掘品に彩陶がある。この文様を画いた材料は顔料であろうか。三千数百年まえの「殷墟」からは甲骨文字がみつかっている。朱書や墨書の陶片もあるから、これも墨のようなものを使ったのだろう。

墨という漢字は「黒」と「土」の合字であるから、天然の石涅つまり石墨などをすりつぶして、媒剤（剤膠者）に漆のようなものをまぜて使用したものらしい。筆のところで、長抄筆・居延筆・楽浪筆のことを述べたが、墨があったことはもちろんである。

『漢書』に、石扶風　隃糜とある。終南（いずれも中国長安の近く）とともに、良質の松からすすをとったという。かなりの大型の墨丸につくり用いたようだ。『唐文典』によると、「丞郎月賜赤管一筆大雙隃糜墨一枚」とあることから、隃糜墨は、さきの三か所のうち一ばん有名になっていた。それに「一枚」とあるから、もうこのころになると板状である。そして、隃糜は墨のことを指すほどで、わが国では「すみ」に転訛し、墨の字を「すみ」とあてはめて読むようになったというのである。

さて、『日本書紀』によると、推古天皇十八年（六一〇）に高麗僧の曇徴によって紙墨の製作法が、わが国に伝えられたとする。しかし、大陸との長い交渉の歴史を顧みれば、筆墨の伝来は、もっと早い時期であった。曇徴は紙墨づくりの新しい方法を伝えたのだろう。

正倉院の墨と古代の墨づくり

『正倉院御物目録（北倉中倉南倉合冊）』（大正十三年刊、奈良帝室博物館）によると、正倉院に伝世した墨は、次の一六挺である

中倉之部

天平宝物墨壱挺　破片三接合、題箋残闕、有開眼法皇用之、天平宝物十字

一墨拾四挺　大小三挺有文一挺曰、華烟飛竜鳳皇極貞家墨、背朱書云、開元四年丙辰云々、一挺云、新羅楊家上墨、一挺云、新羅武家上墨

一白墨一挺　用木竹帖挟之、附破片壱

右「華烟飛竜鳳皇極貞家墨」の裏面
朱書「開元四年丙辰秋作□」とある
左　新羅楊家上墨
中　新羅武家上墨
（正倉院宝物）

このうち、天平宝物墨には「開眼法皇用之、天平宝物」の貼箋があるという。天平宝物筆と同様に鎌倉初期の文治元年（一一八五）の大仏開眼に使用されたわけである。長さ五二・五㌢、巾六・二㌢、厚さ二・二㌢の大型墨だが、これが日本製か、舶載品かについて諸説がある。「墨十四挺」の説明に「華烟飛竜鳳皇極貞家墨」「新羅楊家上墨」「新羅武家上墨」の文字がみえることから舶来品と考えられる。

正倉院の墨の概況は上表に示したが、たとえば「天平宝物墨」は表中の14にあたる。「新羅武家上墨」は10である。

正倉院に古代墨の伝世があったものの、最近にいたるまで墨の出土はなかった。昭和五十一年(一九七六)、奈良市立京西中学校建設地の事前調査で墨と筆管が発見された。右京五条四坊三坪にあたるところで、宅地跡とともに、西北よりに火葬墓が発見され、須恵器の蔵骨器のなかに、カラスミ形の墨と筆管、和同開珎四枚などがあったのである(昭和五十六年刊『伏見町史』『舟ケ崎正孝先生退官記念会畿内地域史論集』「古代の墨について」岡幸二郎、現在奈良市埋蔵文化財センターに展示中)。

正倉院の墨

	長さ	巾	厚さ	重さ
1	21.0	3.4	1.3	81.5
2	22.2	2.9	1.6	94.6
3	17.1	2.9	1.0	36.5
4	12.5	3.2	1.2	23.8
5	11.0	2.6	1.1	20.1 (板共)
6	12.6	径1.3		10.1 (板共)
7	5.9	径0.9		4.55 (板共)
8	29.6	5.0	1.9	215.3
9	26.6	4.2	1.2	101.3
10	26.1	3.3	1.3	88.8
11	25.4	3.4	1.6	93.1
12	25.4	3.3	1.6	90.7
13	24.2	3.2	1.6	65.5
14	53.0	6.3	2.0	
白墨	26.9	径0.9		
	2.9	1.1		

『正倉院図録』から

出土した墨と筆管

『正倉院文書』には墨についての記事がかなり出てくる。天平宝字四年(七六〇)正月、東大寺写経所から写経用の物品を請求した文書に「墨三十二挺九六〇文」とある。一挺が三〇文ということになる。同年三月の文書には「廿文買墨半挺直」とあって、一挺が

四〇文となる。年次不明の文書の一つに「好墨端少々」(『続修東大寺正倉院文書四十八』)とあり、別の一紙には「凡墨廿挺直卅文中墨二挺直廿文」(前掲『四十二』)とある。好墨＝上墨・中墨・凡墨＝下墨の別があったことが知られる。中墨は一挺一〇文、下墨は一挺一文半ということになるが、読売新聞社の『日本歴史』(昭和三十四年刊)は墨一挺がおよそ二〇文から三〇文だったとしている。墨は官庁の事務筆記用・写経のほか、たとえば天平六年(七三四)の興福寺西金堂の建立にあたって「墨六十四挺、刺玉形料墨」(「雑用帳断簡」)とあるように壁土のねばりを出すためにも使ったようだ。

神護景雲四年(七七〇)、一切経の写経のための墨・筆・紙の出納簿「料紙墨帳」「料墨紙算用帳」に「墨百挺三拾挺和都賀」「墨陸拾挺、五十挺和豆賀十挺播磨」とある。「和都賀・和豆賀」は京都府相楽郡和束町のあたりになろうか。それに播磨地方で墨づくりがあったことがうかがえる。『延喜式』の「諸国年料別貢雑物」によると、墨の貢進は丹波国墨二百挺緑墨一石・播磨国墨三百五十挺緑墨二石・太宰府墨四百五十挺とみえる。丹波国とあるのは、のちの貝原墨(現兵庫県氷上郡柏原町)にあたり、太宰府とは筑紫墨(「類聚雑記」)のことになるのだろうか。

しかし、当時貴重品だった文房具は、宮廷の管理下でつくっていたようだ。『令義解』に「造墨手四人掌造墨」とある。「掌」とあるのは監督指導してつくらせていたことを意味するのであろう。おそらくは、大陸の先進技術に負うところが多かったと考えられる。

具体的な墨づくりについては『延喜式』に次のように述べられている。

凡造墨、長功日焼得烟一石五升、煮烟一斗五升二日二夜乃得熟 中功短功亦同 成墨九十三廷長五寸、広八分料膠一斤、中功日焼得烟九斗、煮烟九升成墨八十廷、短功日焼得烟七斗五升、煮烟八升五合、成墨六十六廷

一年中で一ばん日の長い季節(長功日)に烟(煙)一石五斗をとり、これを煮て一斗五升を得、成墨九三挺をつくる。中功日は八〇挺、短功日つまり冬の季節は六六挺になるという。焼煙とあるのは、おそらく油を焚いて煙をとったと考えられる。墨の大きさは「長さ五寸、広さ八分」とあるから、いまの和墨にあてはめると、五挺型よりもいくらか大きいことになる。『延喜式』は一年間の製墨数を四〇〇挺とおさえ、その経費を次のよう計算している。

凡年料造墨四百廷長五寸広八分、絹七尺八寸篩墨料、綿八両拭墨料、調布一寸六尺袋并覆、紺布四端、阿膠小六斤八両、席一枚、食薦二枚敷干墨料、長上一人、造手四人給衣服、各庸布一段、其食人別日米一升六合、塩一勺六撮、海藻二両、醤滓一合、惣単九十三人

墨は平城京の東市や西市でも売られていたというが、東大寺の写経所でも、小さく磨りへった墨は返却し、新品を官給されることになっているが、『延喜式』には一年間に諸官庁へ官給する墨数があげられている。この集計は三九〇挺、ほかに二挺大半とあるから、年間製墨数の一応の基準四〇〇挺に近い数量となる。しかし、ほかに諸国貢納分があったわけだから、これが官司の使用量のすべてとはいえないだろう。

官給の墨一覧

神祇官	1	隼人司	1
斎宮寮	3	刑部省	9
勅旨所	1	囚獄司	1
供御	12	大蔵省	12
内侍司	12	織部司	2
太政官	12	宮内省	12
左弁官	31	大膳職	4
右弁官	24	木工寮	3
中務省	30	大炊寮	3
内記	6	主殿寮	2
監物	5	典薬寮	4
主鈴	1	掃部寮	5
典鑰	1	正親司	1
中宮職	5	内膳司	4
大舎人寮	2	造酒司	2
図書寮	3	采女司	1
内蔵寮	3	主水司	2 大半
縫殿寮	3	弾正台	3
陰陽寮	3	左京職	2
内匠寮	5	右京職	2
式部省	10	東市司	1
大学寮	2	西市司	1
治部省	4	左近衛府	2
雅楽寮	2	右近衛府	2
玄蕃寮	2	左馬寮	2
諸陵寮	1	右馬寮	2
僧綱所	2	兵庫寮	5
民部省	14	春宮坊	12
主計寮	6	勘解由使	12
主税寮	2	斎院司	2
兵部省	6	内教坊	48

それにしても文書を扱う左右の弁官で墨五五挺、多くの官司で二〜三挺の墨の支給では、どことも不足を嘆かねばならなかったことであろう。

松煙墨と「藤代墨」

律令制の衰退とともに、宮廷や官庁での墨について知る史料はない。『古今著聞集』によると、後白河院が熊野詣での折、藤代墨を知ったという。藤代はいまの和歌山県海南市藤白とされるが、『橘窓自語』では藤代の墨は岩佐(現湯浅町)でつくったとしている。

ところで『新猿楽記』には淡路墨のことがみえる。同書から考えると一三世紀のことになる。ほかに武佐墨が知られていた。いまの近江八幡市武佐町でつくられていたのだろう。貝原墨の名もある。これは丹波墨のことで筑紫墨とともに、さきに述べたことである。これらの地方でつくられた墨は、

どうやら松煙墨のようである。『和名類聚鈔』には墨を「以松烟」としているし、『古今著聞集』にみられる藤代墨は松煙とはっきりしている好例である。

その松煙墨のあゆみをたどっておこう。『雍州府志』(貞享元年 黒川道祐)には次の記事がある。

近江武佐、丹波貝原、并洛下太平墨之製造自古有之、然其色淡黒而麁薄　(傍点筆者)

「淡黒而麁薄」というのは、油煙墨にない松煙墨の特色である。一七世紀後半のころ、武佐・貝原で松煙墨のつくられていたことがうかがえる。洛下太平墨のことは『和漢三才図会』によると「摂州大坂奥州岩城作之、皆松煙也」としている。奥州岩城とあるのは磐城墨あるいは岩城墨のことであろうか。『日本鹿子』には「同国(紀伊)名物出所之部」として「泰平墨(鴨谷ト云所ヨリ出ル)」とある。『諸国名物鑑』にも「鴨谷泰平墨」とみえる。

ところで『好古小録』は「古昔藤代墨、武佐墨並ニ入木家此ヲ賞スル歴々タレ共、今残墨ダニ伝ラズ」と、藤代墨・武佐墨ともそのあとが絶えたように書いているが、これは怪しい。たとえば藤代墨については、次のような史料があって、文政八年(一八二五)当時、ひきつづき墨づくりのおこなわれていたことが明らかだからである。

私共先年ヨリ山内所々山地辺迄松煙焚出仕入商売仕、荷物上方へ積送リ渡世仕来リ罷在リ処、近年上方松煙蚕而下直ニ相成ル故、(中略)此頃大坂問屋共ヨリ申来ル者、右松煙者先年ヨリ御国計ニ御座候処、近年伊勢・丹波・大和辺ヨリ焚出候様ナニ付、焚方尋見ル処、御囲山地領三番辺ヨリ焚製人右之国々へ多入込候而京都・奈良辺へ専焚

出申候ニ付、御当所ヨリ積登申候松煙とハ違運送諸掛リ無数候故直段下直ニ売払申候　(以下略)

(田辺市立図書館蔵「田辺町大帳」文政八年の条)

これによると、近ごろ伊勢・丹波・大和方面へ松煙焚きに出かけ、そこで製品を売るものがふえ、値だんが下落して困っている。「他国へ焚出之者共御引戻し」(前掲文書)ねがいたい。そして「御国名産も次第ニ捨」(前掲文書)てられることのないようにしたいと述べている。いわゆる紀州藤代墨は継続してあったとみてよい。それに藤代墨は紀州侯の力ぞえを得ていたことであるから、なおさら衰えるものではなかった。『田辺町誌』(昭和五年刊)によると、幕末に六軒の松煙売りの店があったというし、明治から大正にかけて一代の名墨匠といわれた鈴木梅仙もでている。

なお、奈良市立一条高等学校の『研究紀要第三号—墨の研究』(昭和三十九年十一月刊)によると、大正初年には和歌山県内に約三〇〇の松煙工場があり、技術の本場日高郡竜神村山路では「松煙たきを知らない者は村民ではない」といわれるほどだったという。昭和二十七年(一九五二)ごろには一二〜一三工場、年三〇〇俵ほどの生産になったとはいうものの、赤松生木樹幹を原料とする紀州産の製品が珍重され、高級墨の製造に向けられていると報告している。

二　墨づくりの進歩

二諦坊墨

奈良墨の発祥は空海が製墨法を伝えて以来のことという。この空海伝来説は古くから諸書にみられるが、「庁中漫録」のなかの「楊府乃名勝志」は、他書とはちょっとちがった説明をしている。「空海が興福寺の二諦坊に泊まったとき、墨の製法を教えたが、これは松煙墨であった。のちに二諦坊の主が仏前の灯明の油煙を集めて墨をつくることを考えた。「馬蛟」(馬陸=やすで)が油煙のなかに落ちたのがヒントになったので、墨工への発注にあたって、墨面にその虫を画くことを求めたところ、その墨工も夢で、虫をみたとのこと、その因縁におどろき、墨工の夢のなかにあらわれた「馬蛟」を墨面の模様にすることになったという。二諦坊の弟子はひそかにこの墨法を家業にした。墨面の文字は奈良烟であったが、のちに李家烟にした」。これはその要旨だが、この話は二条寺主家の旧記に書かれており、二諦坊の主は二諦坊性厳のことで、永禄十年(一五六七)二月二十六日に寂したと注記がある。

平賀源内(一七二八〜一七七九)は『物類品隲』で、油煙墨について、次のように説明している。

本邦油煙墨ヲ製スルコトハ、中世南都興福寺ノ二諦坊持仏堂ノ燈煤ノ屋宇ニ薫滞タルヲ取テ、膠ニ和シテ造ル、是南都墨ノ始ナリト云ヘリ、或ハ空海中華ヨリ帰朝ノ後、南都ノ人ニ教テ造ラシムトモ云ヘリ、然レドモ東野ノ語ニシテ書伝ニ載セズ、凡世俗動モスレバ空海ヲ以テ事原ノ譔柄トス、皆付会ノ説信ズルニ足ラズ

源内もいうとおり、空海が製墨法をはじめて奈良に伝えたというのは信じがたいとしても、かれが

南都墨原始二諦坊古式

何らかの新しい技術を伝えたことはあったかも知れない。そうして油煙墨は室町時代に二諦坊で、つくられるようになったのであろう。創案者と目される性厳の没年から推定すれば一六世紀の前半ということになろう。そのころは大乗院に属する符坂油座が活躍していたので、持仏堂などの燈明のススをかき集めるだけではなしに、専門にいわゆる油煙をつくる人たちもいて、墨づくりにたずさわることも、可能であったとおもわれる。

『好古小録』には、興福寺の妙喜院に銅製の墨型があって、「面ニ竜ヲ彫リ、背ニ李家烟ノ三字」があるとしている。ところが、同書付録の墨模写図には「以興福寺二諦坊所伝墨模所製」とある。二諦坊の墨型が、当時、妙喜院に伝えられていたのであろうか。

ちなみに『奈良曝』(貞享四年刊 一六八七)には、妙喜院を「(登大路に住する坊方)東側、妙徳院の南隣、知行六十九石余」と書いているが、二諦坊は同書にあらわれない。寛文六年(一六六六)の奈良町図には、いまの興福寺本坊の東(県営駐車場)にあたるところに示されている。そうとすると『好古小録』の書かれるころには、二諦坊はすでになく、妙喜院に銅の墨型が伝えられていたのだろうか。

油煙墨は、江戸時代でもたんに油煙とよばれることが多かった。『大乗院寺社雑事記』や『多聞院日記』によれば「油煙」が、ずいぶん贈答用にされていたことがわかる。油煙一丁から二、三廷(挺)、あるいは五、六挺というぐあいに、その数量を記して「遣之」とか「上之了」としたり、あるいは

墨師「人倫訓蒙図彙」

「送り物」とした例が頻出している。なかでも朝倉氏へ大口の贈与をしているのが目を引く。大乗院の荘園越前国坪江・河口庄の年貢の取り立てを依託するための贈物の一部に三〇挺、八五挺、九五挺さらには一三〇挺という大量の墨を用意している。天正十年(一五八二)十月、「彼是過分入目也」としているのは、ちょっとほほえましい。

興福寺は在京の織田信長へ一〇〇挺の油煙墨を送った。『多聞院日記』はこのことを記したあと「彼是過分入目也」としているのは、ちょっとほほえましい。

いっぽう『蔗軒日録』では奈良の油煙墨は「唐墨より劣る」といっているものの、同書や『実隆公記』『鹿苑日録』などには、京都在住の縉紳・僧侶のあいだで、南都の油煙墨の贈答がみられる。南都の油煙墨が貴顕のあいだで贈答品としての地位を得ていたことがわかる。

ところで、興福寺の子院である多聞院でも油煙墨をつくっていたが『多聞院日記』にみられる製墨経費の明細の一例を示しておこう。

元亀二年(一五七一)三月十五日

油六升　コマ市十合半　トモノ米ニテ
　代四百文
八十文　シヤ香一朱　五文丁子一両
四文　ワウレン一両　百文　二日ノテマ

三十五文　ニカワ　灰ヲヽキニヨリ五文入ニス
六文　トウシミ　四文　ハ子ノ代
六文　ケンスキ　五文　ワラ一ソク
五文　ワリキシハ　十文　ハイノ用
　ハン米ノ米
五文　ミソシル　四文　タウフ
十八文　シルサイノウヲ　六文五ト入コレハ別ノタメ
　合八百文
ユエン二丁ノヲ十丁、三丁ノ八十三丁
灰一段ヲヽキヨシ申　ミカキチン合七十六文
　代米一斗五升二合済了

原料の油代・香料・ニカワその他をはじめ墨工の手間賃から食事代ケンズイの費用にいたるまで、実に具体的である。諸入用は八〇〇文で、伝統的な墨型のかさでいうと、二丁(挺)型(厚さ一・一㌢三〇㌘)が一〇挺分と、三丁(挺)型(厚さ一・二㌢四五㌘)が八三挺分つくられたのであった。

この多聞院に出入する、いわゆる油煙師には新九郎親子、今辻子の与二郎、三条の源二郎、小田原へ帰った甚六らがあり、大坂から油煙

墨づくり
「日本山海名物図会」

代を受けとりにくる新三郎らがいたことが知られる。

なお「東大寺絵所日記」(手向山神社蔵、奈良市指定文化財)の天文十六年(一五四七)の八幡宮若宮造営のとき、東大寺から用意されたもののなかに「松煙十丁」とある。松煙もまた貴重品であったのだろう。

三　奈良墨の発展

製墨業の展開　奈良の墨づくりは、寺社をバックに発展してきたが、やがて奈良の町に営業的な「墨屋」があらわれてきた。慶長三年(一五九八)写の「屋地子之帳」(天理図書館蔵近世文書)によると、餅飯殿町に「すミや甚四郎」「スミヤ清次郎」がいたことが知られるが、「スミヤ」というのは、あるいはたんに屋号だったかも知れない。

寛文十年(一六七〇)八月の「奈良町北方弐拾五町家職御改帳」(藤田文庫)には、「墨屋」として、次の一四人があがっている。

餅飯殿町　次良左衛門　森若狭　森丹後
椿井町　後藤三良左衛門　平三郎　安右衛門
南市町　六蔵
高天町　但馬　吉兵衛
下三条町　新右衛門

池ノ町　仁兵衛　吉兵衛　吉右衛門
元林院町　次良右衛門

ほかに橋本町に「油煙商売」の小兵衛、餅飯殿町に「墨香具商売」の庄兵衛がいたという。ただしこの数字は総奈良町二〇五町のうち北方二五町分にとどまるから、町全体では業者はもっと多かったにちがいない。

ついで、貞享四年(一六八七)板行の『奈良曝』には次の九軒の墨屋しかのせられていないが、この書の性質上、代表的な墨屋を掲げるにとどめたからであろう。

餅飯殿町　御墨屋　森丹後　今御門町　藤村土佐
同　町　同　同若狭　高天町　大墨屋但馬
油留木町　福井出羽　薬師堂町　中田出雲
鍋屋町　大森和泉　高天町　墨屋吉兵衛
押上町　福井備後

このうち福井出羽・福井備後の二人が、延宝二年(一六七四)に奉献した十丁型の大墨が、いまも春日大社に保存されている。

ところで、宝永年間(一七〇四〜一七一〇)「町代高木又兵衛諸事控」(藤田文庫)によって、奈良町の墨屋についてはじめてその全容をうかがうことができる。その「墨屋之覚」には次のとおり三八軒の墨屋名があげら

れている。

このころ、古梅園の松井元泰は長崎で唐墨を研究して、奈良墨に改良を加えた(後述)ことがあったりして奈良墨の名声があがり、一八世紀の前半ごろには奈良は槑の名産地としての地歩をかためたとみられる。すでに筆とともに文房具として需要がひろがっていたし、奈良みやげとして重宝

宝永年間	墨屋		
餅飯殿町	森若狭	油留木町	福井出羽
	森丹後	押上町	福井備後
	森和泉		細谷丹後
	松村土佐		黒津相模
	福井土佐		森村筑後
下御門町	森田山城		中村大和
北室町	大森佐渡	手貝町	森嶋伊賀
今御門町	藤村佐渡	東向南町	上田和泉
池ノ町	春田播磨	東向中町	藤岡宜石
	松井和泉	大豆山町	高山内匠
中新屋町	藤本備前	*薬師堂町	松倉大和
東城戸町	高森和泉	*割石町	森岡大和
椿井町	大嶋豊前	大豆山町	太良左衛門
	藤田大隅	今井町	九郎兵衛
三条町	藤井山城	城戸町	庄九郎
	吉松薩摩	南城戸町	又五郎
今井町	岡嶋伊豆	*油留木町	甚兵衛
東向中町	大墨但馬	(南城戸町)	庄次郎
鍋屋町	大森和泉	手貝町	長兵衛

「町代高木又兵衛諸事控」から

注 *は正徳2年「町代高木又兵衛諸事控帳」に「〆三拾八人」としながら脱落しているもの

( )は誤記町名を示す

筆墨卸小売の広告ビラ
(木版25×11.5㌢)

がられていたのである。『奈良曝』は「南都見物の御かた、さらしニても、油煙墨にても御もとめ候ハんにハ、宿のていしゆ御頼ミ有て御かい候へハやすし」と書いている。

ところで、『奈良記録』(『古事類苑所収』)には、寛保元年(一七四一)のこととして、次の記事がある。

今年、南都衰弊証拠数々有

墨油煙灰焼、享保年中迄奈良中二十八軒有之、而其内大方三小屋ヅヽ毎日焼候由、当年寛保ニ至而、漸十八軒也、然も比十八軒一小屋計ニ而、剰へ年中ニ休日多し、然ば墨数も減少歟、但松煙灰差而前々ニ不替と云々、油煙墨売減少云々

享保年中まで二八軒というのは、官名をもつ墨屋の数をいったのであろうか。寛保元年は享保末年からわずか数年、中ごろからでも十数年にしかすぎない。右の記述が事実とすれば、その急速な落ち込みの理由はよくわからない。あるいは、元禄五年(一六九二)の大仏開眼供養、宝永六年(一七〇九)の大仏殿落慶法要前後、奈良を訪れる旅客が多く、奈良みやげとして売れゆきが急増、その一時的なブームの反動として不振に陥ったのかも知れない。

しかしながら、文政二年(一八一九)の「南都製墨家名控」(宮武テラス氏蔵)によると、製墨家は五四軒を数える(次頁の表)。一八世紀の中葉、いちじ衰退の時期があったにしても、その後、発展の道を歩んだのであろう。堂・園などの屋号を掲げるようになっているのが目をひく。

官名受領の墨師

奈良墨が世に知られ、その製品の取引が多くなるにつれて、製墨家は自家製品の権威を高めようとする。そのばあい、医師・画工・諸技能者へ授与される位階・国名などを得て、その名を誇示しようとした。「柳原家記録第三十九巻」(東大史料編纂所蔵)の元和二年(一六一六)六月二十八日の条に「藤原広家 任筑後掾 南都 油焼士也」とある。油焼士とは油煙士のことであろうし、

文政二年 南都製墨家名

二諦坊兼両家	上三条町	森若狭掾
		森丹後掾
勅名千歳松墨	椿井町	松井和泉掾
古梅園		
年ノ斎		
守年堂		
柳生円	割石町	福井重兵衛
友響亭	北天満町	大村屋清吉
清水堂	下清水町	海老屋勘兵衛
		海老屋嘉七
松寿軒	下清水町	墨屋与兵衛
白石堂	毘沙門町	車屋忠兵衛
		墨屋新助
青松園	西新屋町	木綿屋喜六
万花園	中新屋町	墨屋清助
文静堂		
芝蘭亭	北室町	大森彦右衛門 受領佐渡掾
鶴松園		
大玄堂	南市町	福永甚兵衛
寿松園	餅飯殿町	松村平八 受領土佐掾
文昌堂	角振町	嶋屋庄三郎
嘯月堂		
玄林園	角振町	小西孫兵衛
香林堂		
泰寿軒		
梅寿園	上三条町	中川半治郎 受領淡路掾
翠松園	角振町	井上善右衛門 伊勢大掾
清林堂		
寿光亭		
紫石園	押上町	中村嘉兵衛
保寿軒		
松花園	押上町	紺屋久兵衛
玄林堂	油留木町	墨屋卯兵衛
玄遊園	南半田町	墨屋久治郎
万松園	北半田西町	墨屋嘉助
紫雲堂	押上町	墨屋六兵衛
欣栄軒	大豆山突	高山庄八
文桂堂	抜町	官名内匠
香林園	中筋町	堀井七郎兵衛 受領丹波掾
白鷺堂		
春松園	中筋町	金子屋佐兵衛
雲艦洞	西御門町	扇屋治左衛門
翠林軒		
古松園	東向中町	菅津治兵衛
文化堂		
雲山亭		

敬雲軒	東向南町	紺屋喜右衛門
令光堂	東向南町	上田治兵衛 受領和泉掾
玄寿堂	奈良坂町	鮫屋善七
玄寿園		
玉春堂	内侍原町	墨屋喜右衛門
樸林堂		
松寿園	高天市町	布屋半兵衛
九鶴亭		
玄珠堂		
玉寿堂	坂新屋町	墨屋庄兵衛
玄林堂	西御門町	墨屋伊六
玉翠堂	今辻子町	大坂屋徳兵衛 大森筑前掾
玄翠堂		
東光堂		
桃花園	油坂地方町	伊勢屋武兵衛
梅林堂		
春光亭		
長桂園	下三条町	大坂屋善八
文泉堂		
梅寿園	下三条町	新村屋吉兵衛
玉雲堂		
玄霜園		
頻季堂		
松寿堂	三条村之内東町	日野屋宇助
玄泉堂	北向町	秋田屋小兵衛
古松園		
大林堂	油坂町	綿屋嘉七
松林園		
青雲堂	高天市町百姓方	墨屋太助
雲林堂	高天町	墨屋卯兵衛
雲林軒		
雲林園		
文耕堂	南新町	蔦屋太兵衛
玄妙亭	西城戸町	菊屋七郎兵衛
玄光園		
百花園 菊西家	椿井町	大墨屋 改名七兵衛 藤田大隅掾
神田堂	南城戸町	倉屋善兵衛
玄林堂		
古松園		
梅林堂	南城戸町	墨屋市兵衛
山松園		
美松堂	東城戸町	日野屋新七
万松堂	東城戸町	松屋作兵衛
清香堂	三条村之内東町	墨屋左六

官名受領の早い例としてあげてよいだろう。官名受領の墨屋は、その後、しだいにふえてくるわけだが、藤田祥光氏によると、寛永十三年(一六三六)十二月に官名をうけた者に大森越後(承応二年〈一六五三〉四月以後は大森佐渡となっている)があったという。藤田氏は大森佐渡の「金看板」なるものを筆写している。

一尺八寸五分

大森佐渡入道
天下一 御油煙
法橋 常盛

金地

一尺一寸強

ちなみに、この金地看板にみえる「天下一」とは、天下無双ということで、諸芸工匠に与えられた名誉称号である。信長・秀吉のころさかんに用いられたが、天和二年(一六八二)には、諸工人が使用することを禁止した。「法橋」はもともと僧侶の位階であったが、法体の芸能者にも与えた。常盛は万治のころ(一六五八〜六〇)の人である。

このように官名をうけて、自家製品に箔をつけたのである。官名は特別なことのない限り、世襲を許されるわけだが、相続のたびに改めて願い出ることになっていた。いささか後の「触」ではあるがその手続きを次に示しておこう。

安永九年(一七八〇)五月二十四日

諸職人国名官名等京都江願候節、添簡可申受之事、諸職人共国名官名等之儀、禁裏并仁和寺宮、勧修寺門跡、大覚寺門跡江相願候ハヽ、其之前ニ当役所江断出、京都町奉行江之添翰申請其上ニ而可相願候

(『大阪市史』第三巻)

奈良のばあい「当役所」は奈良奉行とおきかえてよいだろう。この「触」をふまえて、大森佐渡掾家の宝永六年(一七〇九)の手続きを要約してたどってみよう(藤田文庫)。

四月九日　受領願いの肝入りを、高畑の大東右近将監殿に織足袋二足を進上物として持参し依頼した

四月十一日　奈良奉行へ口上書を提出した（当番与力中条甚五左衛門から奉行の許可を聞いた－日次不詳）

五月七日　京都行きのため大東右近殿へ酒一升五合を届けた

五月八日　大東右近殿と上洛

五月九日　大東右近殿と裏松井様へ参上、御家老岡本主計殿に挨拶、伝奏衆は江戸行きのため、改めて出向くよう指示をうけた

五月十一日　奈良へ戻る

五月二十五日　上洛用意

二十六日　上洛

二十七日　裏松井様へ延紙二束、岡本主計殿へ晒七尺余を持参、主計殿の付き添いで、両伝奏へ挨拶、高野様、庭田様へそれぞれ扇子三本入り一箱を持参する

高野様で、これまでの口宣の写、大東右近殿からは口上書を雑掌衆の津田主税殿に提出する

早速、大納言様はこのことを披露され、先例があるから問題はないとのことになったという、庭田様も御所でこのことをいわれた由、そこで、すぐに庭田様の御屋敷へ贈物を持参、雑掌の多田弾正殿へお礼を申した、裏松井様の御屋敷へは小杉紙奉書紙を届けた

六月一日　勅許のことを裏松井様から知らされた

四日　お礼のため上洛

五日　口宣、宣旨をいただく

六日　伏見まで下る

八日　奈良奉行所へ「受領すまし」を報告、挨拶（当番与力勘右衛門様）、大東将監殿へお礼に出向く

ざっと、このような経過をたどったが、そのお礼の品々が大へんであった。まず、禁中・仙洞・女院・中宮・新王・大准后には、油煙五〇挺から三〇挺を桐箱入りで水引きをかけ献上、それぞれの御女中・御取次にも油煙、三〇挺から二〇挺、銀子・鳥目を包むというぐあいで、伝奏の大納言・関白にもまた油煙各二〇挺と金子を献上、その取次ぎ、案内役にいたるまでお礼の金子を届けるというわけで、このときの入用は九六〇匁九分だったとある。ほかに雑費も相当額にのぼったことだろう。

さて、官名を得た墨師は寛文十年（一六七〇）には餅飯殿町の森若狭・森丹後の二人と大森佐渡のあわせて三人で、貞享四年（一六八七）では三〇軒、文政二年（一八一九）では一二軒、藤田氏のいう幕末の業者中では六軒である。

これらの官名受領墨師のなかに、朝廷や幕府の御用墨師がいた。宝永（一七〇四〜一〇）の諸事控では森丹後森若狭と東向中町の大墨但馬で、享保年間（一七一六〜三五）の諸事控でも森両家は御用墨師である。ただ大墨但馬はでてこない。文政二年（一八一九）では一二人、幕末という記録では六人である。

伝　森若狭天下一墨

（米田三平氏蔵）

なお、森両家の年間の商売がおよそ九〇貫目ほどであったとき、公方様御用墨は白

銀一枚宛で一〇〇挺、御祐筆衆へ三匁の墨が五〇〇挺つまり一貫五〇〇目、これが年間の御用墨であった（享保年間町代「諸事控」）。

しにせの墨屋

官名受領の墨屋や御用墨師は奈良町中でも優位を誇り「天下一」とか「御用墨」の文字を看板に書いたり墨に彫りこんで、その栄誉を示した。

奈良の墨屋のしにせは一般に古梅園と伝えている。古梅園の創業については「初代は松井道珍、天正のころ（一五七三〜九二）に創業」と諸書にみえ、家伝あるいは『大和人物志』（明治四十二年刊奈良県庁）には「慶長八年（一六〇三）初て御墨を製して、これを献ず、因て土佐掾の官を給ふ、これより累世官を賜はるに至りぬ」とある。ところが、寛文十年（一六七〇）の「奈良町北方二十五町家職御改帳」には松井家あるいは古梅園の名はない。家伝では池之町に住み味噌屋を営んだというが、同帳の池之町に味噌商いの者もみあたらない（将来、他の「南方帳」などが発見されれば、その名があるのかも知れない）。『奈良曝』のなかの名墨家にも名をとどめていない。宝永年間（一七〇四〜一〇）の「町代高木又兵衛諸事控」の墨屋之覚の三八人のなかには、池之町に松井和泉があらわれる。

家伝では次のようにいう。二代道慶が慶長十八年（一六一三）に御墨を献じ、翌年には支店を京都に開いた。三代道寿は幕府の御用墨御朱印肉をつくり、元禄二年（一六八九）には江戸支店を設けた。四代は早世、五代元規は伊藤仁斎に学び、東菴と号し、越後掾をうけたという。京都御所御用墨は引きつづき、六代元泰は自家所蔵の古墨を献上することのほか、享保七年（一七二二）大坂に支店を開設した。

さきの「奈良記録」によると、寛延二年（一七四九）五月二十一日には、奈良奉行の石黒四郎兵衛易慎が春日社参の帰途、椿井町の古梅園へ立ちより、墨の調合などを見学、さらに古梅園の堂号のいわれとされる梅の古木をみながら休憩したとあり、町家へ奉行が訪れるのは近年ないことだと述べている。元泰の代のことである。六世元泰が長崎に赴いて唐墨を研究、奈良墨の品質を改良して名声をあげたあとのことだったから、古梅園の名はすでに天下に聞えていたものとみられる。

古梅園をはじめ老舗の墨屋で、三都などに、いわゆる出店（でみせ）を設けるところもあった。延享五年（寛延元年一七四八）板の「難波丸綱目」（志田垣与助編）には大坂の墨師二四のうち南都の出店三軒がみられる。

南久宝寺町心斎橋　南都松井和泉　ひなや町　南都松村土佐　高らいはし二丁目　南都福井土佐

約三〇年後の安永六年（一七七七）板の「増補難波丸綱目」では墨師一七のうち南都の出店はおなじ三軒である。文政三年（一八二〇）の「商人買物独案内」では、次の二軒があがっている。

南都出店　御墨筆所　南久宝寺心斎橋筋角　松井古梅園　南都出店　御用御墨所　高麗橋二丁目　桂花園　福井土佐掾

なお、この時期に大坂金田町の堺筋東に奈良屋四良兵衛、堺筋西に奈良屋治兵衛と二軒の墨問屋があり、「呈諸家御用御墨司　御墨数品諸国積下之所幷ニ荒物墨類　墨仕入問屋」の看板をかかげているのが注意される。奈良屋を称しているのは、奈良町にゆかりのある人が始めた店であろうが、おもに奈良墨を扱う問屋だったといえようか。松村土佐が出店を閉じているのは、こうした問屋に製品を托すようになったからであろう。京都に出店をもっていたのは古梅園で、寺町二条上ルにあり（『花洛羽津根』）、

禁裏には近いところであった。

江戸のばあいは、元禄期の「本朝武林系禄図鑑」に奈良の御墨師三人があげられている。

日本橋南一丁目　森若狭　　かんだのり物町　岡肥後　　南大工丁　大墨但馬

これが一八世紀半ばの「(宝暦)大成武鑑」になると、大墨但馬と入れかわって「日本橋二丁メ　古梅園松井和泉」があらわれ、森若狭(日本橋三丁メ)、岡肥後(大伝馬一丁メ)とあわせて三軒、ともに「御墨所」の看板を掲げている。森と岡は御目見の格式をもち、そのうえ岡の出店は拝領地であったようだ。奈良のしにせの墨屋は江戸でも、当然ながら多くの文人墨客で賑わったことだろう。

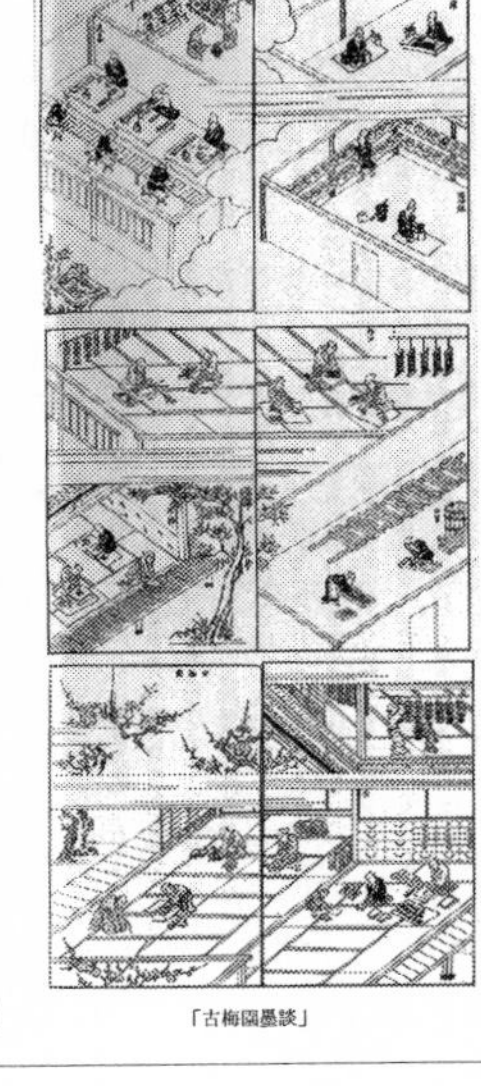

「古梅園墨談」

市井の墨屋

「商人職人懐日記」(古事類苑所収)は「奈良の宮古の銭もうけ」として、次のはなしをのせている。

奈良の都の八重桜、さかえ久しき通り筋を、三条通といふ事、むかし根本京と申証名と、鼻をいからして語れば、物床しがる道者、尤とうなづく(中略)遠い所でなくばゆかしませ、いかにもと、弥見物なる事ならば頼む(中略)、奈良油煙の大勘判(看板)有内に入て(中略)同道三人、飛石の敷過て、縁先に立て坪の内見わたせば、築山のもやうつくしたる石のたゝみ、木立も物ふりし、座敷は長押造り金物をみがき、床の間書院には年数かさねし墨品々を飾れり、勝手ぐちの緩(暖)簾掲て、亭主とおぼしき出て、さあ是へ御あがりといふに、いづれも無骨の田舎もの、御座敷をあらしてと、各座につくと、莨宕盆よ茶をといふうちに盃出ぬ(中略)各是非なく、ふとしたる御縁忝なしと、汲ながし、結構な御酒でと相拶(挨)、いやさして念もいれませねど、爰許は水のよい所にて、出来のよきゆえ酒は名物、手まへにて商売致す墨も余国にすぐれ、奈良油煙と名高し…(奈良墨の数々を示され、じまんの説明をうけていささかうんざりしていると)此方には此形の墨の御用と存ぜし、最前より何挺とも仰ないを、いな事と不審申、されば花原磐(注 東大寺宝物の墨)を少しも替らず、うつせし形ならば、畢竟御覧も同前、御土産に御取下されよかしと、懸られて大きにあては違ひたれど、さまざま御馳走に逢て、殊に墨を摺立て、いづれなり共の目利の上と、さし付るに相応に求めて帰りぬ、まんざらかたりにあふたる心せしが、墨には元来念をいれたるにより、直段よりは安いと、始のうそも誠になり、此方便にて国々の聞え(得)よく、次第に徳意をまし、水の流れも尽ざる福井と、名を揚にけり、南都(なんと)上手な商人ではないか

奈良商法とでもいうべきか。なんとも上手な手管(てくだ)である。いっぽう、「(注 昔噺今昔話)善意身持扇上」(古事類苑所収)には「奈良で油煙ずみを売り、夫婦が気楽に暮している正直ものの墨屋九郎助の名を紹介している。

多彩な才能を各方面で発揮した大和郡山藩の重臣柳沢淇園(一七〇三〜五八)はその著「雲萍雑誌」のなかで、「昔奈良に磯貝といふ墨師あり、予が父世に在すころは、その家盛にして、他国へ墨を商ふ人多く、職人も数多なりけるが、人の妻とのこと隠れなくして、その地に身をも置きがたく、その妻と共に奔りて、近江の大津駅に手跡の師となりて世をわたりぬ」と述べ、屋代弘賢は「道の幸」に「こよひ(注 寛政四年〈一七九二〉十一月十九日)は三条通角振町岡村某といへる墨工の家にやどる」と記している。

このように、奈良の町なかには官名その他の肩書きなしに、墨づくりや墨商いに営々とはげんでいた小営業者も多かったのである。そうした墨屋の例を若干あげておこう。「井上町中年代記」(井上町有、奈良市指定文化財)の文政二年(一八一九)の町中一覧をみると、町の東側、南から一三軒目に「筆職并硯墨筆商売」の俵屋喜六が住んでいる。かれの「家内人」は筆稼ぎで家計を補っているが、喜六はこれより四七年まえ(宝暦十二年夏〈一七六二〉)、大和屋善助からこの家(間口三間五尺奥行二六間)を五六〇目で購入して、筆づくりと墨などの商いをしていたのである。町の西側の南から一〇軒目に墨筆商売の墨屋嘉吉が住み、一二軒目に墨職の墨屋惣兵衛が住んでいて、いずれもその家内人は総積みをして家計を助けていた。天保十三年(一八四二)の「中筋町記録」(天理図書館蔵近世文書)によると、同町の南から一軒目の金子屋佐兵衛が、家族四人のほか従業者一人を雇って墨を扱っている。春松園のことである。おなじ町の東西通り北側の東から五軒目・六軒目では墨屋七郎兵衛が家族四人と五人の従業員を使って、墨商売をしているが、これはやや大きな店だったといえる。翌年九月の「福智院町下改帳」(同館蔵)では福智院南側二軒日に三間四寸五分の間口で酒小売・手犢物・墨筆を扱う敦賀屋助治郎(三十九歳)がいたことがわかる。このばあい、墨筆は元値にたいして口銭は一割であると記している。ほんのわずかの例だが、町なかにはこんな業者が数多くいたものと思われる。

奈良墨の改良

墨の評価はむつかしい。古くからいろいろな見方(みかた)、感じ方などがあるようだ。カーボン技術研究に永年従事し、『新・墨談』(昭和四十六年刊、内田老鶴圃新社)を上梓した仙石正氏は、次のようにのべている。

古来のこれら(墨の)評価の多くを通じていえることは、評価の因子が単発的であり、墨のいろいろの性質をカバーしていないとみられることで、しかも、その叙述が抽象的・象徴的・時には文学的でさえあることである。墨の形・彫り・外装・重み・音・肌・感触・割れ・香気・味のほか、硬さ・磨墨のぐあい、墨色・発墨・つや・のび、などさまざまな因子のうち、一つ二つをとり出して主観的に論じる人が多いというのである。さらには古墨だけを珍重する向きもある。たしかに人の好みは、さまざまである。それを承知のうえで、墨の改良のあとをたどってみよう。

どこの墨屋も、自家製品を良いものに仕上げる努力に怠りはなかったことだろう。したがって、地味なきびしい手しごとに身を捧げ、名墨をつくりあげた墨匠も多かったにちがいない。しかし、今日

その名を知るよしもないし、その作品も形をとどめてはいない。そんななかで、古梅園の代々の熱心な墨づくりの研究だけはよく知られている。五代元規(一六六〇〜一七一九)は自らも東菴と号した学究肌の人で、江戸に出店を設けているが、そこで、かれは東都の文人墨客から多くの意見をきくことができたという。六世元泰(一六八九〜一七四三)は大坂に出店を開き、富力と父ゆずりの学問をもとに文献や墨の資料を収集し『古梅図墨譜』『古梅園墨談』をまとめた(墨譜・墨談の成立年次の解説は諸書によってちがいがある)。かれが享保十九年に(一七三四)重さ二〇斤の大墨をつくり禁裏へ献上した話は、かの平賀源内も『物類品隲』に書いているし(「径一尺六寸、厚二寸、重二十二斤」とある)、墨色鑑定の技は比類のないほどであったようだ。さらには唐墨研究のため長崎に出向き、中国の墨司と交流して墨の改良に努力したという。かれが家業の中興者といわれるだけではなしに、奈良の発展に寄与した功績は大きい。

由縁斎歌塚

市内川久保町の念声寺に「由縁斎歌塚」という狂歌碑がある。「月ならで雲のうえまですみのぼるこれはいかなるゆえんなるらん」(傍点は筆者)と刻んである。貞享のころ(一六八四〜八七)浪花の菓子商で、狂歌師として活躍した鯛屋貞柳が詠んだものという。元泰が大墨を京都御所へ献上したのを祝って歌を贈ったことから由縁斎(油煙斎)の号で知られている。

手向山神社の南口の土産物店の一軒に「古梅園製墨販売部」の看板がある。この店の陳列ケースのなかに、丸型で「龍煤」と銘のついた

甲冑墨と大墨

大墨が飾られている。『古梅園墨譜』に示されている大墨の一つであろうか。

七代元彙は『古梅園墨譜後編』を著わした。さきの手向山神社の南の墨店のおなじガラスケースのなかに元彙が天明年間(一七八一〜八八)につくったという武者人形の甲冑墨が陳列されている。

なお、ついでながら、人形墨は、明治三十年(一八九七)ごろ、浄言寺町の翠松園主が、一刀彫の型の墨を考案している。鶴・亀・翁媼・立雛・狸々・鹿・軍人などの種類があったようだ(昭和四年刊・改造社「日本地理大系」)。

享保十四年(一七二九)に長崎に上陸した象は、八代将軍吉宗の上覧となり、この象は寛保二年(一七四二)に病死した。『本草紀聞』によると、古梅園は象の死後、膠質改良のため願い出て象皮を拝領した「犀皮ニ似テ黄白色紋アリテ、亀甲文ノ如シ」とある。

大墨をつくったり、甲冑墨を考案したり、象皮で新しい墨質を試みたりしたことは、わずかの例にすぎないが、墨の研究に努力した老舗の努力をあらわしている。

幕末の奈良奉行川路聖謨(一八〇一〜六八)は筆に関心をもったことは別項に述べたが、墨についても独自の意見をもっていた。かれは奈良に赴任して、はじめての二月(着任の翌年)に古梅園の薄紅梅一枝を届けられ古木の梅のいわれ、古梅園の由緒を教えられている。やがて巡見の途次に古梅園へ立ちより製墨法の説明をうけ、かねてから興味をもっていた唐墨のことが気になりだしたようである。

かれは筆は唐筆にまさるものができているが、「墨は唐土の膠を用ひて古梅園にて作れ共、中々唐には不及」(嘉永元年正月二十日)として、なんとか唐墨にまけないものをつくるよう励ましていたらしい。嘉永元年(一八四八)の五月二十九日の日記には次のように書いている。

きのふ出入の町人かゝや助蔵より当春よりの工夫にてつくりし墨三笏をもて来れり、少々摺ところみしに唐墨に不減といふ、よくみるに形もいろも松烟のところ〳〵にぼち〳〵といたしたるものか、のこれるさま等、全の唐すみ也、先達而古梅園へ巡見に参り、墨のことを聞みしに、いかにしても唐墨のごとく柔にすゝりあたりは不出来、すりかけにして、ひゞのいることなしと、唐の膠を遣ひても、不出来といひしか、この墨以上の出来ぬといふこと、こと〳〵くに出来たり、すりみるに墨の当り柔にて発墨し、すこしひゞのいりし躰いかにしても日本のものとはみえす、扨唐帋へかけはよく、奉書へかけはあしゝ、これはいかにして製すると聞に、たとへは松烟二匁ににかは壱匁五分といふかごとき、和墨の製也、松烟二匁ににかは二匁も、其余もつよくいるゝと、かくの如しといふ也、唐すみはにかわうすく、和すみにかは濃故とおもひしは大にあやまれり、膠つよきほとひゞなといるといふ也、おもひしとは大に違ひしこと也、此製被行は更に唐墨はいらぬもの也、少しもかはらぬ也

さすが墨にくわしい川路といえよう。かれは唐墨を好んだ。当然ながら油煙墨よりも松烟墨を愛用した。したがって、かれのいう良墨を求めて工夫改良した「かゝや助蔵」は大いに褒められるのであった。

一般に松烟墨の粒子は大きいといわれる。それに中国の膠は軟いから、煙の重さと同量ほどの膠をまぜる。日

本のばあいは膠が硬いから、半分より少々多いほどのようだ。さらに中国の墨に膠が多いのは書写の紙が、日本の紙よりも水分を早く吸いこむので、膠で紙の目をつめながらのびるようにするのだという説もある。さらには日本硯が、概して硬いので、日本墨も硬くなる傾向があるともいう。これらのことは素人にはなかなか分かりにくいことである。川路聖謨はよく墨のことを知っていたと考えてよい。

その年の八月には、川路が助蔵の新製品を賜与したところ大そう喜ばれ、その墨を六〇挺も注文する人があったと日記にかいている。そして十一月には唐墨に劣らない墨のできたことを述べ、唐物墨として売るよりも、はっきりと「陳玄堂」の銘を入れることをすすめている。いっぽう、奉行に褒められた助蔵こと陳玄堂は、その年の冬も工夫を重ねたのであろう。翌二年の四月十一日には「精品の墨、出来たり」と川路のところに持ちこんでいる。川路は唐墨と新製品を使って比べたうえで「縮みかた墨色少も不違、見分へき様なし」と感嘆している。

なお、このころも舶来品を喜ぶ習慣があり、墨も同様、唐墨と称するにせものが横行し、高価な値だんがついていた。川路のところにもちこまれる墨も、唐墨や古墨が多く、古梅園に鑑定してもらったようすが日記にかかれている。たまたま、まえにもらった古墨が三〇両近い値うちがあると分かると、身分不相応なことだ、売却して刀などを購入した方がよいのでなかろうかと思案などしているのが面白い。

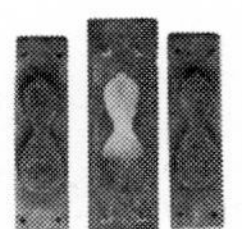

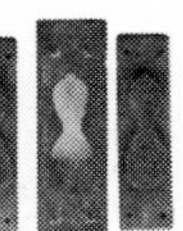

墨型

墨製問答之記録

墨型のこと

製墨がさかんになるにつれ、墨屋の工夫によって墨型の種類がふえることになった。墨屋の堂号はもちろんのこと、墨型の彫刻は精緻なものにすすんできた。当然ながら、専門の墨型彫師が活躍する。

その墨型がいつのころから、使われるようになったかはっきりしない。ごくはじめのころは手で固めた丸状あるいは棒状であったのだろう。手でまめるようにしてつくったとしても、墨面の陽刻文は型を押したものとみてよい。『延喜式』の年料墨の項にも型の材料については記してない。

二諦坊に銅の墨型（金属製と書いた書物もある）があったとか、それも二諦坊の焼跡から出土したものとか、といった伝えがある。真偽は別として、二諦坊で油煙墨が発明された室町時代には、墨型を使うようになっていたのではあるまいか。金属製の型は摩滅の度あいは少ないものの、水分を吸いとらない。古梅園の元泰は長崎で中国の人と墨の秘法について問答したとき、「百五、六十年まえまでは鉄の鋳形で墨型をつくったが」（『墨製問答之記録』）といっている。したがって、木製の型は江戸時代のはじめころから一般化していたのではないかと思われる。そして、それにはビワ・ナシなどの硬い木が使われた。

寛文十年（一六七〇）には不審ヶ辻子町に「墨型彫仕候」三右衛門がいた（「奈良北方二十五町家職御改帳」）といい、貞享四年（一六八七）には墨形彫物屋として高畠丸山町に南郷杢之介の名がみえる（「奈良曝」）。降って寛政のころ（一七八九〜一八〇〇）、頼山陽とも親交があって詩文書画をよくした長谷雨蕉（一七九三〜一八五四）は、墨型彫りの妙手といわれた。代々の墨型匠で「型集」の名で知られた中村家六代（集造・集助・集蔵・集治郎＝集斎と号し、とくに名手、集逸・集治郎）も寛政期がはじまりという。もちろん、これらの人たちが墨型師のすべてではない。木製の墨型は五〇〇挺も型押しに使えば摩滅するというから、つねに多くの墨型を必要とした。

常時、墨屋へ出入する墨型師には礼をもって彫刻を依頼される人たちも多かった。したがって、墨型師となり、弟子を養成し、妙手・名手を輩出させた系譜は明治になってもうけつがれていった。『大和名流誌』（明治十七年刊）によれば、明治時代に松田松琴・中村集次郎（治）・西村清吉の名があり、藤田祥光氏の聞き書きでは大正期にかけて飯田清吉・飯田繁蔵・笹井繁次郎（治）・中御門胤慶・中村集逸、昭和期では井戸元矩・中村集治郎をあげている。

松田墨型製造所

「大和名勝豪商案内記」

墨づくりの工房では採煙の人、つまり油煙だきの人が良質の煤を得るために努力する。型入れの人もまた真黒になってしごとをする。すでに膠と煤煙を混和した墨塊はどっしりと重い。墨塊を揉む力しごとは何よりも大へんで、粘りと光沢を生み出すのが、また伝統の技であろう（墨製作の順序は「付」に示した）。

ところで、墨屋は老舗名を墨面や包装あるいは箱に示すことができる。高級品であれば墨型彫師の名も入る。ところが真黒になって墨づくりに従う油煙だきや揉み役などの人たちは、表面にでることはない。全くの縁の下のしごとである。しかし、これらの人たちの労働と努力によってこそ、奈良墨は支えられてきたのである。

墨職組合

どういういきさつがあったのかわからないが、文化十四年（一八一七）に墨職組合が結成されている。ところが間もなく、組合は差留めになり、天保四年（一八三三）「元来製墨之儀ハ当地晒布続キ名産之義故、組合無之候而ハ」いろいろ困ることがあるというので、改めて組合を再発足させた。奈良町惣年寄徳田吉良右衛門の斡旋である。「天保四年墨職組合控」（奈良市史編集室蔵、文書は下書のようで、表裏にほぼ似たことが書かれており、虫損も多い）によると、その要旨はおよそ次のとおりである。

一　組合が差留めになってからは、奉公人で松煙や膠を買入れて、夜、自宅で墨細工をするものが五、六〇人もでてきた。

一　墨屋の得意先へ直接、売りさばくので、得意先も直接職人へ注文をするようになり、墨屋も困るし、年季奉公人は働かなくなった。

一　そのため、先年連印して組合を結成したあと二〇軒余も休業になり、近ごろやっと両三軒が再開したにすぎない。これでは、当地の名産は売れなくなるし、墨屋稼業もなりたたない。

一　そこで、改めて徳田氏のもとへ印形を持参して、木札（鑑札）をうけて営業すること。

一　休業中のものは話し合いで、組合から除く。したがって木札は下付せず、今後、墨職を再開するときは新加入となる。

一　新加入は年行司から惣代へ申出て、惣代から回文で組合員に知らせ、一同承知のうえで願い出ること。

一　新加入は銀二枚を加入料として出す。加入料は奉行係りの与力へそれぞれ一両、同心二人へ二両ずつ、徳田氏へ一両、高木氏へ二匁、惣代へ一匁差しあげ、残りは振舞料として組合一同へ配分する。

一　組合員の親子・兄弟でも、分家したときは新加入とする。

一　奉公していた人で、別家するときは、親方から引き合せてもらい木札をうける。手間職の人が職人方になるときは加入料を七〇〇文出して職人札をうけること。

などの細かい約束を書いている。さらに組合の入用銀は惣代が集金（一軒に四匁ずつ）し、毎年の正月十八日の参会で披露し、その年の年行司はその席で振りくじできめることなどのほか、惣代のしごと（年頭・八朔のお礼春日神楽代などの世話）、組合仲間中のうちで葬式があったときのこと、墨代銀・松烟・膠代の貸借のことなども取りきめている。五七人の連名だが、そのうち一五人が休株である。便宜上、東（六人）・西（一〇人）・南（九人）・北（九人）に分けているが、この合計は三四人、休株を除く連名者数四二人と合わない。

この墨職組合はかなり力をもっていたらしく、幕末のころ、餅飯殿町の惣次郎、橋本町の利八、東包永町の嘉右衛門の三人が、古梅園の製墨とまぎらわしいものをつくり、売捌いたことが発覚、組合でこれを取締ったというようなことがある（安政五年「奉差上御受書」宮武テラス氏蔵）。

四　近代の奈良墨

明治初年の業界　明治五年（一八七二）墨の生産は八二六万一、七一六挺をあげている。戦前の盛時の二千万挺には遠く及ばないとしても、ほぼ現在の生産額に匹敵する数字である。すでに早く一七世紀の後半、墨が奈良みやげにされているのは、庶民のあいだに需要がひろがっていることを示すものだが、その後も実際生活の必要から庶民の文字への要求が高まり、寺子屋などでも手習い（習字）が重んじられたから、墨の需要は高まる一方だったといえよう。奈良墨の発展の背景にはそうした事情が加わっており、明治五年の数字は、それを反映したものといえるであろう。当時、江戸時代以来、栄えた産業はすべて衰え、わずかに墨だけが、奈良を代表する産業として、その地歩を確保していたのである。

この明治五年は、学制が発布された年である。習字（書き方）が小学校の正課にとりあげられ、その後、第二次世界大戦が終わるまで、習字は必修教科の地位を維持した。奈良の墨は、習字教育と結びついて順調に発展していくことになる。

しかし、世が明治に変わった当初、官名受領や御用墨師の特権にすがっていた業者は、かなりの打撃を受けたようである。古梅園も、当主が若年だったこともあって、いちじは大阪店の小売りで家計を維持したと伝える（藤田祥光氏聞き書）。

なお、明治元年（一八六八）十月の「金札出入名前帳」（県立奈良図書館蔵藤田文庫）には、下表のように一一軒の墨屋があげられ、大森佐渡が他を圧して優位に立っていることがうかがえる。

明治元年　墨屋状況

円		
37	北室町	大森佐渡
15	三条町	墨屋嘉助
8	南市町	墨甚
8	中筋町	墨七
7	椿井町	古梅園
6	半田町	墨屋茂助
5	今小路町	墨利
3	椿井町	大森孝七
2	南新町	墨屋久平
2	下三条町	墨屋兵助
2	内侍原町	墨喜

ところで、幕末つくられた墨職組合は明治を迎えて解散になったわけだが、明治五年（一八七二）、下三条町の大森兵作ほか一一人の業者による松煙商社の設立の企てがあった。県令四条隆平に提出した願書の内容は「松煙山方為送込、毎月三ケ度社中立会入札致し、高札へ落札之上、此荷主落札人双方より三歩五厘宛都合七歩之口銭引上ケ内弐歩ハ御冥加上納、壱歩ハ積置、四歩者商社営業入費、其外人夫給料ニ相立、尤他国之松煙茂同様仕法之趣」というのであった。これにたいして、中筋町の宮武佐平ほか二八人は「松煙商社相立候而者、眼前渡世差支候」と、県当局へ商社設立反対の意向を表明したのである。

油煙墨がさかんになっても、松煙墨が忘れられたわけではなかった。江戸時代でも製墨業者の間では、油煙だけではなしに松煙の確保にも力が注がれていた。松煙墨で知られた紀州藤代墨は、久しく中絶していたが、江戸中期以後は再興されていたし、紀州の松煙を求める墨屋は奈良のみならず、京阪にも少なからずいた。したがって、松煙商社の設立は紀州の松煙を目あてにするものだったことはことわるまでもない。いっぽう反対の立場の人たちはこれまでも「紀州之松煙を専ら相用来」たが、

「近年、京坂并追々諸国ニ製墨開商之もの出来候ニ付而ハ」運搬に便利な京阪方面へどんどん売られていく。そこで銘々が山元へ出向いて、吟味のうえ、前金支払いをして松煙を確保しているありさまである。いま、松煙商社をつくり、高額の口銭を出して、松煙を集めるというようなことをすると、かえって上質の松煙は奈良へ入らなくなる。これでは元値が高くなり、製品の値だんも上昇するばかりで、「不遠、土地産物之美名」を失って、衰微するというのであった。反対派は自分の町の町用掛をはじめ、奈良町の第一～第四小区の副長の署名を得ているが、どんな結着がついたか、よくわからない（明治二十七年〈一八九四〉には奈良松煙取扱株式会社が、大森兵助ほか七人で発足している。）。

明治16年第8次奈良博覧会褒状

ところで、奈良に活気を与えるためには、観光客を招くことが大切ということで、博覧会を開くことが計画された。明治八年（一八七五）四月から八〇日間、東大寺大仏殿と回廊を会場にして、正倉院の宝物のほか、社寺や個人所蔵の美術工芸品を展示した。いま、第一次の出陳品のうち墨についてみると、正倉院の新羅墨のほか、摸甲冑墨・明千魯按製（大森善八）、摸華原磬墨・円大墨・六角大墨・程君房墨苑（松井又三郎）などが会場に飾られていた。明治十四年（一八八一）以後、正倉院宝物が陳列されなくなると、人びとの関心は薄らいだものの、美術工芸の製作にたずさわるものにとっては唯一の作品発表の場であった。そのため出陳する人たちは多く、優良品は上位入賞を得て、その誉れを得たのであった。なお、このころから各地で博覧会の催しがさかんになり、奈良からは、きまって筆墨の出品があって、賞状や褒状を得た老舗は少なくない。

製墨組合　明治十三年（一八八〇）五月になって、奈良の製墨業者は同業組合、永香組を結成した。加盟者四四人、盟約の緒言には次のように述べられている。

緒言

本年二月廿一日堺県勧業課ヨリ諭達セラル、奈良降興ノ渥キ御趣意ヲ遵奉シ製墨営業ノ者一同百方相議リ盟約定款ヲ設ケ茲ニ允准ヲ請ケ組合ヲ締結ス、自今盟意ヲ背カズ、親睦ヲ旨トシテ元ニ営業ノ益々旺盛ナランコトヲ望ムト云

奈良永香組

この組合盟約は二八条にわたっているが、要旨は組合員以外の製墨営業をおさえ、粗悪品を排撃して、墨の品質向上をはかることにあった。

しかしながら、その後、新規開業者がふえ、それにともなって粗悪品の濫造が目立ってきた。そのうえ、いわゆる松方デフレの影響で、製墨業も苦境に追いこまれた。そこで、明治十六年（一八八三）九月、下三条町の大森兵助ほか三一人の製墨業者が、新規に奈良製墨業組合を設立、製墨業者はすべてこれに加入させることにした。

この組合は同年十月九日、知事の認可を得たが、その規約（二一か条）の要点は次のとおりであった。

1　組合役員は互選で、惣代・副惣代各一名、行事二名をおく。任期は一年間。
2　製墨業者の名号―園・斎・亭―は登録したもののほかは一切使わない。また、かんたんに変更しないこと。

3　八匣以下の安い墨には黄唐紙などで「壱挺ごとに包ミ過分ノ彩色」をしてはならない。
4　砥粉あるいは泥土を混ぜた墨の製造はしない。ただし注文でつくったときは、墨のあたまに「玩」の字を打ちこみ、包み紙には「玩弄物」の三字を朱印で押捺すること。
5　組合予備金として、組合員は一人あたり二〇円を醵出すること。
6　製墨職人の賃金は、毎年、製墨開始まえ（およそ九月）に製墨職人の代表と本組合役員との話し合いで決定し、その後は組合の評決がない限り増減してはならない。
7　行状不正のため解雇した製墨職人は一切雇入れないこと。
8　組合経常費は使用する製墨職人数に応じて賦課徴集すること。
9　規約違反には三円から一〇円の違約金を納めさせること。

さきの明治十三年（一八八〇）の永香組盟約とほとんど変わりはないのだが、④〜⑨が新しく加えられている。どうやらこの時期に粗悪品が相当に出まわって、奈良墨の品位を問われるようなことがあったからだろう。なお、この組合は、大正二年（一九一三）六月、奈良製墨同業組合と改称する。

製墨業者奉納の石灯籠

春日大社の二ノ鳥居前の明治十年（一八七七）九月再興とした石灯籠（双基）には一六人の奈良製墨業者名が刻まれている。春日着到殿東側の「明治十二年一月奉献」の石灯籠には周施人のほか二二人の墨屋名がみられる。いずれも比較的上層の業者とみられる。

明治17年	墨屋
宮武佐十郎	大森兵助
岡村治郎兵衛	大森徳兵衛
中島伊六	大森善八
宮武甚平	西村喜市
永井武平	永田惣八
山中芳松	大森庄蔵
藤岡喜平	福木万吉
田中勘六	藤井治郎平
祐村忠六	八木定吉
祐村佐平	福井庄八
上田利三郎	田中孫三郎
中山助蔵	福田半平
隅山利八	福森為八
大森孝七	狩坂庄太郎
田上栄七	上田梅吉
松井藤吉	田宮久七
大林吉次郎	増田庄八
松井又三郎	中林嘉十郎

明治十七年（一八八四）の『大和名流誌』によれば、右の三六人の業者の名があげられている。

製墨職人のスト　墨は周知のとおり、秋から翌年の夏近くまでが、製造期である。その製造期まえに製墨業者と製墨職人は協定を結んでしごとがはじまるのであった。明治十六年（一八八三）の『奈良製墨業組合規約』の第十一条は、これまでの慣習を明文化したものであった。

製墨職工ノ賃金ハ毎年製墨着手前（凡九月）他ノ職工ノ賃金諸物価ノ比準ヲ以テ製墨職工ト此組合中ト雙方立会ノ上取究其定額ヲ以テ支払フヘシ、仮令他ノ職工ノ賃金且諸物価ノ昂低アルトキト雖モ開会評決ノ上アラサレハ聊タリトモ擅ニ増減スヘカラス

労使双方の代表の交渉で、その年の賃金をきめて製造開始となる。これは一応、労使契約で、安定したしごとであるかにみえるが、じっさいは冬の寒い早朝からはじまる根気のいるしごとである。そ

明治10年代終わりごろの奈良町の墨屋

「大和名勝豪商案内記」

れに真黒になって、とりくむ勘と腕つまり技(わざ)がものをいう労働である。さらには製墨期は一般に半年というから、夏場は他のしごとを求める。たとえば、郷里へかえり農漁業に従事したり、奈良にとどまるものは木工職・植木職・手伝い職などで生計をたてる人たちもいた。

「むかし(注 戦前のこと)古梅園では、秋の月見の宴に、その年に雇う職人を招待した。それで、毎年、招待状がくるか、どうかと心配した」というはなしは、労賃はもちろんのことだが、雇用そのものの不安定さを示しているといえよう。こんな事情から労使間の紛議もままあったようだ。

新聞に報道された製墨争議では明治三十三年(一九〇〇)初頭の二週間近い罷業がみられるし、大正元年(一九一二)十月には「市内製墨職人が一致団結して示威運動」(毎日新聞)とある。翌二年には「平均九分の賃上げ交渉妥結」(毎日新聞)ともある。

大正四年(一九一五)秋十月には、工賃引き下げ問題から同盟罷業がおこっている。これは業者側が米価安や墨の売れ行き不振を理由にして平均一割の賃下げと、製墨歩合を高めるために一挺五分掛け(六匁)の墨を、一挺三分掛け(五匁二分)にしてほしいと職人側に求めた。職人側は賃下げの件は応じられないと頑張って盟休に入った。その結末は不分明だが、そのころの職人賃金は、製墨材料一貫目で下は五〇銭から上は二円ぐらいが基準で、ふつう一日に二貫目強はこなすとして、日給は一円から四円強のはばがあった。

やがて、大戦景気で物価高が目立ってきた大正六年(一九一七)九月になると製墨職人・磨職人が賃

上げ二割の要求を出したが、交渉のすえ一日二〇銭の増給で結着している。

大戦後の不況のなかで、大正十年(一九二一)十一月九日から十三日まで製墨職人一五〇人が四割賃上げを要求して盟休に突入、新聞は「天平以来の出来事」(奈良新聞十二月十一日付)と報じた。①労働時間と賃金とが相ともなわない。②前年に労働時間の改正を求めたが、諸結せず職人の状況は改善されていない。③賃金が低いので職人は年ごとに減っている。というのが賃上げ要求の理由であった。これにたいして業者組合側は①しごとの分量(生産量の貫目)に応じ賃金を支払っているから、労働時間と賃金とは関係がない。②白米一升六〇銭(大正八年)のころの賃金を支払っているのだから、とうてい四割の賃上げは無理だと反論して、これに応じなかった。しかしながら盟休は労使双方に損失がでるということで、灰替職人は二割、ほかの職人は一割五分の賃上げで妥協した。つづいて大正十三年(一九二四)の十一月にも市内三九工場、製墨職人二〇〇人のストがおこっている。

大日本製墨株式会社

時にこうした労使の紛争はあったにしろ、就学率の向上もあって墨の需要は順調な伸びをみせ、巻末の表にみるとおり、

製墨業界状況

	工場数	職人数	職人10人以上の工場数
明治36年	25	189	3
37年	24	180	4
38年	25	186	5
39年	24	182	4
40年	24	184	5
41年	24	188	6
42年	24	197	5
43年	25	202	6
44年	25	203	6
大正元年	34	231	6
2年	34	232	7
3年	33	226	4
4年	35	235	4
5年	39	259	3
6年	37	208	4
7年	38	212	4
8年	28	182	2
9年	29	167	3

「奈良県統計書」から

明治後半から大正にかけて生産額も上昇の傾向をたどった。業界の状況は前頁の下表のとおりで、大正の前半、活況を呈していたようだが、一〇人以上の職人をもつ製墨工場は多くても数工場にとどまる。いわばお抱え職人による名人芸的な手しごとであるため、経営の零細性は当然のことだといえる。

大正を迎えて、ようやく古梅園が会社組織になった。大正四年(一九一五)資本金一二万円で、株式会社古梅園にかわったのである(大正五年の株主三三人)。古梅園については「維新以前、即ち先代までは、同家執業の方針閉鎖主義であったが、当代に及び開放主義に改めた。而して事業の経営には漸進主義をとり」という明治末年の新聞評がある(『大和新聞』明治四十三年一月一日付)。そうした古梅園の「開放主義」、開明的な店風が、他にさきがけて会社組織にふみ切らせたのであろう。

こうした状況の中で特筆すべきことは、大日本製墨株式会社の設立であった。大正九年(一九二〇)七月、市内の有力製墨家、上田利三郎・中林嘉助・宮武佐十郎・大森徳兵衛・大森兵助・祐岡忠七・符阪庄太郎・坂倉武兵衛らのほか、松煙商の宮武佐兵衛が加わり、資本金七〇万円を以て大日本製墨株式会社を設立したのである。いわば一種の企業合同だったともみられる。創立総会は満月会事務所で開催、本社を西御門町八番屋敷(宮武春松園)において事業を開始した(二年後、今辻子町に営業所と工場を新営、移転した)。

資本金七〇万円は、一株五〇円として、一万四、〇〇〇株に配分、うち一万一、一五〇株(七九・六%)を発起人が引きうけ、残りはこれまでの取引先、縁故からの募集とした。創立当時の株主数は一三九人、地域別では奈良県一〇六人、東京一二人、大阪・京都がそれぞれ六人であった。

その意図したところは「設立趣意書」にくわしい。

……我、製墨業ハ因襲ノ久シキ千古ノ昔ヨリ、各業者各様ノ秘法ニ依リ、互ニ他ノ窺知ヲ許サヽル一子相伝ノ家内工業トシテ、孜々其業務ヲ継承シ来リ、従ツテ誠ニ小規模ノ事業タルヲ免レサリシ処……最早ヤ我業務ハ従来ノ家内工業ヲ許サズ……我等業者ノ茲ニ一大決心ヲ為シ、我カ由緒アル千古ノ家業及ヒ累代苦心ノ結晶老舗ヲ断然江湖ニ提供シテ、和衷協力、本社ノ創立ヲ企画シタル所以……製品ハ各自ノ家伝秘法ト経験トニ依リ、其完全無欠ナルハ勿論、製品原料ノ購買職人ノ争奪ヲ防止シ、且ツ経費ノ節約ヲ為シテ、尚且多大ノ配当ヲ為シ得ヘク、而カモ本事業ハ千古伝来ノ家内工業ヲ只世界ノ進運ニ順応シテ、之ヲ最モ有利ナル会社組織ニ改造シタルモノニ過キサルカ故ニ基礎堅実ニシテ、一朝不況時代ニ際会スルモ敢テ意トスル所ニ非ラス……

大へんな意気ごみだといってよい。会社発足の大正九年(一九二〇)というと、第一次世界大戦中の好景気とは打って変わり、日本経済が苦境にたたされたときであった。製墨技術の向上、原料の購買職人の争奪防止、経費の節約などに有利であるとして協業化にふみきったのである。

会社の定款によると、①墨ノ製造并ニ販売、②墨汁・インキ及ヒ絵具・朱墨類ノ製造并ニ販売、③文具ノ製造并ニ依託販売、④原料品ノ販売、⑤以上、各項ニ付帯スル事業という内容で、具体的には墨の製造部、販売部のほか松煙部・文具部を会社内に分掌していた。会社の営業第一・二期(大正九年八月から十年七月まで)の商品売上代金は二九万七、五一六円と報告(ほとんどが墨代金である)されているから、これを奈良県内の墨生産額七五万九、一五〇円(大正十年の生産額で、わずかの時期の差がある)と考えあわせると、新会社が約三九%の比率で生産をあげたこ

とになる。まず順調な出発であったといえよう。

ところが、第七期にあたる大正十二年（一九二三）九月一日の関東大震災が会社に打撃を与えたのである。関東地方に多くの得意先をもっていたから、貸金（売掛金）東京約四万円、付近約八、〇〇〇円余の回収が進捗しないまま、経営はしだいに悪化し、さらに昭和二年（一九二七）の金融恐慌に直面して苦境にたった。経営のたてなおしのため、翌年には資本金を一きょに二七万円（一株四〇円二〇円払込済）に減資決定し、もっぱら「鞏固」「内容確歩」の経営につとめた。しかしながら、第十六期（昭和五年〜六年七月）には六万四、三〇三円、次の第十七期には六万三、二七九円の損金となり、ついに昭和八年（一九三三）六月、会社は解散となったのである。

大日本製墨株式会社は製墨の量産化を企てたのであったが、機械化しにくい墨を量産するには人件費の負担が大きい。それに量産化は、利益の大きい上墨の生産をしだいに排除していくことになる。そのうえ、会社設立の役員は、これまでの得意先を会社に提供するかわりに、いわゆる老舗料（一五万円）をうけたということがあったし（この老舗料の一部は重役に割当てられた払込済の株に変えたようだ）、さらには配当金が一割五分をこえたときは利益金の三分の一を発起人に分配する（一割五分をこえたことはなかった）ことも定款にうたっていた。これでは会社の資本金は大きくても、自由に動かすことのできる流動資本は意外なほど少ないことになる。また、重役の特権を得ていても、どれだけ、会社の経営にたいして献身的であったかという問題もある（『大阪今日新聞大和版』昭和八年五月二十九日付）。あれやこれやで不振に陥ったまま、会社はついに立ち直ることができなかったのである。

この間、大日本製墨会社に参加しなかった古梅園や玄林堂が、伝統的手法にしたがって良墨の生産に努め、よくその名声を維持したのとは、まことに対照的なことだったといえる。

新しい工夫
新　製　品

昭和初年の景況は、巻末の表にみられるように、昭和恐慌のときは一時的なおちこみがあったものの、まずまずの伸びである。奈良市の物産についていえば、その生産規模は昭和元年（一九二六）、昭和五年（一九三〇）、昭和十年（一九三五）とも、墨は蚊帳についで第二位を占め、墨と筆を合せると、昭和元年、五年の両年は蚊帳をしのいで第一位にある（昭和十年では第二位に下がる）。

昭和九年（一九三四）正月、前年からの賃上げ交渉がすすまないままになっていたY製墨工場の職人（八人）のストがおこった。これまで小型墨一〇〇挺のコネマエ（練合せ・型入れ）の工賃は二五銭であったが、これを市製墨職人の組合の規定に準じて三六銭にしてほしいと訴えたのであった。ところが、市内二八の業者が加盟する親友会がY工場主を応援し、増賃絶対反対の立場をとり解決は難航したが、調停者を得て小型一挺で二厘八毛（一〇〇挺で二八銭）ということで落着した。

その年の十一月には二割の賃上げ要求を職人の組合（約三〇〇人）が出したが、業者側も強硬であった。十一月下旬の新聞は連日「墨屋争議」の報道をつづける。職人側は漢国町の山寺にたてこもる案を練るほか、街頭デモをおこなった。警察は「主謀者引致取調べ」をはじめるし、全農県連は生活権確立をめざす闘争であると応援の声明を発表するというありさまで、解決どころか紛糾しつづけた。

業者側は「三分の賃上げ、見習職の組合加入金は将来、業者組合で負担」すると最終案を提示した

ので、職人組合も、賃上げ三分をのみ、見習職の加入金は翌年六月までは現状のままと回答、争議は落着するかにみえた。ところが業者側からは、賃上げも翌年まで延期という意見がでたから、かえって奈良署特高係が業者側の不誠意なかけひきをたしなめる一幕もあった。迂余曲折の結果二十九日になって、賃上げ二分と見習職の組合加入問題は翌年六月まで凍結ということで争議は団円となった。

見習職の問題は約束どおり、翌年の六月協議がすすんだ。要旨は①見習職の名簿をつくり、加入金を全廃する。見習職に就職から年額六円の奨励補助金を三年間、業者組合は交付する。②見習職に試験制を設け、及第すれば、本手間職の鑑札を与える。③本手間職の賃金は協定額より絶対減額しない。という解決であった。

引きつづく争議は物価高騰から、毎年の賃金協定が、まとまらないままに製墨開始の時季がきて、交渉がこじれたのである。

昭和九年（一九三四）七月現在の奈良県商品陳列所（一九〇二年開設、旧奈良県物産陳列所）の出品者名簿によると、墨の出品者一一人のほか、墨汁・チューブ墨・朱墨の出品者各一人を数える。

墨汁の生産は、昭和のはじめに飛躍的にのびたものである。すでに奈良では大正の中ごろ今辻子町の福井庄八が大量に製造をはじめ全国的に販売していた。ついで昭和のはじめ高天市町の福井伊之助も墨汁の製造販売にのり出していた。墨汁は簡便さゆえに小学生の習字のほか、広告用の看板などに用いられるようになったのだが、壁塗料のための墨汁は椿井町の松烟商森伝五郎が主として扱ってい

た。チューブ墨は上三条町の小島菊太郎の工夫によるものであった。

新油煙という試みをしたのは今辻子町の樋口条次郎であった。昭和二年（一九二七）、かれは亜炭を焚いて油煙をあつめることをはじめ、三年後にようやく成功、京終町で工場を経営するまでになった。また重油を焚いてとる油煙も求められるようになってきた。一般に洋煙とよんだもので、台湾で製造され、奈良へ送ってくるものがふえだした。それもやがて、暴騰したため業者は商工省へ出願して、アメリカから輸入することを考えた。台湾製一二円にたいして、アメリカ製は七円五〇銭の安さであったからよろこばれたという。戦争がつづいていくなか、太平洋戦争に突入すると輸入油煙も途絶えた。

ところで、奈良墨の名声はつとに聞えたものであったから、これを全国や大正・昭和前期の日本の植民地に広く普及させた人がいた。谷井友三郎（一九〇一〜七九）である。かれは大正の末ごろから、行商や露店商いに奈良墨を販売した。やがて「谷井墨集堂」の名まえで、そのころ毎年、全国のどこかで開かれていた博覧会に奈良墨を出品するようになる。昭和のはじめには、そのころ、みずから古勝園と名づけた墨だけではなしに、奈良墨連合会の名で、一流製墨業者の銘柄品も博覧会にならべた。奈良墨の販売をふやすうえで谷井の果した役割は無視できないであろう（昭和五十六年刊『谷井友三郎伝』木村博一・安彦勘吾）。

戦時下の
業　　界

墨の生産は昭和初年をピークに下降する。日中戦争がはげしくなるにつれ、若手の職人、あるいは墨屋の後継ぎが、戦場へ、都会の軍需工場へ徴用されて、墨の生産

は減少していった。

巻末に示した生産状況は『奈良県統計書』によるものだが、昭和十三年以後は軍事機密で統計にあらわれないようになる。

なお、昭和十年（一九三五）の『奈良県重要生産物一覧表』（昭和十二年二月刊、奈良県総務部統計課）では奈良墨の生産は一、九〇三万二、四九四個で、一二〇万七、二三〇円とあり、翌十一年のばあいは『郷土地理実習用統計表』（昭和十三年版奈良地理学会編）で、奈良市の墨の生産額は一二二万一、六八八円とある。巻末の生産状況の数値とは異なるが、統計処理のちがいであろう。

墨の生産高

	万挺
昭和12年	2,300
昭和13年〜昭和16年	2,100〜1,300
昭和18年	795
昭和19年	666
昭和20年	612
昭和21年	512
昭和22年	488
昭和23年	613
昭和24年	970
昭和30年	1,259

『奈良県の商工』『奈良百年』その他から作製

昭和十三年（一九三八）十一月現在で、奈良製墨同業組合に加入しているものは四二軒（うち都祁村・生駒郡矢田村の一軒を含む）、同年の職人組合加入者は一九六人である。昭和十六年（一九四一）、奈良県産業共励会に加盟している墨屋は一五人（全会員一九人）であった。もうこのころになると、すべては軍事優先で、国民生活は統制され、日常生活品は公定価格でおさえられ、筆墨にしても、自由に好みのものを求めることはできなくなっていた。もちろん、手のこんだ上等品をつくるだけの材料をそろえることは困難になっていたからでもある。それでも、業界では貿易品見本展示会のほか各地の博覧会に県産品を出陳していた。これらは県立商工館と協力したわけであるが、販売点数、金額ともに減少の一途をたどった。とはいえ、今日のように多様な筆記具があったわけではないから、筆墨の需要はいぜんとして高く、戦時統制品とはいえ、軍命令で生産を停止させられたりはしなかった。それに「こんなときこそ、伝統的な技術、名声をしっかりと保存しなくてはならない」と、業界あげて、がんばったのだという。老職の述懐である。

戦後の製墨界

不幸な戦争が昭和二十年（一九四五）の夏に終わったあと、新生日本の歩みがはじまった。占領軍の指令によって教育の民主化もすすめられた。小学校で習字が廃止になり、業界は大きな打撃をうけた。皮肉なことに墨は、国語や音楽の教科書の一部（修身・国史・地理は授業が停止されていた）、軍国主義的な教材の墨ぬりにかぎって使われたのであった。

習字教育の復活は毛筆のところでのべたとおり昭和三十三年（一九五八）のことで、製墨業界はようやく明るい見とおしがたてられるようになった。この間に、ボールペンやマジックなどの新しい筆記具があらわれていた。筆記具としての筆墨の役割は急速に減った。他方、書道塾が栄えて、専門の書家が輩出し古典的なものから前衛的なものへと書風は多彩になり、とうぜん墨に対する要望も多様化になってきた。一軒の墨屋も各種の墨の注文に応じなければならなくなっている。

いろいろな墨

現在の業界は奈良製墨協同組合にまとまって事業をすすめている。この組合は、すでに大正二年（一九一三）以来の同業組合が、昭和十三年（一九三八）の法律改正で工業組合となったものの、さらに三十三年（一九五八）に改称したのである。いまの組合員は次のとおりである。

呉竹精昇堂　玄林堂　長春園　玄勝堂　古梅園　墨運堂　勝栄堂
一心堂　喜寿園　玄香園　精泉堂　日本製墨　照僊堂　東光堂
南松園　桂林堂　松寿堂

一七軒であるが、組合員でない墨屋もあるから、実数はこれよりもふえることになる。

今日、墨屋は自家分のすべての油煙を製造しているわけではない。奈良市内に一軒の油煙製造業者があり、それに依存する率も高い。老舗は但馬に支店をもち、そこで油煙を焚いている。ほかに鈴鹿へ自家の製墨を特注して、製品の販売をつづけるものもある。そして、製墨の一部分を機械化にふみきるところもあらわれている。

機械化のすすむ製墨工場

（付）筆づくりの工程

1　ヒツジ・ウマ・タヌキ・ムササビ・ネコ・イタチ・シカ・ウサギ（むかしはテン・キツネなども）の毛を買い入れる。
2　筆の種類によって、それぞれ原毛をはかり、組み合せる。
3　墨のふくみをよくするため、籾がらを焼いた灰で、毛もみをする。
4　命毛（先端）・喉（先きに近いところ）・腹・腰（下部）とそれぞれに切りわける。
5　筆の穂は中心にイタチ・タヌキ毛をまき、周囲にウマの胴の毛をきせていく。中心の毛は長く、やわらかいから、そとにしっかりとした毛をつける。およそ百対分（つい）（筆二本で一対という。戦後は本数でいう）を台のうえでねりあわせる（そろえること）。
6　練りまぜた毛は一本分ずつコマだて（円型の筒）に入れて、サカ毛などをとってそろえる。
7　麻糸でシリ（根元）をくくり、毛が膨張してぬけないように、シリは焼きゴテで焼く。
8　穂先きを軸につける（管込み・據込みという）。むかしはウルシを使ったが、いまは化学接着剤でつける。
軸は筆屋の注文に応じる軸屋がある。軸にする竹は主として、姫路・兵庫の有馬・三田・岡山あたりの竹を寒中に切って用意する。富士山麓のシノ竹も使う。東京軸という。軸の装飾には、ミョウバンで焼いて斑点をつけるもの、染めるもの、ウルシをかけるものいろいろ。高級品には木・黒檀・紫檀も使う。
9　穂をかためるときはフノリのなかにつけ、麻糸の一方を口でくわえ、左手に糸のはしをもって、糸に筆をまきつけ、筆をまわしながら、先きの方へ糸をぬくようにして筆先きをまとめあげる。

10 軸の文字（筆名・筆屋名など）は彫屋があつかう。軸をまわしながら、三角刀で、およそ筆順の反対の要領で彫る。ちかごろ一部では機械彫りもある。

11 鞘は竹であったが、いまはビニルが多くなった。ラベルをはり、最後は包装である。

おもな道具類

真鍮寄せ金　結包丁　真鍮大枷　逆毛取包丁　管繰包丁　鋏　毛押え　竹　毛押え板　毛平〆竹　管繰込台

毛寄せ板　大中小のコマ

墨づくりの工程

1 煙媒（炭素末）とニカワ、防腐剤・香料を買い入れる。松の材を燃やした松媒、油を燃やした油媒をとるが、今日自家で煙媒（スス）をつくるところは少なくなっている。

2 ニカワを湯煎（直接火にかけず、容器に入れて湯の中で熱する）して溶かす。水の量、時間と熱の加減がむつかしい。

3 ニカワの液と煙媒と香料をまぜて練る。むかしは手や足で練ったが、いまは攪拌機・混練器を使う。練りで

墨質が決定するというから、最後は手足で練りをしてまとめる。

練りの板の下にはヒーターをおいて、墨塊を人肌ほどの温度に保つ。気をゆるせばニカワが固くなる。ゆっくりやると、ニカワの力が落ちるという。墨の弾力と体力・気力の勝負である。

4 団子のような墨のかたまりができると、小わけした分をさらによく練って木型に入れる。プレスした墨木は型を分解して型出しをする。

5 羊羹状になった墨は、水分をとるために生灰を入れた箱に埋める。はじめ湿りのある灰から、毎日、乾燥度の強い灰にかえる。墨の厚さ、大きさにもよるが、一〇日から一か月は灰かえの日がつづく。

6 かなり乾いた墨は二〇～三〇丁を藁に編んで、工房の天井につるして、空気乾燥を一か月から三か月つづける。

7 表面の灰を洗いおとして、ふく。次に井桁のかたちに四〇挺ほど、つみあげて、一〇日ほど室内で風乾する。このときには型入れのときの生の墨から、重さ・容積とも三～四割減っている。

8 仕上げは生地のままのものは、墨とおなじ塗料を刷毛でぬる。とぎ仕上げは蛤の貝がらで磨きをかけ、光沢を出す。

9 墨に色つけする。金粉・銀粉のほか、顔料をアラビアゴム液をつかって彩色する。

10 キズ・ソリ・ワレの検査をすませ、一丁ずつ紙に包んで、桐箱・カミ箱に入れて完了である。高級品は包装までに一年はかかるという。

筆墨生産状況

	筆				墨			
	製造戸数	職従事者	製造数	製造高	製造戸数	職従事者	製造数	製造高
	戸	人	本	円	戸	人	個	円
明治31年	31	165	2, 950, 000	32, 450	22	162	5, 542, 000	138, 550
33年	35	186	3, 200, 000	41, 600	22	164	5, 556, 000	138, 900
34年	40	205	3, 500, 000	45, 500	22	164	5, 660, 000	139, 000
35年	45	210	3, 501, 000	45, 513	22	176	5, 558, 000	83, 370
36年	50	220	3, 600, 000	46, 800	22	175	5, 560, 000	139, 000
37年	48	208	1, 655, 000	43, 030	22	174	6, 350, 000	146, 050
38年	49	202	3, 210, 000	64, 200	22	176	7, 520, 000	150. 400
39年	49	203	3, 245, 000	64, 900	22	178	7, 568, 000	151. 360
40年	75	260	3, 247, 000	81, 175	22	180	7, 575, 000	151. 500
41年	87	273	4, 052, 000	101, 300	22	182	7, 588, 000	151, 760
42年	92	303	4, 531, 000	113, 275	22	190	953, 200	190, 640
43年	98	311	4, 857, 000	121, 425	23	195	1, 283, 100	192, 465
44年	105	316	5, 496, 000	137, 400	23	196	1, 387, 000	194, 180
大正元年	111	324	6, 553, 000	150, 719	32	224	2, 645, 000	211, 600
2年	112	335	6, 634, 200	152, 587	32	225	2, 783, 600	222, 688
3年	115	341	6, 636, 300	152, 635	32	225	2, 785, 200	222, 816
4年	120	355	9, 365, 000	215, 395	32	230	9, 267, 000	278, 010
5年	192	449	13, 056, 000	313, 440	36	252	13, 300, 000	353, 248
6年	239	519	15, 014, 400	360, 345	36	206	14, 100, 000	430, 050
7年	209	546	15, 520, 000	425, 500	36	208	5, 319, 447	324, 842
8年	198	598	23, 496, 000	610, 896	32	182	14, 600, 000	680, 000
9年	218	635	25, 845, 600	671, 985	28	167	1, 460, 000	685, 500
10年	207	603	12, 276, 600	638, 386	28	165	1, 518, 300	759, 150
12年	187	262		1, 228, 710	28	160		728, 450
13年	198	314		880, 130	38	177		859, 000
14年	195	323		877, 716	41	158		1, 299, 368
15年	195	339		900, 079	43	190		1, 358, 751
昭和 2年	139	250		558, 380	40	191		709, 700
3年	135	250		550, 400	41	182		743, 030
4年	135	240		340, 500	35	180		941, 855
5年	135	242		528, 700	41	254		716, 785
6年	130	235		505. 750	44	325		956, 000
7年	143	271		746, 000	44	328		1, 154, 522
8年	193	442		831, 145	44	256		1, 070, 049
9年	193	445		831, 761	44	261		1, 119, 680
10年	194	448		869, 524	44	268		1, 199, 299
11年	194	450		869, 735	44	268		1, 221, 688
12年	192	438		784, 000	43	259		1, 123, 800
13年	190	428		995, 000	43	262		1, 155, 000

おわりに

書の歴史を述べた著作は多い。筆や墨について書かれた述作も少なくない。しかし、奈良の筆や墨の歴史をまとめた書冊はほとんどない。それなりに理由があってのことであろう。

奈良の文物シリーズの一つとして、筆と墨を分担するようにとの話が出たとき、これをためらう気持が強かった。非才、その任に堪えずと思われたからである。木村博一先生からのたってのおすすめと、畏友、後呂忠一・大久保信治両氏のはげましがあって、お引受けしたものの、予期以上に大へんな仕事であった。苦労は多かったが、いい勉強になった。執筆の機会を与えられたことに、心から感謝している。

奈良の筆と墨を歴史の流れにおいて明らかにするためには、基本史料に乏しいということがある。無理につなぎ合わせて、どうにかまとめあげたという感じが強い。文人趣味からいえ

ば、生産に重点をおいたこの本にいろいろ注文があることだろう。しかし、いちおうその歴史を概観できたことに満足するほかはない。

はじめ、筆と墨は別の冊子に編まれる予定であった。途中で一冊にまとめることになり、草稿をかなり圧縮せざるを得なくなった。十分意を尽せなかった憾みがある。もとより力量不足、言い落しや誤りの多いことを惧れている。ご批正を賜れば幸いである。

調査のため老舗を訪ねて、なにかとご厄介になった。語り継がれてきた家伝もうかがった。だが、家伝はそのまま歴史ではないので、せっかくのお話を十分にこの本に反映できなかった。ご寛恕を得たいと思う。調査・執筆の過程でお世話になった方々は多い。いちいちご芳名を記すべきだが、紙幅の関係で勝手ながら、お許し願い、心から感謝の気持を捧げるものである。

著者

奈良の筆と墨 ©

昭和五十八年十二月二〇日発行

著者　安彦勘吾

発行　奈良市

印刷　共同精版印刷（株）

奈良市

あとがき

つくづく、奈良は神社と寺院のまち（街）だと思う。街の中に社寺があるでも、社寺の内部に街ができているでもなく、社寺の延長上に街があり、街に重なって社寺が存在している。

私一人の感傷ではない。

１８７８年に奈良を訪れた女性旅行家のイザベラ・バードは、奈良公園や若草山に広がる見どころの大半は宗教と結びついていると記し、１８８８年（明治21）から足かけ8年間、奈良市で暮らしたキリスト教伝道師、アイザック・ドーマンは「奈良は何の誇張もなく社寺の街といえる。数マイル四方にわたる、ほとんどすべての目立つところに宗教的建造物が存在する。これは住民の宗教的生活の深さを証明している。そのあらゆる地点や社寺に歴史があり、多くの伝承がある」と書き残した。

社・寺は分かちがたく「コト」（祈りや祭事）を共有し、「モノ」（奈良漆器や赤膚焼き、筆や墨）を媒介にして、「ヒト」（工匠や住民）とつながっている。社寺に寄り添う街を、社寺が抱きしめるようにして、奈良がつくられているのである。

このような奈良における社寺と街の蜜月関係は、近世のとりわけ元禄期あたりに成熟期を迎えたように思われる。本書でとりあげた種々の工芸産品を含め産業面では、中世的な「座」の残り香と、はるか未来の企業的気配を漂わせながら、なぜか近世固有の「株仲間」の雰囲気は希薄である。奈良の近世は、「古代・中世」という絶対的エースの後を承け、「将来・未来」のクローザーにつなぐ役割に徹したかのようだ。

いや、近世奈良の姿がそのようにしか見えないのは、私がまだ本当の近世の奈良が見えていないせいかもしれない。

† † † †

末尾に引用する保田與重郎の一文の傍線部「奈良の人」・「奈良の市民」を、「NAKAJIMA Keisuke」に置き替えて自戒とし、これからも「近世奈良の奈良」を見つめ直し続けていきたいと思います。

今後とも、奈良県立大学ユーラシア研究センターの活動へのご協力とご支援をお願いいいたします。

（編集責任者　中島敬介）

奈良の人は、天平白鳳などといふ時代の古さだけでもの考へたり大切にしたりする悪いくせがある。美しいもの、なつかしいものに対し、時代を越えて、今も古も一つだといふ愛情が足りてゐないのである。それは他国の人や、わが国の今の世に学芸家といふものの通弊にはちがひないが、奈良の市民には、それにしづかに対抗し、無関心といふ態度によって、無関係を持続するていの、文明人の自負と自信が欲しかったのである。きのふけふ造った土塀にも、その無心のところに、天平のこころが、古よりけざやかに生きてゐる例でさへ、いくらもあることである。

出所：保田與十郎「奈良てびき」『保田與重郎文庫17』（2018）新学社、p.279

執筆者等プロフィール

樽井禧酔（たるい・きすい）

漆芸家、春日大塗師（おおぬし）職預

1944年奈良市生まれ。本名は喜之。1966年から父・樽井直之氏に師事。1967年に唐招提寺講堂の修復に携わり、それ以降、塗師として数多くの寺社仏閣の修復、新興に貢献。また、1995年の春日大社式年造替では、春日大社の祭事に関わる調度品一式を制作。1998年春日大社の大塗師職預に補任される。現在も漆に関わる幅広い仕事に取り組む。

香柏窯（こうはくがま）七代　尾西楽斎（おにし・らくさい）

1958年大和郡山市生まれ。本名は啓至。大学卒業後、祖父である五代楽斎に師事。1998年初個展開催。2005年、七代楽斎を襲名。翌2006年、春日大社から「春日御土器師」の称号を受ける。伝統的な赤膚焼の茶陶を制作するとともに、奥田木白の作風を継承し、能人形香合などの写し物や、焼締、金彩など幅広く手がけた。2017年逝去。

綿谷正之（わたたに・まさゆき）

元㈱呉竹会長、元学校法人白藤学園理事長

1942年奈良市生まれ。関西学院大学卒業後、1967年㈱呉竹精昇堂（現・㈱呉竹）入社。1993年同社代表取締役社長。2003年同社取締役会長。世界初の「筆ペン」の開発など、伝統産業である奈良の墨の普及に尽力。2010年から2020年まで学校法人白藤学園理事長を勤め、また、奈良製墨協同組合理事長、全国書道用品生産連盟副会長、奈良経済産業協会副会長などを歴任。

萬谷歓峰（まんたに・かんぽう）

筆管師

1955年奈良県宇陀市生まれ。本名は雅史。元来の名筆は筆管に贅を尽くすことと知り、筆管師である父に師事。その後独立し、2000年に筆工房「文殊房」を開設。東大寺開眼筆（筆管。2002年）、春日大社御茶道具（2003年）、唐招提寺開眼筆（2009年）の制作にあたるなど、筆管を中心とする伝統的な筆作りを継承するとともに、誇物の技を錬磨。筆管づくりの技術を活かし、幅広い木竹工芸品も手掛ける。

中島敬介（なかじま・けいすけ）
奈良県立大学ユーラシア研究センター特任准教授、副センター長
主な著作に「『勅語玄義』に見る奇妙なナショナリズム」東洋大学 井上円了研究センター編『論集 井上円了』（２０１９）教育評論社、「地域経営の視点から見た『平城遷都 一三〇〇年祭』」『都市問題研究』第60巻11号（２００８）、「もう一つの観光資源論」『日本観光研究学会研究発表論文集No.29』（２０１４）、「井上円了の国家構想」『東洋大学井上円了研究センター年報 vol.26』（２０１８）、「南貞助論——日本の近代観光政策を発明した男」『日本観光研究学会研究発表論文集No.34』（２０１９）など。

奈良県立大学ユーラシア研究センター学術叢書シリーズ2
vol.1　近世の奈良を見つめ直す。Ⅱ

2023年3月31日　初版第一刷発行

編　著　者：奈良県立大学ユーラシア研究センター
責任編集者：中島敬介（ユーラシア研究センター特任准教授・副センター長）

発　行　所：京阪奈情報教育出版株式会社
〒630-8325
奈良市西木辻町139番地の6
URL：http://narahon.com/　Tel：0742-94-4567
印　　　刷：共同プリント株式会社

ISBN978-4-87806-828-7